即时配送
智能优化决策 >

王凌　陈靖方　郑洁　王兴　著

清华大学出版社
北京

内 容 简 介

本书主要介绍即时配送问题的建模,以及路径规划、订单指派和订单推荐等核心优化决策问题的高效求解方法。本书共 10 章,具体内容如下:第 1 章为绪论,主要介绍即时配送问题的研究进展、数学建模及计算建模;第 2 章为基于启发式规则与监督学习的路径规划;第 3 章为基于贪婪迭代与端到端学习的随机路径规划,主要介绍确定和不确定场景下的路径规划方法;第 4 章为基于图神经网络与后悔值的订单指派;第 5 章为基于多调度规则与监督学习的订单指派;第 6 章为基于多邻域搜索与模仿学习的订单指派,主要介绍多骑手、小单量和大单量场景下的订单指派方法;第 7 章为基于贪婪迭代与快速评价的随机订单指派;第 8 章为基于弱监督学习与自适应平衡策略的不确定订单指派,主要介绍出餐时间和供需关系不确定场景下的订单指派方法;第 9 章为基于意愿预估与召回排序的订单推荐;第 10 章为基于深度强化学习与反馈信息辨识的订单推荐,主要介绍单轮决策和序贯决策场景下的订单推荐方法。

本书可供从事物流配送、人工智能、运筹优化等领域研究的师生和科研技术人员参考使用。

图书在版编目(CIP)数据

即时配送智能优化决策 / 王凌等著. -- 北京 : 清华大学出版社,2025. 6.
ISBN 978-7-302-69744-2

Ⅰ. F252.1-39

中国国家版本馆 CIP 数据核字第 2025QL7949 号

责任编辑:刘 杨
封面设计:钟 达
责任校对:赵丽敏
责任印制:杨 艳

出版发行:清华大学出版社
    网 址:https://www. tup. com. cn,https://www. wqxuetang. com
    地 址:北京清华大学学研大厦 A 座   邮 编:100084
    社 总 机:010-83470000   邮 购:010-62786544
    投稿与读者服务:010-62776969,c-service@tup. tsinghua. edu. cn
    质量反馈:010-62772015,zhiliang@tup. tsinghua. edu. cn
印 装 者:涿州市般润文化传播有限公司
经 销:全国新华书店
开 本:170mm×240mm   印 张:14.75   字 数:293 千字
版 次:2025 年 8 月第 1 版   印 次:2025 年 8 月第 1 次印刷
定 价:58.00 元

产品编号:108547-01

前　言

　　数字经济是现代经济发展中的关键领域。在数字经济时代,物流业迎来了数字化、智能化转型升级的高速发展机遇。随着信息技术的融合应用,物流业在价值创造和商业模式的实现方式上产生了重大变革,新产业、新业态不断涌现。作为数字经济的一种新型第三方物流模式,即时配送具有无仓储、点对点配送、分钟级送达等特点,配送品类已从餐饮外卖扩充到商超、生鲜、绿植、蛋糕、医药等各种日常生活物资,行业规模持续扩大。据统计,2020 年,我国即时配送市场规模已超过6 500 亿元,用户规模突破 4.5 亿人;2022 年,我国即时配送订单量约 400 亿单,体量已接近快递业的 40%。因此,即时配送已成为保障民生、维系国民经济平稳运行的重要环节。

　　订单和骑手的调度是即时配送的核心环节。在学术上,即时配送问题可归结为一类特殊的复杂车辆路径问题。同时,现实配送场景给即时配送方法带来诸多挑战,具体如下:①大规模。千万量级的订单和百万量级的骑手给即时配送方法的高质优化决策带来挑战。②强动态。订单的连续到达和骑手的位置变更给即时配送方法的实时优化决策带来挑战。③高时效。分钟级送达、秒级决策的要求给即时配送方法的高效优化决策带来挑战。④多目标。用户、骑手、商家三方需求给即时配送方法的多维优化决策带来挑战。⑤强耦合。订单分配、路径规划等环节的强耦合给即时配送方法的协同优化决策带来挑战。⑥不确定。服务过程多样化的人为因素和环境因素给即时配送方法的鲁棒优化决策带来挑战。如今,即时配送已成为物流管理、运筹优化、交通运输及人工智能等诸多领域的热点研究问题。近些年,*Management Science*、*Transportation Science*、*IEEE Transactions on Intelligent Transportation Systems* 等国际权威期刊上均有多篇相关论文发表。因此,研究即时配送问题的优化决策理论与方法具有重要的学术价值,并对提升配送效率、降低运营成本、改善服务质量具有重大的现实意义,有助于推动即时配送行业的发展。

　　目前,即时配送问题优化决策的研究还处于发展初期,建模层面存在场景覆盖不全、问题假设过简等不足;方法层面存在智能特色不强、落地应用较难等缺陷。调研表明,国内外尚无专门针对即时配送场景优化决策理论与方法的相关书籍。依托清华大学-美团数字生活联合研究院合作课题、国家自然科学基金等项目,作者所在课题组围绕即时配送优化决策,开展问题建模、方法设计和应用实践,通过融合运筹优化与机器学习提出多种智能优化技术,并在运筹优化、交通运输等领域诸多著名国际期刊上发表了多篇学术论文,同时在美团配送平台开展线上测试验证,并在全国得到成功推广应用,有效改善了用户与骑手的体验及配送的效率和效益。本书融合了课题组的代表性研究成果,介绍即时配送问题的建模及路径规划、订单指派和订单推荐等核心优化决策问题的高效求解方法。全书由 10 章构成,第 1 章介绍即时配送问题的研究进展、数学建模及计算建模,第 2 章介绍确定场景下基于启发式规则与监督学习的路径规划,第 3 章介绍出餐时间不确定场景下基于贪婪迭代与端到端学习的路径规划,第 4 章介绍多骑手场景下基于图神经网络与后悔值的订单指派,第 5 章介绍小单量场景下基于多调度规则与监督学习的订单指派,第 6 章介绍大单量场景下基于多邻域搜索与模仿学习的订单指派,第 7 章介绍出餐时间不确定场景下基于贪婪迭代与快速评价的订单指派,第 8 章介绍供需关系不确定场景下基于弱监督学习与自适应平衡策略的订单指派,第 9 章介绍单轮决策场景下基于意愿预估与召回排序的订单推荐,第 10 章介绍序贯决策场景下基于深度强化学习与反馈信息辨识的订单推荐。各章内容安排及其联系如图所示。

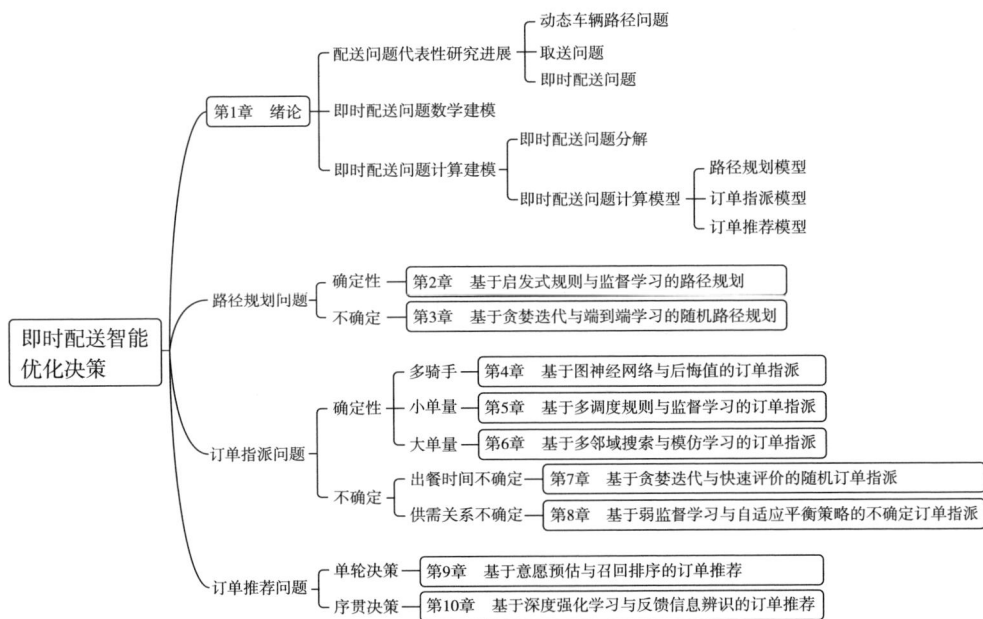

各章内容安排及其联系

希望本书的出版,有助于读者了解即时配送问题的特点、难点、要点及相关建模和优化技术,在理论和方法层面为从事物流配送、人工智能、运筹优化等领域研究的师生和科研技术人员提供借鉴,推动即时配送的研究与发展,并为其他复杂优化决策问题的求解提供新的思路,进而促进相关学科的交叉融合。

感谢清华大学-美团数字生活联合研究院、美团配送部门,为相关项目的开展提供了大力帮助;感谢清华大学出版社为本书的出版给予了大力支持;感谢课题组博士研究生为项目的实施倾注了大量心血。另外,特别感谢国家自然科学基金青年科学基金(项目编号:62403272)和面上项目(项目编号:62273193)、北京市自然科学基金青年科学基金(项目编号:4244093)、博士后创新人才支持计划(项目编号:BX20230173)、清华大学水木学者等项目对相关研究工作和本书出版的资助。

　　鉴于作者水平有限,本书还有许多待完善和深入研究的内容。对于不足之处,诚望读者批评指教。

作　者

2025 年 1 月

目　录

第1章

绪 论

物流业是国民经济发展的重要支撑行业,在推动建设现代产业体系、促进形成强大国内市场中发挥着先导性、基础性、战略性作用。随着信息技术的高速发展与融合赋能,物流业在价值创造和商业模式的实现方式上产生了重大变革,不断涌现出新产业、新业态,并且进入转型升级的新阶段,即逐步实现标准化、专业化、信息化、智能化和现代化。

即时配送是一种新型第三方物流模式,指货物不经过仓储和中转、直接点对点送达的物流服务,配送时长通常为几十分钟,覆盖范围通常在几千米以内[1-2]。即时配送起源于餐饮外卖行业,随着消费水平的提高及消费需求的拓宽,配送品类已扩充到商超、生鲜、绿植、蛋糕、医药等日常生活物资,行业规模持续扩大。据统计,2020年,我国即时配送市场规模已超过6 500亿元,用户规模突破4.5亿人[2];2022年,我国即时配送订单量约400亿单,体量已接近快递业的40%。因此,即时配送已成为保障民生、维系国民经济平稳运行的重要环节。但目前,即时配送仍属于劳动密集型产业,依旧面临技术密集型产业转型升级的严峻形势。订单和骑手的调度(本书简称即时配送问题)是即时配送的核心环节,实现调度的智能化,对于提升配送效率、降低运营成本、改善服务质量意义重大,有助于推动即时配送行业的发展。

在学术方面,即时配送问题可归结为一类特殊的复杂车辆路径问题(vehicle routing problem,VRP)。同时,现实配送场景给即时配送问题带来诸多难点,具体如下。

(1) 大规模使得高质优化决策难。即时配送平台每天面临着海量订单和骑手间的任务分配。以国内主要即时配送平台之一———美团为例,截至2023年,平台日活(日均活跃)骑手超过500万人,日均完成单量超过5 000万单。因此,即时配送问题的求解规模巨大,结合其NP(多项式复杂程度的非确定性问题)难特性,现有算法难以在可接受的计算时间内得到最优解。

(2) 强动态使得实时优化决策难。订单会在全天中连续不断地到达配送系统。尤其是在用餐高峰期,调度系统几乎每分钟都会接收到大量订单。此外,骑手的地理位置在配送过程中会不断变更,商家的出餐状态也会发生变化。因此,算法需要在问题信息实时变化的情况下进行优化决策。

(3) 高时效使得高效优化决策难。鉴于用户具有尽早送达的需求并且为保证餐品新鲜度,订单需要尽可能在30分钟左右送达。当前,美团外卖平均28分钟内送达餐品,饿了么也以 30 分钟准时送达为标准。平台承诺的送达时间大大压缩了优化决策时间,为最大限度给骑手预留配送时间裕量,算法需要在 1 分钟甚至 30 秒内给出优化决策方案。

(4) 多目标使得多维优化决策难。即时配送服务涉及用户、骑手、商家三方,平台需要兼顾各方诉求,以保障用户留存率及骑手、商家活跃度。一方面,目标函数建模及评价体系的合理构建至关重要;另一方面,算法需平衡优化多个目标,并应对目标之间可能存在的冲突。

(5) 强耦合使得协同优化决策难。即时配送问题涉及多个强耦合的子问题,如订单分配、路径规划等。基于子问题特性提出有效的独立求解策略,并且基于子问题之间的耦合关系提出有效的协同求解策略,从而保证优化全局性,这是算法设计的关键之一。

(6) 不确定使得鲁棒优化决策难。即时配送服务过程受到各种人为因素或环境因素影响,包括商家出餐、骑手通行和交付等配送环节中由个体行为引入的微观不确定因素,以及供需关系等宏观不确定因素。优化决策过程中需尽可能地将这些不确定因素考虑在内,以降低潜在超时风险,提高调度系统鲁棒性。

因此,即时配送问题的求解难度极大,被认为是"最后一公里"物流的终极挑战[3-4],现已成为物流管理、运筹优化、交通运输及人工智能等诸多领域的热点研究问题。作为物流新场景,即时配送在优化决策方面的研究尚处于初级阶段。在建模层面,现有研究工作大多考虑的是简单场景,存在场景覆盖不全、问题假设过简等不足;在方法层面,现有研究工作大多采用精确算法及元启发式算法求解,缺少应对上述难点的有效机制及策略,尤其难以满足高时效要求,存在智能特色不强、落地应用较难等缺陷。因此,研究即时配送的智能优化决策理论与方法具有重要的学术价值和现实意义。本书围绕即时配送的优化决策,开展问题建模、方法设计和应用实践,重点介绍融合机器学习、强化学习、运筹优化等技术的智能优化决策方法,推动即时配送的研究与发展,并为其他复杂优化决策问题的求解提供新的思路,进而促进相关学科的交叉融合。

1.1 配送问题代表性研究进展

作为一类特殊的复杂 VRP,即时配送问题兼具动态 VRP(dynamic VRP,DVRP)和取送问题(pickup and delivery problem,PDP)的特点。因此,本节主要介绍 DVRP 与 PDP 的代表性研究工作及专门针对即时配送问题的研究工作。

1.1.1 动态车辆路径问题

DVRP 是一类特殊的 VRP,其特点在于问题求解所需的部分或全部输入信息是动态获取的,且通常在规划或执行时才能获取[5-6]。根据问题场景特点,下面对代表性 DVRP 相关文献进行分类介绍,具体如下。

(1) 针对用户需求动态到达的 DVRP 研究:Gendreau 等[7]设计了一种并行的禁忌搜索(tabu search,TS)算法,通过在多个独立线程中优化分割的路径实现并行化。Azi 等[8]设计了一种自适应大邻域搜索(adaptive large neighborhood search,ALNS)算法,将新的需求插入还未执行的路径中。Chen 等[9]设计了一种 ALNS 算法求解带硬时间窗约束的 DVRP,使得总费用最小,即每当新的需求到来时,算法都会先判断是否接受该需求,并通过破坏、修复及扰动操作实现调度解的优化。Okulewicz 和 Mańdziuk[10]提出了一种两阶段算法,第一阶段通过对需求聚类来求解需求和车辆的匹配问题;第二阶段将第一阶段的离散解映射到连续域,并通过粒子群算法来进一步优化路径,使得总费用最小化。Mavrovouniotis 和 Yang[11]提出了一种基于三种迁徙策略的蚁群算法,使得行驶距离最短。Euchi 等[12]提出了一种结合 2-opt 局部搜索的人工蚁群算法动态调整车辆行驶路径。张文博等[13]提出了一种两阶段方法,即先由遗传算法生成初始车辆路径,再由模拟退火实时调整路径。

(2) 针对考虑交通路况的 DVRP 研究:对于交通拥堵场景,Sabar 等[14]提出了一种自适应进化算法来优化总费用,将参数和操作算子进行编码,使其跟随个体一同进化,从而实现参数和操作算子的自适应调整;孙小军和介科伟[15]提出了一种结合用户区域划分和交通拥堵因子的改进蚁群算法;Kim 等[16]考虑到交通拥堵场景下行驶时间呈随机分布,将该场景下的 DVRP 建模为马尔可夫决策过程,并提出了一种近似动态规划方法;针对考虑到需求变化、道路中断和车辆故障等多种动态事件的 DVRP,张婷等[17]通过引入虚拟用户将其转化为静态 VRP,并提出了一种混合遗传算法进行求解,此外,饶卫振等[18]考虑到上述动态事件,并基于问题特性,设计了一种由复杂度仅为 $O(n\log n)$ 的构造算法和局部搜索组成的两阶段算法。

(3) 针对电动汽车充电场景下的 DVRP 研究:邵赛等[19]采用遗传算法生成初始路线,并设计了一种考虑插入动态需求和分配充电站的路线更新策略;葛显龙等[20]采用节约里程法与 TS 算法相结合的混合启发式算法生成静态解,利用贪婪算法来处理动态用户需求;杜千等[21]将该问题拓展到众包车辆和分时电价场景,提出了一种结合 TS 算法和 ALNS 算法的混合算法。

(4) 针对复杂配送网络下的 DVRP 研究:薛桂琴和王征[22]考虑了一种由静态、动态和协同分仓三类用户构成的两级配送网络,构建了其混合整数规划模型,并采用遗传算法、TS 算法和贪心算法对两级配送网络对应的子问题进行求解;葛显龙等[23]考虑到实际路网中两点之间能够通过多条道路连通,那么车辆可以根据交通状况动态选择不同通路,因此建立了针对该场景的混合整数规划模型,并设计了一种改进遗传算法。

（5）针对其他实际场景下的 DVRP 研究：对于以农业生产为背景的多车场 DVRP，Seyyedhasani 和 Dvorak[24] 提出了一种结合节约里程法的 TS 算法，并在多种场景中验证了该算法在重新规划路径上的效果；Schyns[25] 将比利时列日机场中的燃料车路径规划问题建模为带时间窗、容量约束和异构车辆编队的复杂 DVRP，与其他 DVRP 以总费用为目标不同的是，该问题最关键的因素是及时响应飞机的加燃料需求，因此该文献将响应度作为优化目标，并提出了一种蚁群算法进行求解；Ferrucci 等[26] 提出了一种主动式实时控制方法解决紧急货物运输下的 DVRP，从过去的需求信息中提炼知识来引导车辆去往需求更可能出现的地方，并将知识整合在 TS 的框架下，以最小化用户的不满意度；Armas 等[27] 考虑了一种具有异构编队、多时间窗和带用户优先级等复杂度的 DVRP，提出了一种变邻域搜索算法予以求解，并将其成功推广至实际物流管理公司中。

上述文献求解 DVRP 的方法可总结如下。在动态性处理层面，主要有两种思路：一是周期性重优化，将问题划分为一个个时间段，每个时间段内都是一个静态 VRP[28-32]；二是连续性重优化[12]，根据输入信息的实时变化更新路径[33-34]。在方法选型层面，大多研究采用基于迭代搜索的元启发式算法，如 ALNS 算法[9,15,21]、TS 算法[21,24,26]、蚁群算法[11-12,15,25] 等。

1.1.2　取送问题

PDP，即带取送的 VRP 是 VRP 研究的一个重要分支[35]。在 PDP 中，车辆需要先取货再送货，或者先接用户再把用户送至目的地，因此，点与点之间多了一层取送关系。按取送点的类型，PDP 可以分为三类：one-to-one 问题[36-37]，即每个需求都包含一个给定的取点和送点；many-to-many 问题[38]，即任何一个点都可作为取点或送点；one-to-many-to-one 问题[39-41]，即货物需要从仓库送至用户，当用户使用完毕后需要从用户处取回再运至仓库。根据问题场景特点，下面对代表性 PDP 相关文献进行分类介绍，具体如下。

（1）针对带时间窗的 PDP（PDP with time windows，PDPTW）研究：Ropke 和 Cordeau[42] 采用列生成方法分析 PDPTW 下界，并设计了一种分支定价切割方法进行求解；Lu 和 Dessouky[43] 研究了一种异构车辆编队下的 PDPTW，并提出一种分支切割方法；Furtado 等[44] 提出了一种针对 PDPTW 的建模方式，定义了新的二维 0-1 变量，与现有的两种建模方式进行比较，该建模方式能够有效减少变量和约束数量；Bent 和 Hentenryck[36] 设计了一种两阶段的混合算法求解 PDPTW，第一阶段采用模拟退火算法减少路径的个数，第二阶段采用大邻域搜索降低行驶费用；段凤华和符卓[45] 建立了带软时间窗约束 PDP 的混合整数规划模型，并设计了一种 TS 算法予以求解。

（2）针对不同货物装卸模式的 PDP 研究：对于"后进先出"（last-in-first-out，LIFO）装货规则下的 PDPTW，卸载位于运输箱里侧的货物时，需先取出位于外侧的货物，考虑到装卸货会产生额外的耗时，Veenstra[46] 提出了两种装卸货的策略，并设计了一种分支定价切割方法；Cherkesly 等[47] 提出了一种遗传算法求解大规模算例；Benavent 等[48] 研究了车辆行驶时长存在最大限制的场景，建立了两类混合整数规划模型，并提出了 TS 算法和分支定界算法；杜博文等[49] 进一步考虑货物存在异构、易碎等特点且需考虑装载重心的三维装载场景，采用分组遗传算法优化车辆路径及树搜索算法生成了满足约束的装货布局；同样，针对三维装载场景，张英贵等[50] 设计了一种用户动态平衡装卸检测算法，并嵌入 TS 算法中优化路径。对于非 LIFO 的场景，Hornstra 等[51] 将卸货和装货操作引起的花费考虑到问题建模中，对该操作对应的子问题设计了两种规则，并进一步提出一种 ALNS 算法。

（3）针对货物分批和不同取送模式的 PDP 研究：对于货物可分批并由不同车辆转运的 PDP，Wolfinger 和 Salazar-González[52] 建立了混合整数规划模型，并设计了一种分支定界方法；Sahin 等[37] 设计了一种模拟退火和 TS 相结合的混合方法。对于"多取单送"的 PDPTW，即车辆需要从多个地方取货，再将货物运送到一个地方，Naccache 等[53] 设计了多种移动和插入的算法，并融合到 ALNS 框架内进行求解。对于同时取送的 PDP，即取货和送货任务需要在同一个地点完成，Bianchessi 和 Righini[54] 提出了一种多邻域 TS 算法进行求解。针对随机取送需求的多行程 PDP，即车辆可以多次往返于配送中心和用户点，刘虹和傅晓敏[55] 建立了随机机会约束规划模型，并提出了一种变邻域 TS 算法。

（4）针对可选择性访问用户的 PDP 研究：Chami 等[56] 考虑以利润和总行驶路程为双目标，设计了一种混合遗传算法。Gansterer 等[57] 将收益和成本之差作为目标函数，提出了一种通用变邻域搜索算法；在该问题的基础上，Sun 等[58] 考虑利用交通信号灯的信息通知司机何时启动，建立了该问题的混合整数规划模型，并设计了一种分支定价算法。

（5）针对其他场景下的 PDP 研究：Mahmoudi 和 Zhou[59] 对拼车服务背景下的 PDPTW 进行了研究，构建了状态—空间—时间的三维网络，采用动态规划进行求解；Avci 和 Topaloglu[60] 考虑了异构编队下的 PDP，并提出了一种带自适应阈值接受策略的 TS 算法；针对使用高承载率车辆的拼车场景下的 PDP 问题，Wang 等[61] 建立了混合整数规划模型，并提出了一种结合 TS 和调整策略的混合算法，探究了高承载率车辆的使用对路程成本的影响；Li 等[62] 探究了组合拍卖模式下骑手协同的 PDP，即骑手之间可以交换订单，建立了混合整数规划模型，并提出一种可以调整算子选择的 ALNS 算法；Ghilas 等[63] 考虑了公共运输参与货物取送过程中的 PDP，即部分货物运输可以由已规划好日程的公共运输系统完成，并提出了一种 ALNS 算法予以求解；Belgin 等[64] 考虑一种两阶段的 PDP，第一阶段将货物从仓库送往中转站,第二阶段将货物从中转站送至用户,从而建立了混合整数规划模型,并设计了一种带局部搜索的变邻域下降算法;Lu和Yang[65]以台湾实际物流公司的PDP为背景,设计了一种融合专家经验和蚁群算法的迭代求解方法;Dahle等[66]考虑了可以雇佣临时司机绕路配送的PDP,建立了其混合整数规划模型,并提出了三种补偿方式。

上述文献综述的是静态场景下的PDP,部分文献考虑了动态场景下的PDP(dynamic PDP,DPDP)。相关代表性研究如下。

（1）针对一般性DPDP的研究:①对于带时间窗的DPDP,Mitrović-Minić等[67]提出了一种基于滑动时间窗的启发式规则;Fkaier和Chaar[68]提出了一种基于K-means的启发式规则;Karami等[69]提出了一种基于最小成本插入和局部搜索的二阶段周期性重优化方法。②对于考虑等待时间的场景,Fabri和Recht[70]设计了一种局部搜索算法。③针对多目标DPDP,Zhu等[71]、Xiao等[72]和Yang等[41]提出了基于局部敏感哈希进行局部搜索的文化基因算法。

（2）针对不同实际场景下的DPDP的研究:①针对灾难援助场景下的DPDP,Wohlgemuth等[73]考虑运输时间是变化的,提出了一种TS算法来优化行驶时间和车辆数目。②针对每辆车一次只能接一名乘客场景下的DPDP,Sheridan等[74]假定新乘客订单出现的时刻呈泊松分布,设计了一种动态最近邻方法。③针对打车场景下的DPDP,MuQnoz-Carpintero等[75]提出了一种基于粒子群算法和遗传算法的混合预测控制方法,设计了一种多目标优化方法进行调参。④针对众包场景下的DPDP,Arslan等[76]考虑了货物可以由临时车辆或者专用车辆进行配送的情况,采用滑动时间窗方法处理动态性,并提出了一种求解需求和车辆的匹配子问题的精确方法。⑤针对"当日达"模式的DPDP,Voccia等[77]将其建模为马尔可夫过程,采用一种近似动态规划方法求解,探究了预测未来需求对问题求解的影响;Ulmer等[78]考虑车辆可以在配送完当前所有货物之前回到仓库载货,设计了一种近似动态规划方法进行求解。⑥针对逆向物流场景下的DPDP,徐小峰等[79]提出了一种两阶段方法,建立了初始路径优化模型和实时路径优化模型,并利用多目标免疫遗传算法进行求解。⑦针对急救场景下的DPDP,Zhao等[80]考虑了一种单车辆且行驶速度随时间变化的特殊情景,提出了一种验证路径可行性的方法,嵌入ALNS算法中予以求解。⑧针对具有异构编队、无仓库和动态用户优先级特点的共享物流场景,Su等[81]提出了一种混合分散搜索算法。

近年来,也有部分学者引入机器学习方法求解DPDP,Ma等[82]提出了一种大规模DPDP的分层优化框架,将问题划分为不同规模的子问题,并提出了一种结合不同改进算子的强化学习方法;而对于订单具有不同优先级的DPDP,Ghiani等[83]利用离线训练好的机器学习模型为不同优先级订单预测分配的车辆比例。

由上述代表性文献综述可知,PDP的求解方法主要包含精确算法、智能优化算法和机器学习方法。静态 PDP 多采用分支定价[42,46,58]、分支切割[42-43,46]、分支定界[52]、TS[45,48,50]、ALNS[51,62-63] 等，DPDP 多采用动态规划[77-78]、群智能算法[71-72,75,79]、机器学习方法[82-83] 等。

1.1.3　即时配送问题

作为物流新模式，相比 DVRP 和 PDP，针对即时配送问题的相关研究较少，并且主要集中在近五年，下面从学界和业界的研究工作进行具体介绍。

（1）在学界，Cosmi 等[84-85]研究了只有一个骑手和一个餐厅的简化场景，并将其抽象为单机调度问题，从而建立混合整数线性规划模型，进而采用动态规划算法[84]及 Gurobi 优化器[85]进行求解。针对一个顾客可从多家餐厅订餐的即时配送场景，Steever 等[86]建立了混合整数线性规划模型，并提出了主动式启发式算法，实验结果表明其性能优于贪婪的启发式算法；随后，Wang 等[87]提出了一种三阶段框架用以指派订单与调整骑手路线，实验结果表明其性能优于上述的主动式启发式算法[86]。Yu 等[88]推导了带容量约束的在线 PDP 的下界，并设计了两种指派算法。考虑到不同时期和地区的骑手闲置和短缺问题，Xue 等[89]提出了一种 ALNS 算法来引导骑手。对于采用无人机送餐的即时配送场景，Liu[90]构建了相应的混合整数线性规划模型，提出了一种主动式优化算法。Huang 等[91]设计了随机事件调度框架进行周期性重调度，并采用基于模拟退火的局部搜索求解。另外，对于不确定即时配送场景下的调度优化问题，Ulmer 等[3]通过引入时间缓冲和推迟"尚不重要的订单"解决下单时间和出餐时间的不确定性，并提出了一种基于预期的用户分配策略；为处理不确定行驶时间，Liu 等[4]将行驶时间预测模块与订单分配优化模块相结合，建立了随机规划模型，并通过分支定价算法予以解决。

（2）在业界，许多即时配送的从业者和研究者也提出了一些由实际即时配送服务平台衍生的问题和方法。Reyes 等[92]基于 Grubhub 的送餐问题，提出了一种滚动时间窗算法；随后，Yildiz 和 Savelsbergh[93]提出了新的数学建模方式，并设计了一种行列生成算法。对于美团的即时配送问题，Zheng 等[94]提出了两种快速路线规划方法。对于 Swiggy 的即时配送场景，Paul 等[95]提出了一种通用的优化框架，包括订单合包算法和订单分配模型，并提出了两个 just-in-time 的策略；Kottakki 等[96]采用 Gurobi 解决了优化用户体验的送餐问题；Joshi 等[97]将订单和车辆的分配问题转化为最小权重二分图匹配问题，并设计了一种先合包再匹配的算法来进行订单分配。对于 Getir 平台的送餐场景，Jahanshahi 等[98]将用户动态到达的订单建模为马尔可夫决策过程（Markov decision process，MDP），通过强化学习来训练多种深度 Q 网络（deep Q-network，DQN）予以求解。

通过上述文献综述可知，尽管针对 DVRP、PDP 取得了丰富研究成果，并且在求解即时配送问题上也取得了不少研究成果，但大部分文献面向的是不同的配送场景,在问题设定上与本书所研究的即时配送场景有所区别,尤其是较少考虑大规模、高时效等现实难点对问题求解带来的影响。此外,上述文献中的方法多为基于数学模型的精确算法或基于迭代搜索的元启发式算法,二者均存在计算相对耗时的特点,难以直接应用于即时配送场景。因此,即时配送优化决策的研究还有待完善和丰富。

1.2 即时配送问题数学建模

本节基于美团的外卖配送场景,对即时配送问题进行数学建模,并分析模型特点。

1.2.1 数学模型

为给出规范化的数学描述,定义符号如表 1-1 所示。

表 1-1 数学符号含义

符号	符号含义
T	当前调度时刻
ΔT	决策时间窗长度
n	新单数量
b	旧单数量
m	骑手数量
p	取点数量
s	送点数量
h	订单索引号,$h \in \{1, 2, \cdots, n+b\}$
k	骑手索引号,$k \in K = \{1, 2, \cdots, m\}$,$K$ 为骑手索引号集合
Q	骑手集合,$Q = \{q_1, q_2, \cdots, q_m\}$
O	新单集合,$O = \{o_1, o_2, \cdots, o_n\}$
O°	旧单集合,$O^\circ = \{o_{n+1}, o_{n+2}, \cdots, o_{n+b}\}$
O°_+	未取餐旧单集合,$O^\circ_+ = \{o_{n+1}, o_{n+2}, \cdots, o_p\}$
L	骑手当前所在位置对应节点的集合,$L = \{l_1, l_2, \cdots, l_m\}$
P	取点集合,$P = \{i_h^+ \mid o_h \in O \cup O^\circ_+\}$
D	送点集合,$D = \{i_h^- \mid o_h \in O \cup O^\circ\}$

符号	符号含义
V	虚拟终点构成的点集
N	所有点构成的集合，$N = L \cup P \cup D \cup V$
E	所有点构成的弧的集合，$E = \{(i,j) \mid i,j \in N, i \neq j\}$
N_k	骑手 q_k 被分配所有旧单构成的取送点集合
$d_{i,j}$	点 i 与点 j 之间的距离，$(i,j) \in E$
v_k	骑手 q_k 的平均行驶速度
$t_{i^-}^{\mathrm{ETA}}$	送点 i^- 的预计送达时刻（estimated time of arrival，ETA）
$t_{i^+}^{\mathrm{ETP}}$	取点 i^+ 的预计出餐时刻（estimated time of preparation，ETP）
u_h	订单 o_h 的包裹重量
c_k	骑手 q_k 运载工具的承载重量上限
z_k	骑手 q_k 的接单数量上限
M	一个足够大的正数
$x_{i,j}^k$	0-1决策变量，若骑手 q_k 由点 i 行驶至点 j 则为1，否则为0
Y_i^k	连续决策变量，骑手 q_k 离开点 i 的时刻
A_i^k	连续决策变量，骑手 q_k 到达点 i 的时刻
U_i^k	连续决策变量，骑手 q_k 到达点 i 时所携带包裹的总重量
$\overline{f}_k^{\mathrm{time}}, f_k^{\mathrm{time}}$	中间变量，骑手 q_k 被分配新单前、后的时间成本
$\overline{f}_k^{\mathrm{dist}}, f_k^{\mathrm{dist}}$	中间变量，骑手 q_k 被分配新单前、后的路程成本
f_k^{DC}	中间变量，骑手 q_k 对应的配送成本（delivery cost，DC）
α, β	权重系数
f^{ADC}	目标函数，单均配送成本（average DC，ADC）

　　基于上述符号，即时配送问题可描述如下：在当前时刻 T，决策时间窗 $[T - \Delta T, T]$ 接收的 n 个新单需要分配给 m 个骑手进行配送。每个骑手 q_k 可能具有若干在 T 时刻前被分配但未完成配送的旧单，并以行驶速度 v_k 进行配送。所有订单可分为两类：一类是已取餐的订单，这类订单 o_h 由部分旧单构成，只对应一个送点 $i_h^- \in D$；另一类是未取餐的订单，这类订单 o_h 由剩余旧单和所有新单构成，对应一个取点 $i_h^+ \in P$ 和一个送点 $i_h^- \in D$。每个骑手 q_k 对应一个当前所在位置的定位点 $l_k \in L$。每个取点对应一个出餐时刻 $t_{i^+}^{\mathrm{ETP}}$，每个送点 i_h^- 对应一个由平台承诺或者由用户指定的预计送达时刻 $t_{i^-}^{\mathrm{ETA}}$。

即时配送问题包含如下约束:一个新单只能分配给一个骑手,但一个骑手可以被分配多个新单;分配给骑手的旧单不能重新分配给其他骑手;每个骑手所携带的包裹总重量不能超过其配送箱的承载重量上限;分配给每个骑手的订单数量不能超过其接单数量上限;对任意未取餐订单,每个骑手应先取餐再送餐,并且必须在商家出餐后才能取餐,否则需要在店内等餐。

即时配送问题的目标如下:将每个新单分配给合适的骑手并为骑手合理规划取送路径,使得配送效率和用户体验最优。

为建立混合整数规划模型,下面先对即时配送问题的各类点进行编号,即 $L = \{1, 2, \cdots, m\}$,$P = \{m+1, m+2, \cdots, m+p\}$,$D = \{m+p+1, m+p+2, \cdots, m+p+s\}$,并约定 P 中任意取点 i 在 D 中对应的送点为 $i+p$,此外新增一个虚拟终点 $V = \{0\}$,则该问题可定义在一个图 $G = (N, E)$ 上,其中,$N = L \cup P \cup D \cup V$ 是所有点构成的点集,$E = \{(i, j) \mid i, j \in N, i \neq j\}$ 是所有点构成的弧集,每条弧 (i, j) 对应一段行驶距离 $d_{i,j}$,虚拟终点与任意点之间的行驶距离为 0。基于上述定义,即时配送问题的混合整数规划模型为

$$\min f^{\mathrm{ADC}} = \frac{1}{n} \sum_{k \in K} f_k^{\mathrm{DC}} \tag{1-1}$$

s. t.

$$\sum_{k \in K} \sum_{i \in N \setminus V} x_{i,j}^k = 1, \quad \forall j \in P \cup D \tag{1-2}$$

$$\sum_{i \in N \setminus V} x_{i,j}^k - \sum_{i \in N \setminus L} x_{j,i}^k = 0, \quad \forall k \in K, j \in P \cup D \tag{1-3}$$

$$\sum_{j \in N \setminus L} x_{i,j}^k = 1, \quad \forall k \in K, i = k \tag{1-4}$$

$$\sum_{j \in N} x_{i,j}^k = 0, \quad \forall k \in K, i \in L \setminus \{k\} \tag{1-5}$$

$$\sum_{i \in L \cup D} \sum_{j \in V} x_{i,j}^k = 1, \quad \forall k \in K \tag{1-6}$$

$$\sum_{i \in N} x_{i,j}^k - \sum_{i \in N} x_{i,j+p}^k = 0, \quad \forall k \in K, j \in P \tag{1-7}$$

$$\sum_{i \in N \setminus V} x_{i,j}^k = 1, \quad \forall k \in K, j \in N_k \tag{1-8}$$

$$Y_i^k + \frac{d_{i,i+p}}{v_k} \leqslant Y_{i+p}^k, \quad \forall k \in K, i \in P \tag{1-9}$$

$$Y_i^k - t_i^{\mathrm{ETP}} \geqslant M(x_{i,j}^k - 1), \quad \forall k \in K, i \in P, j \in P \cup D \tag{1-10}$$

$$A_i^k \leqslant Y_i^k, \quad \forall k \in K, i \in N \tag{1-11}$$

$$A_j^k \geqslant Y_i^k + \frac{d_{i,j}}{v_k} + M(x_{i,j}^k - 1), \quad \forall k \in K, i \in N, j \in N \tag{1-12}$$

$$U_j^k - U_i^k - u_i \geqslant M(x_{i,j}^k - 1), \quad \forall k \in K, i \in N, j \in N \tag{1-13}$$

$$U_j^k \leqslant c_k, \quad \forall k \in K, i \in N, j \in N \tag{1-14}$$

$$\sum_{i \in N} \sum_{j \in D} x_{i,j}^k \leqslant z_k, \quad \forall k \in K \tag{1-15}$$

$$x_{i,j}^k \in \{0,1\}, \quad \forall k \in K, i,j \in N, i \neq j \tag{1-16}$$

$$Y_i^k, A_i^k \geqslant T, U_i^k \geqslant 0, \quad \forall k \in K, i \in N \tag{1-17}$$

其中,式(1-1)表示最小化单均配送成本;式(1-2)确保每个取送点有且只有一个骑手访问;式(1-3)为进出平衡约束,确保每个取送点有进有出,并且由同一个骑手服务;式(1-4)和式(1-5)确保每个骑手必须先从自己的骑手点出发,再访问除骑手点外的其他点;式(1-6)确保送点和骑手点可作为骑手路径的终点;式(1-7)确保一个订单的取送由同一个骑手服务;式(1-8)确保每个骑手必须服务自己被分配的旧单,即不改派旧单;式(1-9)确保每个订单先取后送;式(1-10)确保骑手在出餐后才能取餐并离开取点;式(1-11)确保骑手必须到达某一点后才能离开;式(1-12)确保骑手按照自身速度骑行一段时间才能从一个点到达下一个点;式(1-13)刻画骑手从一个点出发去下一个点时的容量变化;式(1-14)和式(1-15)确保每个骑手接到的订单不会超过容量上限和接单数量上限;式(1-16)和式(1-17)定义决策变量可行域。

一般而言,即时配送问题通常采用超时情况和行驶路程分别刻画用户体验和配送效率,即

$$f_k^{\text{time}} = \sum_{j \in N} \sum_{i \in D} \max\{0, Y_i^k - t_i^{\text{ETA}}\} \cdot x_{j,i}^k, \quad \forall k \in K \tag{1-18}$$

$$f_k^{\text{dist}} = \sum_{i \in N} \sum_{j \in N} d_{i,j} \cdot x_{i,j}^k, \quad \forall k \in K \tag{1-19}$$

其中,式(1-18)计算骑手配送其所有订单的超时惩罚之和作为刻画用户体验的指标,称为时间成本 f_k^{time};式(1-19)将骑手配送其所有订单的行驶路程作为刻画配送效率的指标,称为路程成本 f_k^{dist}。配送成本 f_k^{DC} 可利用权重系数 α 和 β 将二者加权,得

$$f_k^{\text{DC}} = \alpha f_k^{\text{time}} + \beta f_k^{\text{dist}}, \quad \forall k \in K \tag{1-20}$$

但考虑实际需求,平台希望以尽可能少的方案变动完成当前时刻的优化决策,使得骑手行驶路径和旧单履约过程不受过多影响,从而保障即时配送物流网络平稳运行。因此,实际情况下通常采用超时情况和行驶路程的加权变化量建模目标函数,配送成本 f_k^{DC} 的计算公式为

$$f_k^{\text{DC}} = \alpha \mid f_k^{\text{time}} - \overline{f}_k^{\text{time}} \mid + \beta \mid f_k^{\text{dist}} - \overline{f}_k^{\text{dist}} \mid, \quad \forall k \in K \tag{1-21}$$

其中, $\overline{G} = (\overline{N}, \overline{E})$ 为 G 中除新单取送点外的点构成的图,通过求解定义在 $\overline{G}$ 上的即时配送问题,可以得到相应的时间成本 $\overline{f}_k^{\text{time}}$ 和路程成本 $\overline{f}_k^{\text{dist}}$ 作为分配新单前的指标状态。式(1-21)将分配新单前后的时间成本绝对变化量和路程成本绝对变化

量加权求和,作为骑手 q_k 对应的配送成本。

1.2.2　模型特点

由上述混合整数规划模型可见,与传统 VRP 相比,即时配送问题在问题建模层面的特点具体如下。

(1)兼具先取后送和同取同送约束。每个新单均包含取点和送点,并且骑手必须先取餐后送餐;同一订单的取送必须由同一骑手完成。

(2)无中心化的仓库(depot),并且为开放路径。传统 VRP 一般包含一个或多个仓库,车辆需从仓库出发,完成配送后回到仓库,其路线为闭环。在即时配送问题中,骑手不必从仓库出发并且回到仓库,而是从当前所在位置出发,结束于最后一个送点。

(3)部分取送点具有访问限制约束。传统 VRP 一般允许车辆访问任意点,而即时配送问题中的骑手被分配的旧单取送点只能由该骑手访问。

(4)兼具硬时间窗和软时间窗约束。传统 VRP 的时间窗多指一个时段,即由服务开始时刻和服务结束时刻构成的区间,车辆需要在该时段内进行访问。即时配送问题仅以一个时刻作为界定,取点对应一个出餐时刻,骑手必须在该时刻后才能取餐,此为硬时间窗约束;送点对应一个预计送达时刻,骑手可以在预计送达时刻之前的任意时刻访问,允许适当超时,此为软时间窗约束。

(5)兼具容量约束和接单上限约束。骑手在配送过程中的总包裹重量不超过其送餐箱承载重量上限,并且骑手服务的订单总数不超过其接单上限。

1.3　即时配送问题计算建模

1.3.1　即时配送问题分解

鉴于即时配送问题的大规模和高时效特点,现有计算资源和方法难以实现对上述数学模型的高效求解,因此需要对即时配送问题进行分解,并将其转化为可以相对独立求解的子问题,从而实现高效求解。一般而言,即时配送问题可被分解为路径规划和订单分配两个主要的子问题。

1. 路径规划

路径规划问题可被描述为,给定一个骑手及其所需配送的订单集合,合理规划各个订单取送点的访问顺序后,使得用户体验、配送效率等指标达到最优。将单个骑手的路径规划从整体问题中剥离出来具有两重意义:一方面,实际情况中每个骑手所需配送的订单最多为十几单,因此路径规划子问题的求解规模不大,降低了求解难度；另一方面，不同骑手所需配送的订单是独立的，骑手之间的路径规划不存在耦合性，这表明每个骑手的路径规划能够独立求解，因此可通过分布式计算实现不同骑手路径规划问题的并行求解，从而进一步减少计算耗时。

路径规划的重要性体现在两方面：一是路径规划直接影响配送方案的质量。高质量的路径规划结果既可以合理规划订单的配送优先级，确保订单准时送达，改善用户体验，同时又能够尽量缩短骑手行驶路程，减轻骑手负担，降低配送难度。此外，配送过程中的各种不确定因素直接作用于路径规划，如出餐延迟、车辆故障等。在路径规划中引入对不确定因素的考量和应对，能够有效改善配送方案的鲁棒性。二是路径规划结果在一定程度上反映了订单和骑手的匹配合理性，能够为订单分配提供有效的决策信息。举例而言，若分配订单后骑手的最优路径中出现了配送超时或绕路的情形，则表明该订单一定程度上不适合分配给该骑手。因此，路径规划是即时配送问题求解的基础，设计高效且鲁棒的路径规划方法是即时配送问题求解的关键。

2. 订单分配

订单分配问题可被描述为，为每个新单确定配送骑手，使得用户体验、配送效率等配送指标达到最优。订单分配问题属于 NP 难问题，即使将其从整体问题中剥离出来，求解规模和难度依旧很大，具体可以从两个方面解释：一方面，订单分配需要综合考虑所有订单和骑手的信息，合理配置运力资源，从而保证决策方案的质量；另一方面，订单分配还需要考虑如何最大化长期收益，来应对订单的动态到达，以及骑手和商家状态的变化。

根据决策中心的不同，即时配送订单分配可分为以下两种模式。

1) 以平台为中心的订单指派

以平台为中心的订单指派配送模式用于专送场景，平台与商家签订配送协议，由平台自营的专职骑手为商家提供专用配送服务。在专送场景下，平台实现订单履约的方式为，将订单配送任务指派给合适的骑手。平台必须给出确定的订单指派方案，而骑手则需要遵循平台给定的订单指派方案。因此，专送场景订单分配的决定权在于平台。

2) 以骑手为中心的订单推荐

以骑手为中心的订单推荐配送模式用于快送场景（或众包场景[99]），平台实时发布订单配送任务，由兼职的众包骑手为商家提供配送服务，骑手可以随时上线选择订单、进行配送并获取报酬。在快送场景下，平台实现订单履约的方式为，发布订单配送任务并招募骑手。平台不直接指派订单给骑手，而是为骑手提供一个订单推荐列表，骑手通过浏览列表，从中选择自己满意的订单进行配送。因此，快送场景订单分配的决定权主要在于骑手而非平台[100]。

专送骑手所需配送的订单由平台通过算法全局优化确定,因此专送场景的整体配送效率比快送场景高,但存在运力成本较高和运力资源不足的问题。众包模式能够有效扩充配送资源,但由于快送骑手所需配送的订单由骑手根据自身意愿单独确定,快送场景的整体配送效率一般会劣于专送场景。两种模式互补相辅,在实际履约中都发挥着重要作用。

以下分别介绍分解后路径规划、订单指派和订单推荐问题的建模。

1.3.2 路径规划模型

路径规划问题的符号定义如表 1-2 所示。

表 1-2 路径规划问题的符号及其含义

符号	符号含义
T	当前调度时刻
h	订单索引号
i,j	节点索引号
O_1	已取餐订单集合
O_2	未取餐订单集合
O	分配给骑手的订单集合,$O = O_1 \cup O_2$
P	取点集合,$P = \{i_h^+ \mid o_h \in O_2\}$
D	送点集合,$D = \{i_h^- \mid o_h \in O\}$
N	所有节点集合,$S = P \cup D \cup \{0\}$,其中 0 为骑手当前位置节点
B	集合 $P \cup D$ 的子集
$d_{i,j}$	节点 i 和节点 j 之间的距离
v	骑手的平均行驶速度
$t_{i^+}^{\mathrm{ETP}}$	取点 i^+ 的预计出餐时刻
$t_{i^-}^{\mathrm{ETA}}$	送点 i^- 的预计送达时刻
c	骑手运载工具的承载重量上限
z	骑手的接单数量上限
u_i	节点 i 对应订单的包裹重量,取点为正,送点为负
u_0	骑手在当前位置所携带的包裹总重量,$u_0 \geqslant 0$
M	一个足够大的正数
$x_{i,j}$	0-1 决策变量,若骑手由点 i 行驶至点 j 则为 1,否则为 0

续表

符号	符号含义
Y_i	连续决策变量,骑手离开节点 i 的时刻
A_i	连续决策变量,骑手到达节点 i 的时刻
U_i	中间变量,骑手离开节点 i 时所携带包裹的总重量
α,β	权重系数
f^{RC}	目标函数,路径成本(route cost,RC)

在路径规划问题中,一名骑手需要配送多个被分配的订单。每个订单对应一个送点、预计送达时刻及包裹重量,未取餐订单还对应一个取点和预计出餐时刻。骑手以一定速度行驶,并且运载工具具有承载重量上限。相关问题假设具体如下。

(1)骑手从当前位置出发依次访问取送点,并终止于其中一个送点。

(2)每个节点必须恰好访问一次。

(3)一个订单的送点必须在取点之后访问。

(4)骑手不能早于预计出餐时刻离开取点。

(5)骑手携带包裹的总重量不能超过其运载工具的承载重量上限。

分别采用路径的总超时时长和总长度来刻画用户体验和配送效率。路径总超时时长越短,用户体验越好;路径总长度越小,配送效率越高。目标函数由上述两个指标加权构成,称为路径成本。路径规划问题的目标为,确定取送点的访问顺序,使得路径成本最优。

路径规划示例如图 1-1 和图 1-2 所示。该示例包含 3 个需配送的用户订单,其中,订单 2 已取餐,订单 1 和订单 3 尚未取餐。因此,在一条合法路径中,骑手一共需访问 5 个点,包括订单 1 和订单 3 的取点(采用 1^+ 和 3^+ 表示),以及订单 1、订单 2 和订单 3 的送点(采用 1^-、2^- 和 3^- 表示)。图 1-1 展示了一条可行的路径,骑手从当前位置开始,依次访问 1^+、2^-、1^-、3^+ 和 3^-;图 1-2 展示了一条不可行路径,骑手在访问订单 1 和订单 3 的取点前访问了其送点,违反了约束。

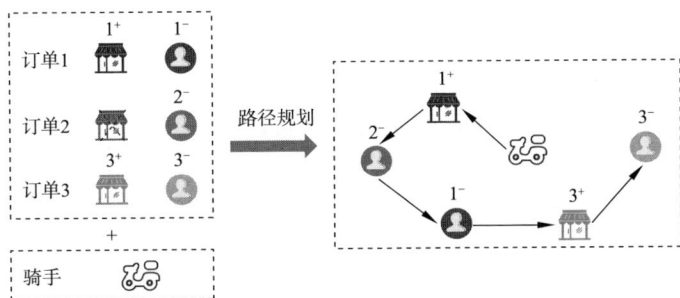

图 1-1　路径规划示例

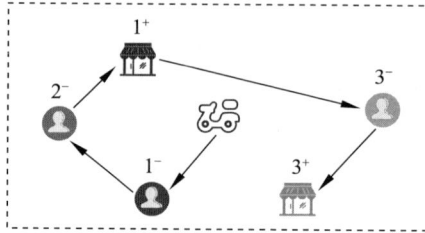

图 1-2　不可行路径示例

即时配送路径规划问题的数学模型为

$$\min f^{\mathrm{RC}} = \alpha \sum_{i \in D} \max\{0, Y_i - t_i^{\mathrm{ETA}}\} + \beta \sum_{i \in N} \sum_{j \in N} d_{i,j} x_{i,j} \tag{1-22}$$

s. t.

$$\sum_{i \in N} x_{i,j} = 1, \quad \forall j \in P \bigcup D \tag{1-23}$$

$$\sum_{j \in N} x_{i,j} \leqslant 1, \quad \forall i \in P \bigcup D \tag{1-24}$$

$$\sum_{j \in P \bigcup D} x_{0,j} = 1 \tag{1-25}$$

$$\sum_{i \in P \bigcup D} x_{i,0} = 0 \tag{1-26}$$

$$\sum_{(i,j) \in B \times B} x_{i,j} \leqslant |B| - 1, \quad \forall B \subseteq P \bigcup D, 2 \leqslant |B| \leqslant |O_1| + 2|O_2| \tag{1-27}$$

$$U_j \geqslant U_i + u_j + M(x_{i,j} - 1), \quad \forall i,j \in N \tag{1-28}$$

$$U_i \leqslant c, \quad \forall i \in N \tag{1-29}$$

$$\sum_{i \in N} \sum_{j \in D} x_{i,j} \leqslant z \tag{1-30}$$

$$A_i \leqslant Y_i, \quad \forall, i \in N \tag{1-31}$$

$$A_j \geqslant Y_i + \frac{d_{i,j}}{v} + M(x_{i,j} - 1), \quad \forall i,j \in N \tag{1-32}$$

$$Y_{i_h^+} \leqslant Y_{i_h^-}, \quad \forall o_h \in O_2 \tag{1-33}$$

$$Y_i \geqslant t_i^{\mathrm{ETP}}, \quad \forall i \in P \tag{1-34}$$

$$x_{i,j} \in \{0,1\}, \quad \forall i,j \in N, i \neq j \tag{1-35}$$

$$Y_i, A_i \geqslant T, U_i \geqslant 0, \quad \forall i \in N \tag{1-36}$$

其中,式(1-22)的第一项定义路径总超时时长,第二项定义路径总行驶路程,权重系数 α 和 β 分别用于平衡两个指标;式(1-23)确保任意待访问节点有且只有一个前继节点;式(1-24)确保每个待访问节点至多有一个后继节点,用于保证骑手在离开当前节点后不会同时进入多个节点,同时,式(1-24)表明骑手路径是非封闭的;

式(1-25)和式(1-26)确保路径以骑手当前位置为起点,并且在配送过程中不回到该位置,即不以该位置为终点;式(1-27)确保不出现环形子路径,并结合式(1-23)和式(1-24)共同确保每个节点有且仅有一次被访问;式(1-28)刻画骑手从一个点出发去下一个点时的容量变化;式(1-29)确保骑手携带的包裹总重量不超过其运载工具的承载重量上限;式(1-30)确保骑手当前配送订单数量不超过接单上限;式(1-31)确保骑手必须到达某一点后才能离开;式(1-32)确保骑手按照自身速度骑行一段时间才能从一个点到达下一个点;式(1-33)确保每个订单必须先取后送;式(1-34)确保骑手在出餐后才能取餐并离开取点。式(1-35)和式(1-36)定义决策变量可行域。

值得说明的是,路径规划结果会作为订单分配问题的评价信息,路径规划问题能否产生可行解会直接影响订单分配问题求解的可行性,因此在实际求解中可对路径成本施加惩罚项。若路径规划问题不存在可行解,如骑手所需配送的订单数量超过接单上限,或者无法规划出满足容量约束的路径等,则惩罚项取值为 M,否则为 0。惩罚项的作用为,若分配订单后无法为骑手规划出满足约束的新路径,则大幅增加路径成本,使得算法在优化过程中避免将相应订单分配给对应骑手,从而确保订单分配问题的求解满足约束。

1.3.3　订单指派模型

订单指派问题的符号定义如表 1-3 所示。

表 1-3　订单指派问题的符号及其含义

符号	符号含义
T	当前调度时刻
n	新单数量
m	骑手数量
i	新单索引号,$i \in I = \{1, 2, \cdots, n\}$
j	骑手索引号,$j \in J = \{1, 2, \cdots, m\}$
Q	骑手集合,$Q = \{q_1, q_2, \cdots, q_m\}$
O	新单集合,$O = \{o_1, o_2, \cdots, o_n\}$
O_j°	在 T 时刻前指派给骑手 q_j 但未完成配送的旧单集合
L	骑手当前所在位置对应节点的集合,$L = \{l_1, l_2, \cdots, l_m\}$
P	取点集合
D	送点集合
V	所有点 r 构成的集合,$r \in V = L \cup P \cup D$

符号	符号含义
d_{r_1,r_2}	点 r_1 与点 r_2 之间的距离，$r_1,r_2 \in V$
t_r^{ETA}	送点 r 对应的预计送达时刻，$r \in D$
t_r^{ETP}	取点 r 对应的预计出餐时刻，$r \in P$
v_j	骑手 q_j 的平均行驶速度
$x_{i,j}$	0-1 决策变量，如果新单 o_i 指派给骑手 q_j 则为 1，否则为 0
O_j^n	中间变量，指派给 q_j 的新单集合，与决策变量的关系为 $O_j^n = \{o_i \mid x_{i,j}=1, i \in I\}$，$O_j^n \subseteq O$
R_j^o	中间变量，骑手 q_j 的旧路径，也即骑手 q_j 配送订单集合 O_j^o 的取送路径，可通过路径规划算法得到。记 $R_j^o = \{r_{j,0}^o, \cdots, r_{j,k}^o, \cdots, r_{j,N_j^o}^o\} \subseteq V$，其中，旧路径点数为 N_j^o+1，$r_{j,0}^o$ 为骑手当前位置节点 l_j
R_j^n	中间变量，骑手 q_j 的新路径，也即骑手 q_j 配送订单集合 $O_j^o \cup O_j^n$ 的取送路径，可通过路径规划算法得到。记 $R_j^n = \{r_{j,0}^n, \cdots, r_{j,k}^n, \cdots, r_{j,N_j^n}^n\} \subseteq V$，其中，新路径点数为 N_j^n+1，$r_{j,0}^n$ 为骑手当前位置节点 l_j
R_j	中间变量，骑手 q_j 的路径，$R_j = \{r_{j,0}, \cdots, r_{j,k}, \cdots, r_{j,N_j}\} \in \{R_j^o, R_j^n\}$，$N_j = \|R_j\|-1$
$A_{j,r}$	中间变量，骑手 q_j 到达点 $r \in V$ 的时刻
$W_{j,r}$	中间变量，骑手 q_j 在点 $r \in V$ 的等待时长
$S_{j,r}$	中间变量，骑手 q_j 到达点 $r \in D$ 的超时时长
$E_{j,r}$	中间变量，$S_{j,r}$ 对应的超时惩罚
$\overline{f}_j^{time}, f_j^{time}$	中间变量，骑手 q_j 被指派新单前后的时间成本
$\overline{f}_j^{dist}, f_j^{dist}$	中间变量，骑手 q_j 被指派新单前后的路程成本
$f^{DC}(O_j^n)$	中间变量，骑手 q_j 配送 O_j^n 中所有订单的配送成本
α, β	权重系数
f^{ADC}	目标函数，单均配送成本

　　在订单指派问题中，n 个新单需要指派给 m 个骑手进行配送，每个新单只能指派给一个骑手。与 1.3.2 节路径规划模型一致，本节分别采用路径的总超时时长和总长度来刻画用户体验和配送效率；与 1.2.1 节即时配送数学模型一致，本节采用两个指标的加权变化量来构造目标函数，称为配送成本。订单指派问题的目标是，为每个新单确定合适的骑手进行配送，使得单均配送成本最优。

即时配送订单指派问题的优化模型为

$$\min f^{\text{ADC}} = \frac{1}{n} \sum_{q_j \in Q} f^{\text{DC}}(O_j^{\text{n}}) \tag{1-37}$$

s. t.

$$\sum_{j=1}^m x_{i,j} = 1, \quad i \in I \tag{1-38}$$

其中,单个骑手的配送成本 $f^{\text{DC}}(O_j^{\text{n}})$ 计算如下:

$$A_{j,r_{j,k}} = T + \sum_{h=1}^k \left(\frac{d_{r_{j,h-1}, r_{j,h}}}{v_j} + W_{j,r_{j,h-1}} \right), \quad r_{j,k} \in R_j \backslash \{r_{j,0}\}, j \in J \tag{1-39}$$

$$W_{j,r_{j,k}} = \begin{cases} \max\{0, t_{r_{j,k}}^{\text{ETP}} - A_{j,r_{j,k}}\}, & r_{j,k} \in R_j \bigcap P \\ 0, & r_{j,k} \in R_j \backslash P \end{cases}, j \in J \tag{1-40}$$

$$S_{j,r_{j,k}} = \max\{0, A_{j,r_{j,k}} - t_{r_{j,k}}^{\text{ETA}}\}, \quad r_{j,k} \in R_j \bigcap D, j \in J \tag{1-41}$$

$$E_{j,r_{j,k}} = \begin{cases} 0, & S_{j,r_{j,k}} = 0 \\ \theta \cdot S_{j,r_{j,k}}^2, & 0 < S_{j,r_{j,k}} < \Theta, \quad r_{j,k} \in R_j \bigcap D, j \in J \\ \kappa \cdot S_{j,r_{j,k}} + \sigma, & S_{j,r_{j,k}} \geqslant \Theta \end{cases} \tag{1-42}$$

$$\overline{f}_j^{\text{time}} = \sum_{r_{j,k}^{\text{o}} \in R_j^{\text{o}} \bigcap D} S_{j,r_{j,k}^{\text{o}}}, \quad j \in J \tag{1-43}$$

$$f_j^{\text{time}} = \sum_{r_{j,k}^{\text{n}} \in R_j^{\text{n}} \bigcap D} S_{j,r_{j,k}^{\text{n}}}, \quad j \in J \tag{1-44}$$

$$\overline{f}_j^{\text{dist}} = \sum_{h=1}^{N_j^{\text{o}}} d_{r_{j,h-1}^{\text{o}}, r_{j,h}^{\text{o}}}, \quad j \in J \tag{1-45}$$

$$f_j^{\text{dist}} = \sum_{h=1}^{N_j^{\text{n}}} d_{r_{j,h-1}^{\text{n}}, r_{j,h}^{\text{n}}}, \quad j \in J \tag{1-46}$$

$$f^{\text{DC}}(O_j^{\text{n}}) = \alpha \left| f_j^{\text{time}} - \overline{f}_j^{\text{time}} \right| + \beta \left| f_j^{\text{dist}} - \overline{f}_j^{\text{dist}} \right|, \quad j \in J \tag{1-47}$$

其中,式(1-37)表示最小化单均配送成本;式(1-38)确保每个新单仅被指派给一个骑手;式(1-39)~式(1-42)计算路径的超时情况,与 1.2 节即时配送问题数学模型不同,此处根据实际业务情况施加了对超时的惩罚,式(1-39)计算骑手 q_j 到达点 $r_{j,k}$ 的时刻,式(1-40)计算骑手 q_j 在点 $r_{j,k}$ 的等待时长,式(1-41)计算骑手 q_j 在送点 $r_{j,k}$ 的超时时长,式(1-42)计算超时时长为 $S_{j,r_{j,k}}$ 时的超时惩罚;式(1-43)和式(1-44)分别计算总超时惩罚作为骑手 q_j 旧路径和新路径的时间成本 $\overline{f}_j^{\text{time}}$ 和 f_j^{time};式(1-45)和式(1-46)分别计算路径总长度作为骑手 q_j 旧路径和新路径的路程成本 $\overline{f}_j^{\text{dist}}$ 和 f_j^{dist};式(1-47)对新旧路径的时间成本之差绝对值和路程成本之差绝对值加权求和,作为骑手 q_j 在派单集合 O_j^{n} 下的配送成本。

图 1-3 为配送成本的计算示例。以指派一个新单给一个骑手为例,其中骑手已被分配一个已取餐旧单和一个未取餐旧单,通过路径规划算法得到骑手新旧路径,参数 θ、Θ、κ、σ 分别设为 2、4.5、4、6,权重系数均设为 1,则旧路径和新路径的时间成本分别为 $2 \times 4^2 + 0 = 32$、$2 \times 4^2 + (4 \times 5 + 6) + 0 = 58$,路程成本分别为 $1 + 2 + 2.5 = 5.5$、$1 + 2 + 1.5 + 2.5 + 3 = 10$,从而配送成本为 $1 \times |58 - 32| + 1 \times |10 - 5.5| = 30.5$。

由上述计算模型可见,订单指派问题求解过程中只需满足式(1-38)这一条约束,其余约束均由路径规划算法处理,并通过路径的惩罚项作用于订单指派目标函数。进而,路径规划问题的求解仅需关注骑手取送顺序及对应约束,订单指派问题的求解仅需关注指派方案及对应约束,二者不存在重合的决策变量或约束,仅通过目标函数相互关联。因此,上述问题分解和计算建模方式能够实现子问题决策变量和约束的有效解耦,从而高效求解即时配送问题。

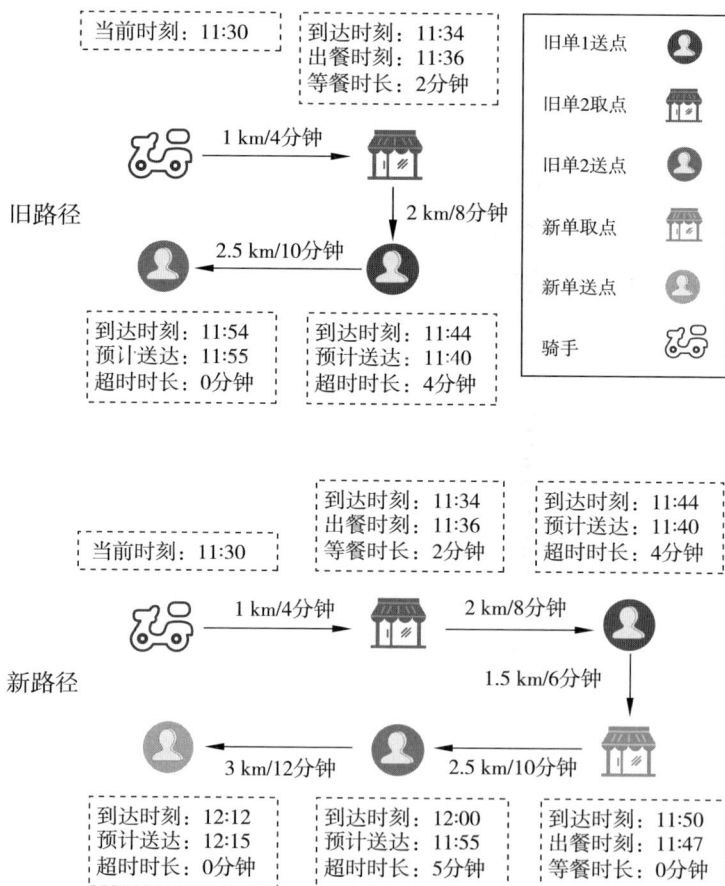

图 1-3 配送成本的计算示例

1.3.4　订单推荐模型

订单推荐问题的符号定义如表 1-4 所示。

表 1-4　订单推荐问题的符号及其含义

符号	符号含义
n	新单数量
m	骑手数量
L	订单推荐列表的长度上限
i	新单索引号，$i \in I = \{1, 2, \cdots, n\}$
j	骑手索引号，$j \in J = \{1, 2, \cdots, m\}$
p	订单在推荐列表中的位置索引号，$p \in P = \{1, 2, \cdots, L\}$
Q	骑手集合，$Q = \{q_1, q_2, \cdots, q_m\}$
O	新单集合，$O = \{o_1, o_2, \cdots, o_n\}$
c_j	骑手 q_j 运载工具的承载重量上限
b_i	订单 o_i 的包裹重量
u_j	骑手 q_j 在当前位置所携带的包裹总重量
$\rho_{j,i}$	骑手 q_j 对订单 o_i 的原始抢单意愿
$\rho_{j,i,p}$	骑手 q_j 在订单 o_i 位于列表第 p 个位置时的抢单意愿
$\rho'_{j,i,p}$	骑手 q_j 在订单 o_i 位于列表第 p 个位置时的归一化抢单意愿
q_j	骑手 q_j 当前携带包裹的总重量
A_i, A_j	订单 o_i、骑手 q_j 的特征集合
φ_1, φ_2	从特征到骑手抢单意愿的映射函数，骑手意愿修正函数
$x_{j,i,p}$	0-1 决策变量，如果订单 o_i 出现在骑手 q_j 推荐列表的第 p 个位置则为 1，否则为 0
$\delta_{j,i}$	0-1 决策变量，如果订单 o_i 被推荐给骑手 q_j 则为 1，否则为 0
γ_1, γ_2	权重系数
$f_{j,i}^{\mathrm{DC}}$	中间变量，骑手 q_j 选择订单 o_i 后的配送成本

　　在订单推荐问题中，平台需要根据骑手对于不同订单的抢单意愿，为每个骑手推送一个定制化的订单推荐列表，骑手浏览后会从中选择一单进行配送。其中，骑手的抢单意愿（或称为骑手意愿）指骑手选择某一订单的概率。相关问题基本假设具体如下。

（1）一个订单可以同时出现在不同骑手的推荐列表中。

（2）同一个骑手的推荐列表中不能存在重复订单。

（3）每个骑手一次只能从推荐列表中选择一个订单。

（4）订单被某一骑手选择后，其他骑手无法再选择该订单。若多个骑手同时选择同一个订单，则最早单击抢单按键的骑手被视为选择成功。

（5）每个订单必须由抢单的骑手完成配送，不能转移至其他骑手。

订单推荐问题需要优化总配送成本和推荐列表不平衡度两个指标。配送成本刻画用户体验和配送效率，定义为骑手选择某一订单后的路径成本增量，即 $f_{j,i}^{DC} = f_{j,i}^{RC} - f_j^{RC}$，其中，$f_j^{RC}$ 为骑手 q_j 配送被分配旧单的路径成本，$f_{j,i}^{RC}$ 为骑手 q_j 配送被分配旧单和订单 o_i 的路径成本，均由式（1-22）计算所得。订单推荐列表不平衡度刻画骑手对"难配送"订单的总体抢单意愿，定义为 $\min \sum\limits_{i \in I} \sum\limits_{j=1}^{n} \rho_{j,i} \cdot \delta_{j,i}$。该指标用于最大化"难配送"订单的曝光度，避免将运力过度引导至"易配送"订单的履约中，使得尽可能多的订单能够被骑手选择，从而提升完单量并保证用户体验。

订单推荐问题的目标是，确定每个骑手的订单推荐列表，使得总配送成本最低且推荐列表不平衡度最高。通过等价变换，将两个指标统一写成最小化形式，并通过加权构建目标函数，得到订单推荐问题的数学模型为

$$\min \gamma_1 \sum_{j=1}^{m} \sum_{i=1}^{n} \sum_{p=1}^{L} \rho'_{j,i,p} \cdot f_{j,i}^{DC} \cdot x_{j,i,p} + \gamma_2 \max_{i \in I} \sum_{j=1}^{m} (1 - \rho_{j,i}) \cdot \delta_{j,i} \quad (1\text{-}48)$$

s. t.

$$\sum_{p=1}^{L} x_{j,i,p} \leqslant 1, \quad \forall j \in J, \forall i \in I \quad (1\text{-}49)$$

$$\sum_{j=1}^{m} \sum_{p=1}^{L} x_{j,i,p} \geqslant 1, \quad \forall i \in I \quad (1\text{-}50)$$

$$1 \leqslant \sum_{p=1}^{L} \sum_{i=1}^{n} x_{j,i,p} \leqslant L, \quad \forall j \in J \quad (1\text{-}51)$$

$$\sum_{i=1}^{n} x_{j,i,p} \leqslant 1, \quad \forall j \in J, p \in P \quad (1\text{-}52)$$

$$u_j + b_i \cdot \delta_{j,i} \leqslant c_j, \quad \forall j \in J, i \in I \quad (1\text{-}53)$$

$$\sum_{p=1}^{L} x_{j,i,p} = \delta_{j,i}, \quad \forall j \in J, i \in I \quad (1\text{-}54)$$

其中，式（1-48）的第一项表示最小化采用归一化抢单意愿加权后的总配送成本，第二项表示最大化骑手对于"难配送"订单的整体抢单概率；式（1-49）确保每个订单在同一个骑手的推荐列表中最多出现一次；式（1-50）确保每个订单至少在一个骑手的推荐列表中出现一次；式（1-51）确保每个骑手的推荐列表长度在 $1 \sim L$ 之间；

式(1-52)保证每个列表位置上订单的唯一性;式(1-53)确保骑手配送列表上的任意订单均能够满足容量约束;式(1-54)描述决策变量之间的关系。

归一化抢单意愿的计算公式如下所示。

$$\rho_{j,i} = \varphi_1(A_j, A_i), \quad \forall j \in J, i \in I \tag{1-55}$$

$$\rho_{j,i,p} = \varphi_2(\rho_{j,i}, p), \quad \forall j \in J, i \in I, p \in P \tag{1-56}$$

$$\rho'_{j,i,p} = \frac{\rho_{j,i,p}}{\sum\limits_{p=1}^{l} \rho_{j,i,p}}, \quad \forall j \in J, i \in I, p \in P \tag{1-57}$$

$$0 \leqslant \rho_{j,i} \leqslant 1, \quad \forall j \in J, \forall i \in I \tag{1-58}$$

其中,映射函数 φ_1 和 φ_2 可根据实际需求进行定制化的建模和设计,本书在第 9 章和第 10 章具体介绍。从上述模型可见,订单推荐问题是一类特殊的任务分配问题,因此也是 NP 难问题。与订单指派问题相比,订单推荐问题的解空间更大。对于 n 个订单和 m 个骑手的分配场景,订单指派问题解空间大小为 m^n,而订单推荐问题的解空间为 $\left(\sum\limits_{p=1}^{L} \binom{n}{p} \cdot p! \right)^m$(包括不可行解)。举例而言,设 $n=5, m=3$, $L=4$,订单指派问题的解数量为 243,而订单推荐问题的解数量达到 8 615 125,约为前者的 35 453 倍。因此,订单推荐问题的求解同样需要高效的优化决策方法。

参考文献

[1] 艾瑞咨询. 2019 年中国物流服务行业研究报告[EB/OL]. (2019-07-05). http://report. iresearch. cn/wx/report. aspx? id=3406.

[2] 罗戈研究. 2018 中国即时配送行业发展报告[EB/OL]. (2018-11-15). https://www. logclub. com/front/lc_report/get_report_info/26.

[3] ULMER M W, THOMAS B W, CAMPBELL A M, et al. The restaurant meal delivery problem: dynamic pickup and delivery with deadlines and random ready times[J]. Transportation science, 2021, 55(1): 75-100.

[4] LIU S, HE L, MAX SHEN Z J. On-time last-mile delivery: order assignment with travel-time predictors[J]. Management science, 2021, 67(7): 4095-4119.

[5] PILLAC V, GENDREAU M, GUÉRET C, et al. A review of dynamic vehicle routing problems[J]. European journal of operational research, 2013, 225(1): 1-11.

[6] ADEWUMI A O, ADELEKE O J. A survey of recent advances in vehicle routing problems [J]. International journal of system assurance engineering and management, 2018, 9(1): 155-172.

[7] GENDREAU M, GUERTIN F, POTVIN J Y, et al. Parallel tabu search for real-time vehicle routing and dispatching[J]. Transportation science, 1999, 33(4): 381-390.

[8] AZI N, GENDREAU M, POTVIN J Y. A dynamic vehicle routing problem with multiple delivery routes[J]. Annals of operations research, 2012, 199(1): 103-112.

[9] CHEN S, CHEN R, WANG G G, et al. An adaptive large neighborhood search heuristic for dynamic vehicle routing problems[J]. Computers & electrical engineering, 2018, 67: 596-607.

[10] OKULEWICZ M, MAŃDZIUK J. The impact of particular components of the PSO-based algorithm solving the dynamic vehicle routing problem[J]. Applied soft computing, 2017, 58: 586-604.

[11] MAVROVOUNIOTIS M, YANG S. Ant algorithms with immigrants schemes for the dynamic vehicle routing problem[J]. Information sciences, 2015, 294: 456-477.

[12] EUCHI J, YASSINE A, CHABCHOUB H. The dynamic vehicle routing problem: solution with hybrid metaheuristic approach[J]. Swarm and evolutionary computation, 2015, 21: 41-53.

[13] 张文博, 苏秦, 程光路. 基于动态需求的带时间窗的车辆路径问题[J]. 工业工程与管理, 2016, 21(6): 68-74.

[14] SABAR N R, BHASKAR A, CHUNG E, et al. A self-adaptive evolutionary algorithm for dynamic vehicle routing problems with traffic congestion[J]. Swarm and evolutionary computation, 2019, 44: 1018-1027.

[15] 孙小军, 介科伟. 求解带时间窗动态车辆路径问题的改进蚁群算法[J]. 大连理工大学学报, 2018, 58(5): 539-546.

[16] KIM G, ONG Y S, CHEONG T, et al. Solving the dynamic vehicle routing problem under traffic congestion[J]. IEEE transactions on intelligent transportation systems, 2016, 17(8): 2367-2380.

[17] 张婷, 赖平仲, 何琴飞, 等. 基于实时信息的城市配送车辆动态路径优化[J]. 系统工程, 2015, 33(7): 58-64.

[18] 饶卫振, 金淳, 刘锋, 等. 一类动态车辆路径问题模型和两阶段算法[J]. 交通运输系统工程与信息, 2015, 15(1): 159-166.

[19] 邵赛, 毕军, 关伟. 基于电动汽车的动态需求车辆路径问题[J]. 吉林大学学报(工学版), 2017, 47(6): 1688-1695.

[20] 葛显龙, 竹自强, 金渊智. 基于两阶段求解策略的动态电动车辆路径优化研究[J]. 运筹与管理, 2022, 31(8): 57-63.

[21] 杜千, 南丽君, 陈彦如. 考虑众包场景的电动车动态需求车辆路径问题[J]. 计算机集成制造系统, 2024, 30(7): 2588-2607.

[22] 薛桂琴, 王征. 带客户协同分仓的动态车辆路径问题研究[J]. 运筹与管理, 2021, 30(11): 19-25.

[23] 葛显龙, 葛小波, 徐玖平, 等. 多通路环境下的动态车辆路径问题研究[J]. 工业工程与管理, 2022, 27(2): 104-117.

[24] SEYYEDHASANI H, DVORAK J S. Dynamic rerouting of a fleet of vehicles in agricultural operations through a dynamic multiple depot vehicle routing problem

representation[J]. Biosystems engineering，2018，171：63-77.

[25] SCHYNS M. An ant colony system for responsive dynamic vehicle routing[J]. European journal of operational research，2015，245(3)：704-718.

[26] FERRUCCI F，BOCK S，GENDREAU M. A pro-active real-time control approach for dynamic vehicle routing problems dealing with the delivery of urgent goods[J]. European journal of operational research，2013，225(1)：130-141.

[27] DE ARMAS J，MELIÁN-BATISTA B. Variable neighborhood search for a dynamic rich vehicle routing problem with time windows[J]. Computers & industrial engineering，2015，85：120-131.

[28] KILBY P，PROSSER P，SHAW P. Dynamic VRPs：a study of scenarios[J]. University of Strathclyde technical report，1998，1(11).

[29] CHEN Z L，XU H. Dynamic column generation for dynamic vehicle routing with time windows[J]. Transportation science，2006，40(1)：74-88.

[30] MONTEMANNI R，GAMBARDELLA L M，RIZZOLI A E，et al. Ant colony system for a dynamic vehicle routing problem[J]. Journal of combinatorial optimization，2005，10(4)：327-343.

[31] HANSHAR F T，OMBUKI-BERMAN B M. Dynamic vehicle routing using genetic algorithms[J]. Applied Intelligence，2007，27(1)：89-99.

[32] ABDALLAH A M F M，ESSAM D L，SARKER R A. On solving periodic re-optimization dynamic vehicle routing problems[J]. Applied soft computing，2017，55：1-12.

[33] ICHOUA S，GENDREAU M，POTVIN J Y. Diversion issues in real-time vehicle dispatching[J]. Transportation science，2000，34(4)：426-438.

[34] ICHOUA S，GENDREAU M，POTVIN J Y. Vehicle dispatching with time-dependent travel times[J]. European journal of operational research，2003，144(2)：379-396.

[35] BERBEGLIA G，CORDEAU J F，GRIBKOVSKAIA I，et al. Static pickup and delivery problems：a classification scheme and survey[J]. Transactions in operations research，2007，15(1)：1-31.

[36] BENT R，HENTENRYCK P V. A two-stage hybrid algorithm for pickup and delivery vehicle routing problems with time windows[J]. Computers & operations research，2006，33(4)：875-893.

[37] ŞAHIN M，ÇAVUŞLAR G，ÖNCAN T，et al. An efficient heuristic for the multi-vehicle one-to-one pickup and delivery problem with split loads[J]. Transportation research part C：emerging technologies，2013，27：169-188.

[38] WANG F，LIM A，XU Z. The one-commodity pickup and delivery travelling salesman problem on a path or a tree[J]. Networks，2006，48(1)：24-35.

[39] ALSHAMRANI A，MATHUR K，BALLOU R H. Reverse logistics：simultaneous design of delivery routes and returns strategies[J]. Computers & operations research，2007，34(2)：595-619.

[40] BALDACCI R，HADJICONSTANTINOU E，MINGOZZI A. An exact algorithm for the

traveling salesman problem with deliveries and collections[J]. Networks, 2003, 42(1): 26-41.

[41] YANG Y, SUN Y, ZHU Z. Multi-objective memetic algorithm based on request prediction for dynamic pickup-and-delivery problems[C]. 2017 IEEE Congress on Evolutionary Computation (CEC), Donostia, 2017: 1728-1733.

[42] ROPKE S, CORDEAU J F. Branch and cut and price for the pickup and delivery problem with time windows[J]. Transportation science, 2009, 43(3): 267-286.

[43] LU Q, DESSOUKY M. An exact algorithm for the multiple vehicle pickup and delivery problem[J]. Transportation science, 2004, 38(4): 503-514.

[44] FURTADO M G S, MUNARI P, MORABITO R. Pickup and delivery problem with time windows: a new compact two-index formulation[J]. Operations research letters, 2017, 45(4): 334-341.

[45] 段凤华, 符卓. 有软时窗约束带取送作业的车辆路径问题及其禁忌搜索算法研究[J]. 计算机工程与科学, 2009, 31(3): 68-70, 74.

[46] VEENSTRA M, CHERKESLY M, DESAULNIERS G, et al. The pickup and delivery problem with time windows and handling operations[J]. Computers & operations research, 2017, 77: 127-140.

[47] CHERKESLY M, DESAULNIERS G, LAPORTE G. A population-based metaheuristic for the pickup and delivery problem with time windows and LIFO loading[J]. Computers & operations research, 2015, 62: 23-35.

[48] BENAVENT E, LANDETE M, MOTA E, et al. The multiple vehicle pickup and delivery problem with LIFO constraints[J]. European journal of operational research, 2015, 243(3): 752-762.

[49] 杜博文, 张英贵, 刘春君, 等. 带三维装载和一对一取送约束的车辆路径优化研究[J]. 工业工程与管理, 2022, 27(2): 35-44.

[50] 张英贵, 盛丽宁, 张云丽. 考虑动态平衡装卸的点对点取送货车辆路径优化[J]. 计算机应用研究, 2022, 39(6): 1700-1704.

[51] HORNSTRA R P, SILVA A, ROODBERGEN K J, et al. The vehicle routing problem with simultaneous pickup and delivery and handling costs[J]. Computers & operations research, 2020, 115: 104858.

[52] WOLFINGER D, SALAZAR-GONZÁLEZ J J. The pickup and delivery problem with split loads and transshipments: a branch-and-cut solution approach[J]. European journal of operational research, 2021, 289(2): 470-484.

[53] NACCACHE S, CÔTÉ J F, COELHO L C. The multi-pickup and delivery problem with time windows[J]. European journal of operational research, 2018, 269(1): 353-362.

[54] BIANCHESSI N, RIGHINI G. Heuristic algorithms for the vehicle routing problem with simultaneous pick-up and delivery[J]. Computers & operations research, 2007, 34(2): 578-594.

[55] 刘虹, 傅晓敏. 考虑同时取送随机需求的多行程车辆路径研究[J]. 西安电子科技大学学

报(社会科学版)，2019，29(3)：87-95.

[56] CHAMI Z A，MANIER H，MANIER M A，et al. A hybrid genetic algorithm to solve a multiobjective pickup and delivery problem[J]. IFAC-papersonline，2017，50(1)：14656-14661.

[57] GANSTERER M，KÜÇÜKTEPE M，HARTL R F. The multi-vehicle profitable pickup and delivery problem[J]. OR spectrum，2017，39(1)：303-319.

[58] SUN P，VEELENTURF L P，HEWITT M，et al. The time-dependent pickup and delivery problem with time windows[J]. Transportation research part B：methodological，2018，116：1-24.

[59] MAHMOUDI M，ZHOU X. Finding optimal solutions for vehicle routing problem with pickup and delivery services with time windows：a dynamic programming approach based on state-space-time network representations[J]. Transportation research part B：methodological，2016，89：19-42.

[60] AVCI M，TOPALOGLU S. A hybrid metaheuristic algorithm for heterogeneous vehicle routing problem with simultaneous pickup and delivery[J]. Expert systems with applications，2016，53：160-171.

[61] WANG X，DESSOUKY M，ORDONEZ F. A pickup and delivery problem for ridesharing considering congestion[J]. Transportation letters，2016，8(5)：259-269.

[62] LI Y，CHEN H，PRINS C. Adaptive large neighborhood search for the pickup and delivery problem with time windows，profits，and reserved requests[J]. European journal of operational research，2016，252(1)：27-38.

[63] GHILAS V，DEMIR E，VAN WOENSEL T. An adaptive large neighborhood search heuristic for the pickup and delivery problem with time windows and scheduled lines[J]. Computers & operations research，2016，72：12-30.

[64] BELGIN O，KARAOGLAN I，ALTIPARMAK F. Two-echelon vehicle routing problem with simultaneous pickup and delivery：mathematical model and heuristic approach[J]. Computers & industrial engineering，2018，115：1-16.

[65] LU E H C，YANG Y W. A hybrid route planning approach for logistics with pickup and delivery[J]. Expert systems with applications，2019，118：482-492.

[66] DAHLE L，ANDERSSON H，CHRISTIANSEN M，et al. The pickup and delivery problem with time windows and occasional drivers[J]. Computers & operations research，2019，109：122-133.

[67] MITROVIĆ-MINIĆ S，KRISHNAMURTI R，LAPORTE G. Double-horizon based heuristics for the dynamic pickup and delivery problem with time windows[J]. Transportation research part B：methodological，2004，38(8)：669-685.

[68] FKAIER Z K，CHAAR B F. Online K-means based heuristic for the dynamic pickup and delivery problem solving[C]. 2013 World Congress on Computer and Information Technology(WCCIT)，Sousse，2013：1-6.

[69] KARAMI F, VANCROONENBURG W, VANDEN BERGHE G. A periodic optimization approach to dynamic pickup and delivery problems with time windows[J]. Journal of scheduling, 2020, 23(6): 711-731.

[70] FABRI A, RECHT P. On dynamic pickup and delivery vehicle routing with several time windows and waiting times[J]. Transportation research part B: methodological, 2006, 40(4): 335-350.

[71] ZHU Z, XIAO J, HE S, et al. A multi-objective memetic algorithm based on locality-sensitive hashing for one-to-many-to-one dynamic pickup-and-delivery problem [J]. Information sciences, 2016, 329: 73-89.

[72] XIAO J, YANG Y, MA X, et al. Multi-objective memetic algorithm for solving pickup and delivery problem with dynamic customer requests and traffic information[C]. 2016 IEEE Congress on Evolutionary Computation (CEC), Vancouver, 2016: 1964-1970.

[73] WOHLGEMUTH S, OLORUNTOBA R, CLAUSEN U. Dynamic vehicle routing with anticipation in disaster relief[J]. Socio-economic planning sciences, 2012, 46(4): 261-271.

[74] SHERIDAN P K, GLUCK E, GUAN Q, et al. The dynamic nearest neighbor policy for the multivehicle pick-up and delivery problem[J]. Transportation research part A: policy and practice, 2013, 49: 178-194.

[75] MUÑOZ-CARPINTERO D, SÁEZ D, CORTÉS C E, et al. A methodology based on evolutionary algorithms to solve a dynamic pickup and delivery problem under a hybrid predictive control approach[J]. Transportation science, 2015, 49(2): 239-253.

[76] ARSLAN A M, AGATZ N, KROON L, et al. Crowdsourced delivery—a dynamic pickup and delivery problem with Ad-hoc drivers[J]. Transportation science, 2019, 53(1): 222-235.

[77] VOCCIA S A, CAMPBELL A M, THOMAS B W. The same-day delivery problem for online purchases[J]. Transportation science, 2019, 53(1): 167-184.

[78] ULMER M W, THOMAS B W, MATTFELD D C. Preemptive depot returns for dynamic same-day delivery [J]. EURO journal on transportation and logistics, 2019, 8(4): 327-361.

[79] 徐小峰, 姜明月, 邓忆瑞. 整合逆向物流协同配送动态路径优化问题研究[J]. 管理科学学报, 2021, 24(10): 106-126.

[80] ZHAO J, POON M, ZHANG Z, et al. Adaptive large neighborhood search for the time-dependent profitable dial-a-ride problem[J]. Computers & operations research, 2022, 147: 105938.

[81] SU Z, LI W, LI J, et al. Heterogeneous fleet vehicle scheduling problems for dynamic pickup and delivery problem with time windows in shared logistics platform: formulation, instances and algorithms [J]. International journal of systems science: operations & logistics, 2022, 9(2): 199-223.

[82] MA Y, HAO X, HAO J, et al. A hierarchical reinforcement learning based optimization framework for large-scale dynamic pickup and delivery problems[C]//35th International

Conference on Neural Information Processing Systems,December 6-14,2021.

[83] GHIANI G, MANNI A, MANNI E. A scalable anticipatory policy for the dynamic pickup and delivery problem[J]. Computers & operations research, 2022, 147: 105943.

[84] COSMI M, ORIOLO G, PICCIALLI V, et al. Single courier single restaurant meal delivery (without routing)[J]. Operations research letters, 2019, 47(6): 537-541.

[85] COSMI M, NICOSIA G, PACIFICI A. Scheduling for last-mile meal-delivery processes [J]. IFAC-papersonline, 2019, 52(13): 511-516.

[86] STEEVER Z, KARWAN M, MURRAY C. Dynamic courier routing for a food delivery service[J]. Computers & operations research, 2019, 107: 173-188.

[87] WANG K, ZHOU Y, ZHANG L. A workload-balancing order dispatch scheme for O2O food delivery with order splitting choice[J]. Journal of theoretical and applied electronic commerce research, 2022, 17(1): 295-312.

[88] YU H, LUO X, WU T. Online pickup and delivery problem with constrained capacity to minimize latency[J]. Journal of combinatorial optimization, 2022, 43: 974-993.

[89] XUE G, WANG Z, WANG G. Optimization of rider scheduling for a food delivery service in O2O business[J]. Journal of advanced transportation, 2021, 2021: 1-15.

[90] LIU Y. An optimization-driven dynamic vehicle routing algorithm for on-demand meal delivery using drones[J]. Computers & operations research, 2019, 111: 1-20.

[91] HUANG H, HU C, ZHU J, et al. Stochastic task scheduling in UAV-based intelligent on-demand meal delivery system[J]. IEEE transactions on intelligent transportation systems, 2022,23(8): 13040-13054.

[92] REYES D, ERERA A, SAVELSBERGH M, et al. The meal delivery routing problem [EB/OL]. (2018-04-10) [2022-10-18]. https://optimization-online. org/? p=15139.

[93] YILDIZ B, SAVELSBERGH M. Provably high-quality solutions for the meal delivery routing problem[J]. Transportation science, 2019, 53(5): 1372-1388.

[94] ZHENG H, WANG S, CHA Y, et al. A two-stage fast heuristic for food delivery route planning problem[C]. Informs Annual Meeting, Seattle, 2019.

[95] PAUL S, RATHEE S, MATTHEW J, et al. An optimization framework for on-demand meal delivery system[C]. 2020 IEEE International Conference on Industrial Engineering and Engineering Management (IEEM), Singapore,2020: 822-826.

[96] KUMAR KOTTAKKI K, RATHEE S, MITRA ADUSUMILLI K, et al. Customer experience driven assignment logic for online food delivery[C]. 2020 IEEE International Conference on Industrial Engineering and Engineering Management (IEEM), Singapore, 2020: 827-831.

[97] JOSHI M, SINGH A, RANU S, et al. Batching and matching for food delivery in dynamic road networks[C]. 2021 IEEE 37th International Conference on Data Engineering (ICDE), Chania,2021: 2099-2104.

[98] JAHANSHAHI H, BOZANTA A, CEVIK M, et al. A deep reinforcement learning approach for the meal delivery problem [J]. Knowledge-based systems, 2022, 243:

108489.

[99] KAZEMI L，SHAHABI C. Geocrowd：enabling query answering with spatial crowdsourcing［C］. The 20th International Conference on Advances in Geographic Information Systems，Redondo，2012：189-198.

[100] DENG D，SHAHABI C，DEMIRYUREK U. Maximizing the number of worker's self-selected tasks in spatial crowdsourcing［C］. The 21st ACM Sigspatial International Conference on Advances in Geographic Information Systems，Orlando，2013：324-333.

第 2 章

基于启发式规则与监督学习的路径规划

2.1 引言

本章研究即时配送路径规划问题。作为即时配送问题的基础环节,路径规划直接决定骑手接单后如何配送每个订单。据美团配送平台统计,路径规划模块在整个调度系统中的调用频率最高,每天 50 亿～100 亿次。因此,设计高效的骑手路径规划算法对于提升调度系统性能、提高平台配送效率、改善平台服务质量具有重要意义。

路径规划问题可被归结为一类带有取送约束的单车辆路径问题(single vehicle routing problem with pickup and delivery,SVRPPD)[1-4]。根据运输对象的不同,SVRPPD 可分为单车辆取送问题(single pickup and delivery problem,SPDP)和单车辆网约车服务问题(single dial-a-ride problem,SDARP)[1]。其不同之处在于,SPDP 一般考虑外卖、快递等货物的运输,而 SDARP 通常考虑乘客(人)的运送[5-6]。鉴于本书主要研究即时配送场景,下面将介绍 SPDP 的研究现状。

早期关于 SPDP 的研究集中于静态确定性问题。Lokin[7] 在 Little 等[8] 对于旅行商问题(travel salesman problem,TSP)的求解基础上,针对 SPDP 提出了一种分支定界算法用于求解小规模算例。Kalantari 等[9] 拓展了文献[8]的分支定界算法,分别针对有限和无限车辆容量的场景设计了相应的精确求解算法。Renaud 等[10-11]改进了求解带取送 TSP 的一些经典启发式算法,进一步设计了算例扰动、算法扰动和解扰动三种扰动方案来产生 SPDP 的近似最优解。Van der Bruggen 等[12]基于变深度搜索原理,提出了一种两阶段局部搜索方法。Desrosiers 等[13]提出了一种前向动态规划方法,通过剔除不满足容量约束、优先约束及时间窗约束的状态对状态集进行削减。Ruland 等[14]采用整数规划建模 SPDP,通过分析问题的多面体结构得出四种有效的不等关系,基于此提出了一种分支定界算法。Cordeau 等[15]研究了一种带"后进先出"(last-in-first-out,LIFO)约束的 SPDP,分析了几种有效的不等关系,并在此基础上设计了一种分支定界算法。针对带有软时间窗约束和驻留时间的 SPDP,Sexton 等[16]证明了其中的调度子问题是网络流问题的对偶问题,并基于 Benders 分解提出了一种路径改进算法。

除上述精确方法外,启发式算法和元启发式算法也成功应用于 SPDP 求解。Edelkamp 等[17]提出了一种嵌套蒙特卡洛搜索算法,通过蒙特卡洛随机搜索来刻画访问节点之间的关系并逐渐形成有效知识,从而确定下一个最优访问节点。针对带时间窗约束的 SPDP,Landrieu 等[18]采用 TS 算法和基于概率的 TS 算法;Kammarti 等[19-21]通过设计遗传算子的使用规则及基于 TS 的局部改进策略,提出了一种混合进化算法;Hosny 等[22]通过分析问题性质、设计编码策略及遗传操作,提出了一种遗传算法,随后利用时间窗信息指导邻域搜索,提出一种模拟退火算法[23];Huang 等[24]提出一种蚁群算法,通过设置禁忌表来处理问题中的优先约束关系,并提出了一种针对非法解的修正算子。针对带 LIFO 约束的 SPDP,Carrabs 等[25]设计了多种初始解构造规则及多种计算复杂度不超过 $O(n^3)$ 的局部搜索算子,进而提出了一种变邻域搜索算法。针对牛奶配送、图书馆书籍配送场景,Gribkovskaia 等[26]研究了一种带同时取送约束的 SPDP,在同一地点可以同时执行送货和取货操作,提出了先构造后改进的启发式算法及 TS 算法。

由此可见,目前学术界主要采用精确求解算法[7-9,14-15]、启发式算法[17]和元启发式算法的研究[18-26]求解 SPDP。然而,由于上述方法计算复杂度较高且收敛速度较慢,难以直接应用于即时配送路径规划的求解。鉴于机器学习技术在求解组合优化问题方面具有巨大潜力[27-30],尤其是针对时效性和动态性较高的场景,因此,本章采用机器学习模型来辅助即时配送路径规划问题的高效求解。

本章提出一种启发式规则与极端梯度提升决策树(extreme gradient boosting,XGBoost)模型协同的骑手路径快速构造算法(XGBoost-enhanced fast constructive algorithm,XGB-FCA),在生成高质量路径的同时提高算法运行效率。一方面,设计插入式的路径构造算法和多样化的排序规则为骑手规划高质量的路径,并基于地理信息设计降低路径构造计算复杂度的加速策略;另一方面,为降低路径规划耗时,并且保证路径规划方案的质量,建立基于 XGBoost 的分类模型来预测排序规则的适用场景,实现排序规则在路径构造过程中的自适应选择。

2.2 启发式路径规划算法

本章所设计的启发式路径规划算法主要包括以下环节:①采用订单排序规则生成优先级列表;②采用插入式路径构造算法依次将优先级列表中的订单插入路径最佳位置;③在构造过程中,采用基于地理信息的加速策略避免无效插入。此外,本节分析不同排序规则的适用场景,为 2.3 节利用机器学习模型实现规则自适应选择提供指导信息。

2.2.1 订单排序规则

排序规则很大程度上决定了订单取送点在最终路径中的位置。为对路径规划问题解空间的不同区域进行探索,本节设计了以下两种排序规则。

(1)预计送达时刻排序规则(rule with estimated-time-of-arrival,RETA):将订单按其预计送达时刻升序排序。

预计送达时刻在某种程度上反映了订单的紧急程度和准时送达的难度,越紧急和越难准时送达的订单需要被赋予更高的优先级。因此,RETA 尽可能将预计送达时刻较早订单的取送点插入路径的靠前位置,从而避免产生大量超时。

(2)紧迫度排序规则(rule with urgency,RU):将订单按紧迫度指标排序。

订单 o_i 的紧迫度指标 δ_i 计算为

$$\delta_i = \mu_i / (t_i^{\mathrm{ETA}} - T) \tag{2-1}$$

其中,t_i^{ETA} 是订单 o_i 的预计送达时刻。T 是当前时刻。对于已取餐订单,μ_i 是骑手当前位置到订单 o_i 送点的距离;对于未取餐订单,μ_i 是骑手当前位置到订单 o_i 取点的距离并加上订单 o_i 的取送点之间的距离。RETA 仅衡量订单在时间维度的紧急程度,不足以全面描述订单的紧迫性;RU 定义了综合时间和距离两个维度信息的紧迫度指标,评估更为全面。

图 2-1 给出了一个简单示例对比两个排序规则。在图 2-1 中骑手需要配送两个订单。由于订单 1 的预计送达时刻早于订单 2,根据 RETA,订单 1 比订单 2 更紧急。但是,订单 2 距离骑手当前位置更远,需要更长的行驶时间,因此,同样是从当前时刻出发,订单 2 超时的风险并不比订单 1 小,此时采用 RU 评估订单紧急程度更为合理。

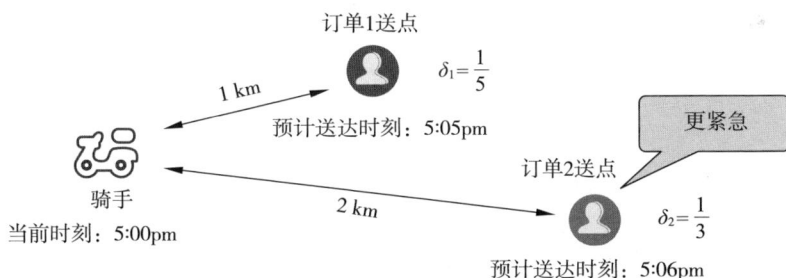

图 2-1　订单紧迫度示例

2.2.2　插入式路径构造算法

考虑到已取餐订单一般比未取餐订单紧急,因此在构造骑手路径时,应当给予这类订单更高的优先级。基于此,设计插入式路径构造算法如下。

步骤 1:将订单分为 O_1 和 O_2 两组。第一组 O_1 由已取餐订单构成,骑手仅需访问相应送点,第二组 O_2 由未取餐订单构成,骑手需访问相应的取点和送点。

步骤 2:根据 RETA 或 RU 对集合 O_1 和 O_2 内的订单进行排序,并将排序后

的集合 O_1 置于集合 O_2 之前,形成订单的优先级列表。

步骤 3:从步骤 2 形成的订单优先级列表中依次取出订单,将其对应取点或送点插入路径中。对于已取餐订单,尝试路径中所有可能的插入点,然后将其送点插入在路径中的最佳位置;对于未取餐订单,将取点和送点按"先取后送"的访问顺序尝试路径中所有可能的插入点,然后选择不违反容量约束的最佳位置插入该订单的取送点。

据初步实验,就解的平均质量而言,RETA 的表现略好于 RU,即 RETA 能构造出更好的解;但就表现更优的算例数量而言,RU 强于 RETA,即 RU 在大多数情况下优于 RETA。这表明 RETA 和 RU 分别适用于不同场景,二者无法相互取代。因此,为保证路径构造质量,需融合使用这两种规则。一种简单直观的方法是,分别采用 RETA 和 RU 构造两条路径,选择目标函数更优的一条作为最终路径。

2.2.3 基于地理信息的加速策略

在构造路径的过程中,需要将每个订单的取送点插入路径中的所有可能位置,从而找到最佳插入点,但这种做法存在计算浪费。因此,本节基于商家和用户位置的地理信息,对取送点进行层次聚类[31],从聚类结果中筛选出路径中值得插入的位置,通过避免无效插入来加速构造过程。订单取送点的聚类方法如下:给定一个聚类范围 R。对于每个节点 k,如果该节点没有对应的聚类编号,则生成一个新的聚类,并以节点 k 作为聚类的中心点,该聚类组记为聚类 k。对于每个节点 l,当节点 l 尚未分类时,若其与节点 k 的距离 $d_{k,l} < R$,则将 l 加入聚类 k 中;当 l 已经被划分到某一聚类 k' 中且 l 不是中心点时,若 $d_{k,l} < d_{k',l}$,则 l 将被重新划分到聚类 k 中。

根据聚类结果,给出如下引理。

引理:如果节点 l 被划分到聚类 k,那么在聚类 k 之前的其他聚类中插入节点 l 比在聚类 k 中的位置插入节点 l 更差,在聚类 k 之后的其他聚类中插入节点 l 总不是最优的。

图 2-2 和图 2-3 对引理进行了直观解释。从上述引理可知,只有当节点 l 插入自己所在聚类中或所在聚类之后的其他聚类之间时,路径才有可能是最优的。这个策略可以减少路径构造过程中将订单取送点插入候选位置的搜索空间,大幅提高路径构造算法的运行速度。

然而,这种加速策略并不总能保证插入点的最优性,2.2.4 节将通过案例分析展示加速策略失效导致路径规划结果出现非最优的情况。

（a）调整前旧路径

（b）调整后新路径

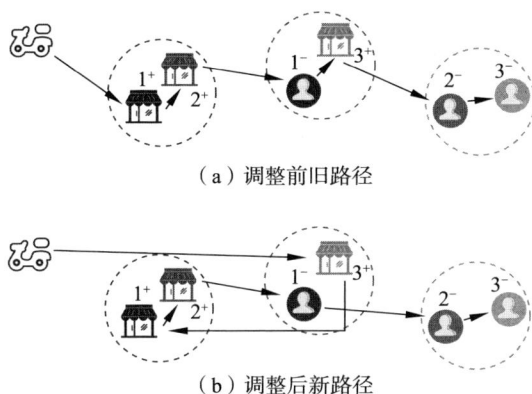

图 2-2　在当前聚类之前的聚类中插入候选节点

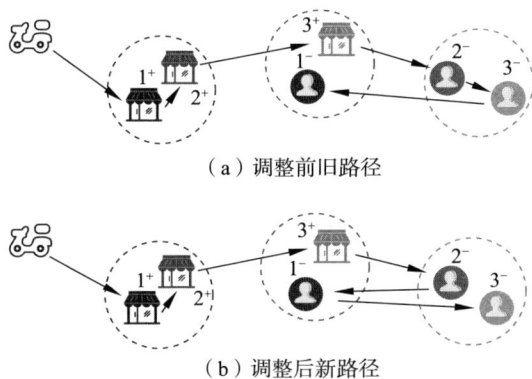

（a）调整前旧路径

（b）调整后新路径

图 2-3　在当前聚类之后的聚类中插入候选节点

2.2.4　路径构造过程分析

尽管遍历两种规则并择优选取路径能够保证路径质量,但初步实验发现,在许多算例上,RETA 和 RU 表现出相同性能。考虑到路径规划模块需被大量调用,此时遍历两种规则会产生计算资源和计算时间的巨大浪费,不利于即时配送问题的高效求解。因此,分析两种规则的特点来区分二者的适用场景,从而指导规则的选择,具有重要意义。案例分析表明,导致排序规则表现不佳的可能因素如下。

1）路径构造过程陷入局部极小

在路径构造过程中,尽管每个候选订单将被插入当前非完整路径中使得目标函数最优的位置,但是该插入位置的最优性仅限于当前的非完整路径,无法保证形成完整路径后依然最优。因此,随着后续订单不断插入,已被插入订单在非完整路径中的最佳位置未必是最终路径中该订单的最佳位置。

图 2-4 所示为受局部极小影响的路径构造过程示例。示例考虑 3 个订单，$List_1$ 和 $List_2$ 分别表示 RETA 和 RU 生成的订单优先级列表，π_1 和 π_2 分别表示 RETA 和 RU 构造的骑手路径。二者的主要区别在于最终路径中送点 1^- 和送点 3^- 的相对位置不同，导致这一结果的原因为订单 2 和订单 3 的插入顺序不同。根据目标函数值的计算结果，RU 的效果优于 RETA，因此将送点 3^- 放在送点 1^- 之前是更优的路径构造方式。但是，RETA 优先插入订单 3 的取送点，当构建其非完整路径 $\pi_1^{partial}$ 时，送点 3^- 放在送点 1^- 之后能够获得更优的目标函数值，而后续订单 2 的插入改变不了送点 1^- 和送点 3^- 的相对位置，导致 RETA 无法构造出与 RU 相同的路径。

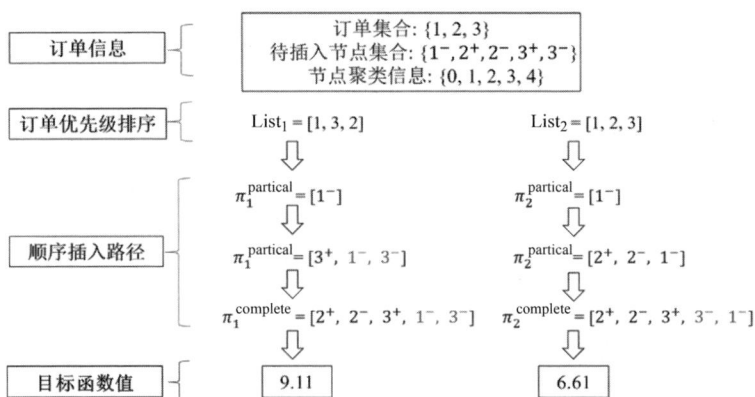

图 2-4　受局部极小影响的非最优路径构造示例

2）加速策略具有局限性

加速策略关注不同订单的地理信息及关系，但忽略订单的时间信息。在加速策略的作用下，一些紧急订单无法插入路径的靠前位置，导致路径非最优。

图 2-5 所示为受加速策略局限性影响的非最优路径构造示例。示例考虑 4 个订单，其中订单 3 已取餐，订单 1 是紧急订单（即将超时），$List_1$ 和 $List_2$ 分别表示 RETA 和 RU 生成的订单优先级列表，π_1 和 π_2 分别表示 RETA 和 RU 构造的骑手路径。二者路径不一致的原因是加速策略限制节点的插入位置。根据目标函数值的计算结果，RETA 的效果优于 RU。从 RETA 最终路径 $\pi_1^{complete}$ 可知，取点 1^+ 放置在送点 3^- 之前是更好的选择。但是，当将取点 1^+ 插入 $\pi_2^{partial}$ 时，加速策略只将待插入节点放置在自己所在的聚类中或所在聚类之后的聚类之间（见图 2-5 中虚线圆圈），因此节点 1^+ 只会被放置在节点 3^- 之后，导致 RU 路径非最优。

根据上述分析可见，聚类的结果决定了节点的可插入位置，从而影响加速策略的约束作用，进而影响 RETA 和 RU 的效果。例如，当所有节点都具有相同的聚类编号或具有相同聚类编号的节点数量很多时，加速策略对候选插入位置的约束

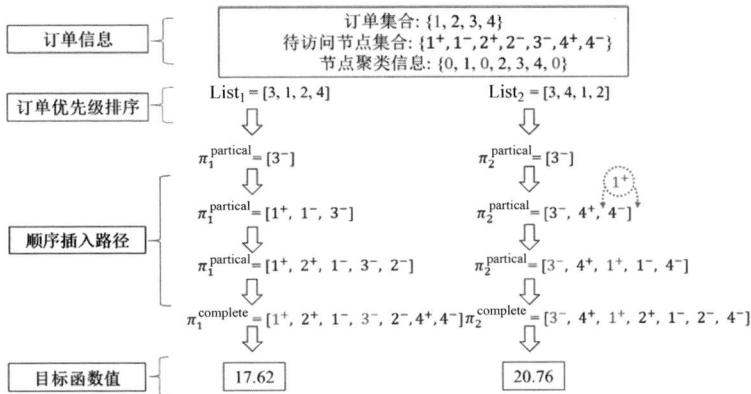

| 订单信息 | 订单集合: {1, 2, 3, 4}
待访问节点集合: {1⁺, 1⁻, 2⁺, 2⁻, 3⁻, 4⁺, 4⁻}
节点聚类信息: {0, 1, 0, 2, 3, 4, 0} |

图 2-5　受加速策略局限性影响的非最优路径构造示例

作用就会相应减弱,从而影响排序规则的插入结果。因此,聚类结果可作为关键信息用于预测 RETA 和 RU 的适用场景,详见 2.3.2 节相关内容。

2.3　基于 XGBoost 的排序规则自适应选择

如 2.2 节所述,遍历 RETA 和 RU 能够保证路径规划质量,但在很多场景下也形成了冗余计算。为兼顾规划质量和计算效率,设计以下机制自适应选择排序规则:如果 RETA 和 RU 生成的最终路径质量相同,则随机执行一个规则;否则,遍历 RETA 和 RU 并选择更优路径。自适应选择机制的核心在于预测 RETA 和 RU 能否产生相同质量的路径,该预测问题可以建模为一个二分类任务:对一条待规划的骑手路径,若 RETA 和 RU 生成路径的路径成本不同,则标签为 1,否则为 0,其中,路径成本计算方式见式(1-22)。

为实现这个二分类任务的预测,首先,本节综合考虑预测效果、计算效率、泛化性和鲁棒性等方面,选取 XGBoost 模型,采用有监督学习的方式进行训练;其次,根据 2.2.4 节的分析结论设计问题相关特征来提升预测准度;最后,将 XGBoost 模型嵌入路径构造算法中,实现排序规则的自适应选择。

2.3.1　XGBoost 算法

XGBoost 算法是数据挖掘领域中广泛采用的有效方法,由 Chen 和 Guestrin[32] 在 2016 年提出。作为一种包含多个决策树的集成学习方法,XGBoost 在节约计算时间和优化内存性能方面有着出色表现,不仅改善了传统梯度提升决策树的预测效果和计算速度,支持并行计算[33-34],而且提供了很多可以自定义的参数接口使其能够用于不同的平台。XGBoost 的轻便性、可扩展性和灵活性使其在

Kaggle 和 KDD Cup 等的机器学习比赛及其他问题领域得到成功应用[35-39]。

XGBoost 属于集成学习方法中的 boosting 算法,通过连续产生多个基础决策树模型来弥补不同模型之间的缺陷,从而达到更好的预测效果[38-39]。一棵决策树从单个根节点开始,通过选择合适的特征并将训练数据分成两个子集来生成新的节点,每个新节点(又名内部节点)与一组训练数据相关联,并可用于生成下一个新节点。通过对训练数据进行越来越精细的分割从而不断生成新节点,最终可得到一棵完整的决策树。其中,每个分支的末端节点为叶节点并对应一个类别,划分到每个叶节点的训练数据被认为属于叶节点对应的类别。图 2-6 所示为集成树模型的分类过程。

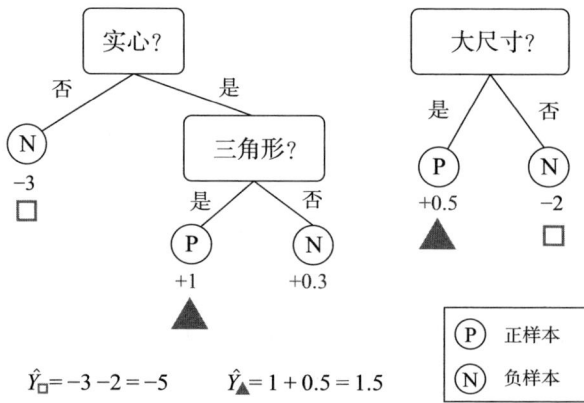

$$\hat{Y}_\square = -3 - 2 = -5 \qquad \hat{Y}_\blacktriangle = 1 + 0.5 = 1.5$$

图 2-6 集成树模型的分类过程

XGBoost 算法求解本章分类问题的具体流程如下。假定有 n 个特征向量长度为 m 的样本,构成数据集 $S = \{(\boldsymbol{x}_l, Y_l) \mid \boldsymbol{x}_l \in \mathbf{R}^m, Y_l \in \mathbf{R}\}(\mid S \mid = n)$,其中 $\boldsymbol{x}_l \in \mathbf{R}^m$ 为特征向量,Y_l 为对应的标签。一个带有 K 棵决策树的集成模型对于一个样本 $(\boldsymbol{x}_l, Y_l)$ 的预测值 $\hat{Y}_l$ 可以由每棵树的叶节点分数相加而得,即

$$\hat{Y}_l = \sum_{k=1}^{K} f_k(\boldsymbol{x}_l) \tag{2-2}$$

其中,f_k 为将 $\boldsymbol{x}_l$ 映射为叶节点分数 $\omega_{q(\boldsymbol{x}_l)}$ 的函数,即 $f_k(\boldsymbol{x}_l) = \omega_{q(\boldsymbol{x}_l)}$,$q(\boldsymbol{x}_l)$ 为 $\boldsymbol{x}_l$ 映射的叶节点索引,即 $q(\boldsymbol{x}_l): \mathbf{R}^m \to \{1, 2, \cdots, T\}$;$T$ 为叶节点个数,该映射关系由树的结构决定。基于预测值 $\hat{Y}_l$,XGBoost 的目标函数由衡量预测偏差的损失函数及降低模型复杂度的正则项构成,定义为

$$O = \sum_{l=1}^{n} L(Y_l, \hat{Y}_l) + \sum_{k=1}^{K} \Omega(f_k) \tag{2-3}$$

XGBoost 每一步只生成一棵树。不失一般性,当生成第 t 棵树时,可采用二阶泰勒展开对上述目标函数进行改写

$$O_t = \sum_{l=1}^{n} L(Y_l, \hat{Y}_l^{(t-1)} + f_t(\boldsymbol{x}_l)) + \sum_{k=1}^{t} \Omega(f_k)$$

$$\cong \sum_{l=1}^{n} \left[L(Y_l, \hat{Y}_l^{(t-1)}) + g_l f_t(\boldsymbol{x}_l) + \frac{1}{2} h_l f_t^2(\boldsymbol{x}_l) \right] + \Omega(f_t) + \sum_{k=1}^{t-1} \Omega(f_k)$$

$$\Leftrightarrow \widetilde{O}_t = \sum_{l=1}^{n} \left[g_l f_t(\boldsymbol{x}_l) + \frac{1}{2} h_l f_t^2(\boldsymbol{x}_l) \right] + \Omega(f_t) \tag{2-4}$$

其中，$g_l = \dfrac{\partial L(Y_l, \hat{Y}_l^{(t-1)})}{\partial \hat{Y}_l^{(t-1)}}$ 和 $h_l = \dfrac{\partial^2 L(Y_l, \hat{Y}_l^{(t-1)})}{\partial(\hat{Y}_l^{(t-1)})^2}$ 分别为损失函数的一阶和二阶梯度的统计量。值得说明的是，前 $t-1$ 棵树已在之前的步骤中确定，故可视为常量，因此，前 $t-1$ 棵树对应的项在目标函数中被移除，从而得到近似目标函数 $\widetilde{O}_t$。考虑叶节点数量和叶节点分数的正则项定义为

$$\Omega(f_k) = \gamma T + \frac{1}{2} \lambda \sum_{j=1}^{T} \omega_j^2 \tag{2-5}$$

记 $I_j = \{l \mid q(\boldsymbol{x}_l) = j\}$ 为划分到第 j 个叶节点对应的数据集，则目标函数的最终形式为

$$\widetilde{O}_t = \sum_{l=1}^{n} \left[g_l f_t(\boldsymbol{x}_l) + \frac{1}{2} h_l f_t^2(\boldsymbol{x}_l) \right] + \gamma T + \frac{1}{2} \lambda \sum_{j=1}^{T} \omega_j^2$$

$$= \sum_{j=1}^{T} \left[\omega_j \sum_{l \in I_j} g_l + \frac{1}{2} \omega_j^2 \left(\sum_{l \in I_j} h_l + \lambda \right) \right] + \gamma T \tag{2-6}$$

上述目标函数的优化为二次函数优化问题，其最优叶节点分数和目标函数最优值可推导为

$$\omega_j^* = -\frac{\sum\limits_{l \in I_j} g_l}{\sum\limits_{l \in I_j} h_l + \lambda} \tag{2-7}$$

$$\widetilde{O}_t^* = -\frac{1}{2} \sum_{j=1}^{T} \frac{\left(\sum\limits_{l \in I_j} g_l \right)^2}{\sum\limits_{l \in I_j} h_l + \lambda} + \lambda T \tag{2-8}$$

式（2-8）最优值依赖于具体的树结构，通常从根节点出发并通过贪婪的方式进行划分，划分的质量由如下增益函数决定：

$$\Delta O_{\mathrm{split}} = \frac{1}{2} \left[\frac{\left(\sum\limits_{l \in I_L} g_l \right)^2}{\sum\limits_{l \in I_L} h_l + \lambda} + \frac{\left(\sum\limits_{l \in I_R} g_l \right)^2}{\sum\limits_{l \in I_R} h_l + \lambda} - \frac{\left(\sum\limits_{l \in I} g_l \right)^2}{\sum\limits_{l \in I} h_l + \lambda} \right] - \lambda \tag{2-9}$$

其中，I_L 和 I_R 分别表示划分到左边和右边节点对应的数据集。增益越大，划分的质量越高，由于遍历所有划分方式非常耗时，XGBoost 采用一种近似方法[32]来确

定划分方式,从而能够快速生成树。

值得说明的是,本节采用对数损失函数,即式(2-3)中

$$L(Y_l,\hat{Y}_l) = -\frac{1}{n}\sum_{l=1}^{n}\left[Y_l\ln\left(1+\mathrm{e}^{-\hat{Y}_l}\right)+(1-Y_l)\ln\left(1+\mathrm{e}^{\hat{Y}_l}\right)\right]。$$

2.3.2 特征设计

影响 XGBoost 模型预测效果的一大关键在于所使用的数据特征。好的特征可以帮助模型更快、更准确地从数据中学习知识和规律。然而,特征设计很大程度上依赖于对具体问题的分析及开发人员的经验。因此,在进行特征设计时,必须评估特征是否与目标函数密切相关,同时还需要考虑特征的可解释性。结合 2.2.4 节中路径构造过程的分析结论,本节设计了 3 种类型的特征,即订单相关特征、路径相关特征和聚类相关特征,如表 2-1~表 2-3 所示。3 种特征的名称分别以"order""route"或"cluster"为前缀,以"sta"作为结尾的特征表示某类特征的统计量,包括求和、最小值、平均值、最大值和标准差。

1) 订单相关特征

订单相关特征从时空维度描述订单特点,见表 2-1。除预计出餐时刻、预计送达时刻、配送距离等基本信息外,其他几种时间信息也被用来刻画订单特点,包括订单创建时刻(指订单在调度系统被创建的时刻)和订单确认时刻(指商家确认接单的时刻)。排序规则在路径构造过程中直接作用于订单,因此排序规则所使用到的相关信息也可引入订单特征中,如"order_urgency_sta"等。此外,"order_level_sta"是反映订单配送难度的一组特征,具体而言,订单 o_i 的配送难度 Level_i 为取餐难度 $\text{Level}_i^{\text{P}}$ 和送餐难度 $\text{Level}_i^{\text{D}}$ 之和,计算如下:

$$\text{Level}_i = \text{Level}_i^{\text{P}} + \text{Level}_i^{\text{D}} \tag{2-10}$$

$$\text{Level}_i^{\text{P}} = (t_i^{\text{ETP}} - t_{\min}^{\text{ETP}})/(t_{\max}^{\text{ETP}} - t_{\min}^{\text{ETP}}) \tag{2-11}$$

$$\text{Level}_i^{\text{D}} = (t_i^{\text{ETA}} - t_{\min}^{\text{ETA}})/(t_{\max}^{\text{ETA}} - t_{\min}^{\text{ETA}}) \tag{2-12}$$

其中,$t_{\min}^{\text{ETP}}$ 和 $t_{\max}^{\text{ETP}}$ 分别是所有订单中的最早和最晚预计出餐时刻,对于已经完成取餐的订单,取餐难度设为 0;$t_{\min}^{\text{ETA}}$ 和 $t_{\max}^{\text{ETA}}$ 分别是所有订单中最早和最晚的预计送达时刻。

表 2-1　订单相关特征

特征名称	特征含义
order_num	订单数量
order_prebook_num; order_prebook_portion	预订单的数量、比例

续表

特征名称	特征含义
order_early_num_c; order_early_portion_c	预计出餐时刻早于当前时刻的订单数量、比例（基于订单创建时刻预估）
order_early_num_o; order_early_portion_o	预计出餐时刻早于当前时刻的订单数量、比例（基于订单确认时刻预估）
order_preparetime_sta	订单准备时长的统计量
order_ct_minus_c_sta	当前时刻与订单创建时刻差值的统计量
order_eta_minus_c_sta	预计送达时刻与订单创建时刻差值的统计量
order_ct_minus_cready_sta; order_eta_minus_cready_sta	当前时刻、预计送达时刻分别与预计出餐时刻差值的统计量（基于订单创建时刻预估）
order_ct_minus_o_sta	当前时刻与订单确认时刻差值的统计量
order_eta_minus_o_sta	预计送达时刻与订单确认时刻差值的统计量
order_ct_minus_oready_sta; order_eta_minus_oready_sta	当前时刻、预计送达时刻分别与预计出餐时刻差值的统计量（基于订单确认时刻预估）
order_remaintime_sta	订单剩余配送时间的统计量
order_value_sta	订单价格统计量
order_high_value_num; order_high_value_portion	高价值订单的数量、比例
order_real_dis_sta; order_euc_dis_sta	导航配送距离、欧氏配送距离的统计量
order_total_real_dis_sta; order_total_euc_dis_sta	导航总配送距离、欧氏总配送距离的统计量
order_level_sta	订单配送难度的统计量
order_speed_rec_sta; order_speed_rec_euc_sta	骑手导航距离、欧氏距离下的配送速度
order_urgency_sta	订单紧迫度指标统计值

2）路径相关特征

路径相关特征从不同的角度计算取点、送点和骑手位置之间的欧氏距离,量化路径节点的空间关系,提取出路径的空间结构信息,见表 2-2。

表 2-2　路径相关特征

特征名称	特征含义
route_point_num	路径节点数量
route_pickpoint_num	取点数量

续表

特征名称	特征含义
route_pickpoint_portion	取点占比
route_center_dis_sta	节点距中心点的距离统计量
route_pick_center_dis_sta	取点距取点中心的距离统计量
route_delivery_center_dis_sta	送点距送点中心的距离统计量
route_current_dis_sta	节点距骑手位置节点的距离统计量
route_pick_current_dis_sta	取点距骑手位置节点的距离统计量
route_delivery_current_dis_sta	送点距骑手位置节点的距离统计量

3）聚类相关特征

与路径特征类似，该类特征从不同路径节点的空间关系中提取信息，见表 2-3。不同之处在于，聚类相关特征与前文所述的加速策略息息相关。根据 2.2.4 节的分析结论，聚类结果会影响订单取送点的插入过程，进而影响路径质量。因此，聚类相关特征包含一些能够反映聚类结果的信息。例如，"cluster_num"表示所有聚类总数，"cluster_same_portion"表示具有相同聚类编号的节点占比。利用聚类相关特征，XGBoost 能够获取更丰富的空间信息，从而做出更准确的预测。

表 2-3　聚类相关特征

特征名称	特征含义
cluster_num	聚类数量
cluster_same_num	同聚类节点数量
cluster_same_portion	同聚类节点占比
cluster_pick_in_same_num	同聚类取点数量
cluster_pick_in_same_portion	同聚类取点占比
cluster_is_max_eta_in_same	最晚送达时间订单是否有同聚类节点
cluster_eta_minus_ct_same_sta	同聚类节点订单剩余配送时间统计量

2.3.3　XGBoost 增强的路径构造算法

基于以上设计，提出 XGBoost 增强的快速路径规划算法 XGB-FCA，流程如图 2-7 所示，主要由自适应选择机制和路径构造环节两部分组成。自适应选择机制采用 XGBoost 模型预测在当前场景下排序规则是否表现一致。根据预测结果，路径构造环节会遍历或择一执行排序规则，并通过基于地理信息的加速策略及插入式启发式算法快速构造完整路径。该设计能够保证 XGB-FCA 在较短时间内获得较高质量的路径规划结果。

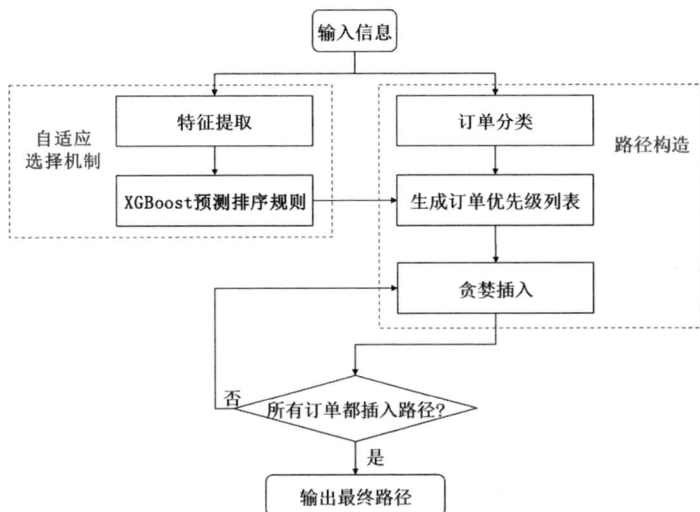

图 2-7　XGB-FCA 算法流程图

2.4 离线数值实验

2.4.1 实验设置

1. 数据集说明

为测试所提 XGB-FCA 的有效性，采集美团配送平台的真实数据，形成 set_1 和 set_2 两种数据集。set_1 的数据量较小，根据取送点的数量，可将 set_1 中的算例划分为小规模（10 个以下）、中规模（10～20 个）和大规模（20 个以上），用于评估不同规模算例下插入式路径规划算法及不同排序规则的性能。set_2 的数据量较大，包含城市维度和全国维度两种类型的数据，用于训练和测试 XGBoost 模型，其具体信息如表 2-4 所示。两种数据集中的样本均源于实际配送过程中的真实路径规划任务，路径节点数量为 6～25 个。

表 2-4　set_2 数据集信息

数据范围	类型	样本量	正负样本比例
城市维度	训练	17 306 287	1∶1
	测试	1 260 000	1∶1

续表

数据范围	类型	样本量	正负样本比例
全国维度	训练	51 718 808	1：1
	测试	5 841 573	1：1

2. 参数设置

XGBoost 模型主要有决策树深度 max_depth、最小叶节点权重 min_child_weight 和学习率 learning_rate 三个关键参数需要调整。其中，max_depth 主要影响树的复杂度，取值过大可能引起模型过拟合；min_child_weight 主要影响树的最大分裂次数；learning_rate 是每个叶节点值所乘的系数，用于削弱每棵树的影响，使迭代更稳定。为使模型预测效果最佳，对三个参数设置四种取值水平（表 2-5），并分别在城市维度和全国维度的数据集上开展调参实验，采用 AUC（area under the receiver operating characteristic curve）和 AUPR（area under the precision-recall curve）作为评估模型分类性能的指标，二者的计算方式详见 2.4.2 节。图 2-8 和图 2-9 所示的实验结果表明，对于城市维度数据，当 max_depth、min_child_weight 和 learning_rate 分别设置为 7、1、0.1 时，AUC 和 AUPR 最大。对于全国维度数据集，相应参数的最佳取值分别为 9、1、0.1。模型其他参数根据经验设置。

表 2-5　参数取值水平

参数	取值水平			
max_depth	3(5)	5(7)	7(9)	9(11)
min_child_weight	1	2	3	4
learning_rate	0.05	0.1	0.2	0.3

为保证对比实验的公平性和准确性，所有的路径构造算法均采用 Java 编码，并在同一台搭载 2.2 GHz 处理器和 16 GB RAM 的 macOS 设备上运行。所有关于 XGBoost 模型的训练和测试都在美团配送平台的同类型服务器上运行。

3. 评价指标

为评估算法效果，采用如下平均相对百分比偏差（average relative percentage deviation，ARPD）指标：

$$\text{ARPD} = \frac{1}{\text{num}} \sum_{i=1}^{\text{num}} (\text{Alg}_i - \text{Best}_i)/\text{Best}_i \times 100 \tag{2-13}$$

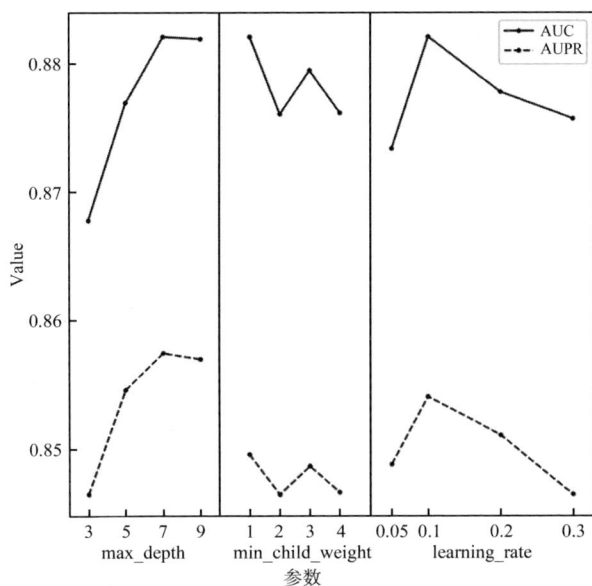

图 2-8　城市维度下参数对模型预测效果的影响趋势

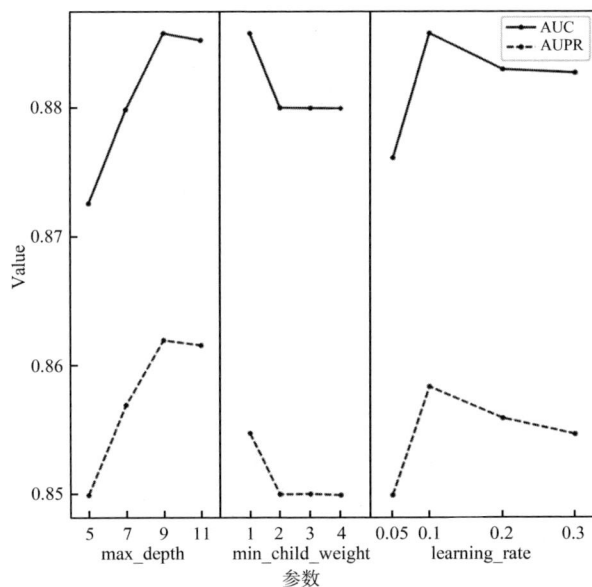

图 2-9　全国维度下参数对模型预测效果的影响趋势

其中，num 是算例总数；Alg_i 是算法 Alg 在第 i 个算例下生成路径对应的指标；Best_i 是第 i 个算例下当前找到的最优路径对应的指标。ARPD 的值越小，说明算法生成路径的平均质量越佳。

为评估算法效率，采用 CPU 流逝时间作为算法的绝对运行时间，记为 elapsed time，单位为毫秒（ms）。采用绝对运行时间占所有规则中最长绝对运行时间的百分比作为相对运行时间，记为 CPU elapsed time portion（CEP）。

2.4.2 模型预测效果评估

评估 XGBoost 的分类效果可采用混淆矩阵和几种常见的二分类模型指标。混淆矩阵的结构如图 2-10 所示，由真正样本（TP）、真负样本（TN）、假正样本（FP）和假负样本（FN）四部分组成。此处正样本指 RETA 和 RU 的路径质量不同，记为 1；否则为负样本，记为 0。在此设置下，TP 表示正样本被预测为正，即 RETA 和 RU 的真实表现不同，同时也被预测为 1。相应地，TN 表示负样本被预测为 0，FP 表示将负样本预测为 1，FN 表示将正样本预测为 0。

实际结果	预测结果	
	预测为正（1）	预测为负（0）
实际为正（1）	真正样本（TP）	假负样本（FN）
实际为负（0）	假正样本（FP）	真负样本（TN）

图 2-10　混淆矩阵的结构

基于混淆矩阵，精确率（precision）、召回率（recall，又称 true positive rate，TPR）和假正率（false positive rate，FPR）可计算为

$$precision = TP/(TP+FP) \tag{2-14}$$

$$recall = TP/(TP+FN) \tag{2-15}$$

$$FPR = FP/(FP+TN) \tag{2-16}$$

其中，precision 描述预测为正的样本中正样本的比例，recall 描述正样本中预测为正的样本比例，FPR 描述负样本中预测为正的样本比例。

基于上述指标，可计算出评估二分类模型性能的重要指标 AUC 和 AUPR。通过 TPR 与 FPR 的变化关系绘制 ROC（receiver operating characteristic）曲线，从 TPR 和 FPR 的定义可见，TPR 越大，FPR 越小，模型的预测精度越高，此时 ROC 曲线越靠近左侧和上侧边界，且曲线下方面积（area under ROC，AUC）越接近 1。类似地，可通过 precision 和 recall 的变化关系绘制 PR（precision recall）曲线，曲线越靠近右侧和上侧边界，则曲线下方面积（area under PR，AUPR）越大，表

明模型预测效果越好。

表 2-6 所示为 XGBoost 模型在城市维度和全国维度数据下的预测表现。由表 2-6 可见，在不同维度的数据集上，XGBoost 模型的精确率均达 80% 以上，召回率也均达 75% 以上，而 AUC 和 AUPR 均达 0.85 以上，表明 XGBoost 模型在不同地区的表现具有较好的一致性，并且具备有效预测排序规则适用场景的能力。

表 2-6　XGBoost 模型预测结果

数据范围	精确率/%	召回率/%	AUC	AUPR
城市维度	82.57	76.02	0.882	0.857
全国维度	82.74	76.18	0.886	0.862

2.4.3　算法优化效果评估

1. 订单排序规则对比

记采用 RETA 和 RU 规则的插入式路径构造算法分别为 RETA_heu 和 RU_heu。表 2-7 所示为不同规模算例下订单排序规则的对比结果。从路径质量上看，RETA_heu 的表现优于 RU_heu，但二者相差不大；从绝对运行时间上看，RU_heu 在小规模和大规模算例下比 RETA_heu 更高效。

表 2-7　不同规模算例下订单排序规则的对比结果

算例规模	算法	ARPD			运行时间/ms
		总超时时长	路径长度	路径成本	
小规模	RETA_heu	2.29	3.22	5.41	0.12
	RU_heu	2.38	3.22	5.57	0.10
中规模	RETA_heu	3.80	3.56	8.53	0.19
	RU_heu	4.02	3.52	9.49	0.22
大规模	RETA_heu	10.61	5.73	14.41	1.28
	RU_heu	10.75	5.84	17.36	1.12

为进一步对比规则的效果，统计两种规则在不同配送区域下表现更优的样本数量，结果如表 2-8 所示。从表 2-7 和表 2-8 可见，虽然 RETA_heu 在路径平均质量上表现比 RU_heu 更优，但 RU_heu 在大多数算例上表现优于 RETA_heu，这说明二者不能互相取代。另外，对于大部分算例，RETA_heu 与 RU_heu 表现相同，这也从侧面说明了利用机器学习模型预测规则适用场景的必要性。

表 2-8　不同配送区域下订单排序规则的对比结果

区域	样本总数	RETA_heu 更优的样本数	RU_heu 更优的样本数	二者表现相同的样本数
区域 1	45 236	5 451	7 924	31 861
区域 2	19 231	1 821	3 337	14 073

2. 路径构造算法对比

为验证启发式规则与机器学习模型协同的有效性，除 RETA_heu 和 RU_heu 外，还采用如下三种启发式路径构造算法与 XGB-FCA 进行对比。

（1）Both_heu：遍历基于 RETA 和 RU 的插入式路径构造算法，选择路径成本更优的路径作为最终路径。

（2）Worst_heu：遍历基于 RETA 和 RU 的插入式路径构造算法，选择路径成本更高的路径作为最终路径，以展示 RETA 和 RU 两种规则的下限。

（3）Rand_heu：随机执行基于 RETA 和 RU 的插入式路径构造算法。

表 2-9 为城市维度下的对比结果。尽管 RETA_heu、RU_heu 和 Rand_heu 均只消耗 Both_heu 大约 1/2 的时间，但是路径成本 ARPD 分别达到 4.84、4.45 和 4.56，尤其具有较大的总超时时长 ARPD。而 XGB-FCA 在路径成本 ARPD 仅 0.48 的情况下，将计算时间减少到 Both_heu 的 76.98%，这表明 XGB-FCA 能够有效平衡路径质量和计算耗时。在表 2-10 中，全国维度下的对比结果也呈现出一致结论。此外，对比表 2-9 和表 2-10 可见，除 Both_heu 外，所有纯启发式算法在全国维度上的路径成本 ARPD 相比城市维度上的结果几乎增加 1 倍，而 XGB-FCA 在两种维度下的结果变化不大，这也验证了 XGB-FCA 具有更好的鲁棒性。

表 2-9　城市维度下路径构造算法的对比结果

算法	ARPD			CEP/%
	总超时时长	路径长度	路径成本	
Both_heu	(0.00)	(0.00)	(0.00)	(100)
RETA_heu	6.61	1.69	4.84	51.36
RU_heu	6.62	0.59	4.45	52.49
Rand_heu	6.49	1.14	4.56	51.95
Worst_heu	13.22	2.27	9.29	100
XGB-FCA	0.67	0.16	0.48	76.98

表 2-10　全国维度下路径构造算法的对比结果

算法	ARPD			CEP/%
	总超时时长	路径长度	路径成本	
Both_heu	(0.00)	(0.00)	(0.00)	(100)
RETA_heu	10.81	1.86	9.40	52.39
RU_heu	9.80	0.52	8.34	53.67
Rand_heu	10.30	1.19	8.87	52.84
Worst_heu	20.61	2.38	17.75	100
XGB-FCA	0.68	0.16	0.60	76.95

2.4.4　不同正负样本比例下算法表现及分析

为进一步验证 XGB-FCA 效果,改变测试集的正负样本比例,评估 XGBoost 模型的预测能力是否受到样本比例影响,如图 2-11 所示,其中左右两组分别表示城市维度和全国维度下的实验结果。

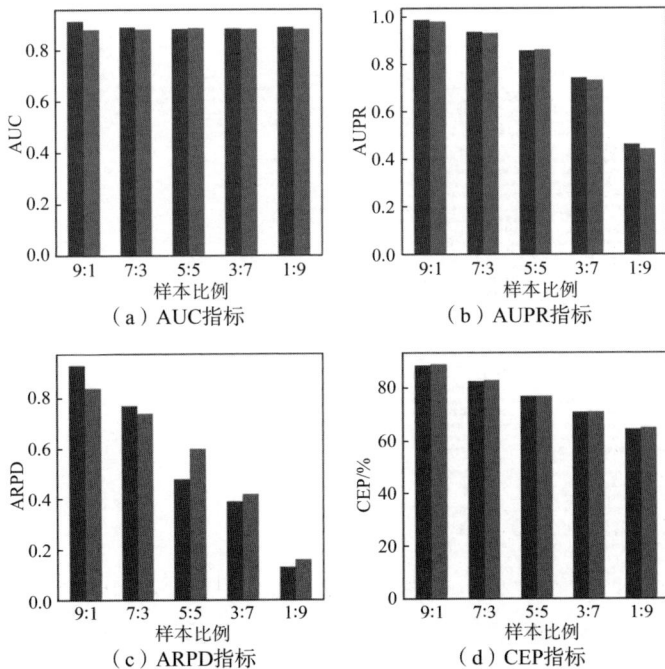

（a）AUC指标　　（b）AUPR指标
（c）ARPD指标　　（d）CEP指标

图 2-11　XGB-FCA 在不同正负样本比例下的表现

如图 2-11（a）所示，模型的 AUC 指标在不同比例下的波动很小，表明 XGBoost 模型具备应用于调度系统极端场景的潜力。如图 2-11（b）所示，模型的 AUPR 随着负样本数量的增加而减少，这属于正常现象，原因为在具有大量负样本的数据集下，TP 天然小于 FP。如图 2-11（c）和（d）所示，随着负样本数量的增加，路径质量和计算耗时逐步改善，其中计算耗时最多可减少到最长运行时间的 64%。以上结果表明，XGBoost 模型具有较强的鲁棒性和泛化能力，XGB-FCA 对正负样本比例的波动并不敏感，能够在不同场景下提供优质路径规划结果。

2.4.5　特征有效性分析

为验证所设计特征的有效性，采用 XGBoost 的内置特征打分器分析特征重要性（F-score），如图 2-12 和图 2-13 所示。由图 2-12 可见，城市维度下前 5 个重要的特征是 route_pickpoint_portion、cluster_eta_minus_ct_same_sta、order_remaintime_sta、cluster_same_portion 和 order_level_sta，大部分为需要预计算的特征，而非能够直接读取的属性。由图 2-13 可见，全国维度下，路径相关特征的重要性快速升高，如 route_delivery_center_dis_sta 和 route_pick_current_dis_sta 等。图 2-12 和图 2-13 的结果表明，基于问题特性所设计的特征对机器学习模型的表现有着至关重要的影响，侧面证明对于实际问题进行特征工程的有效性和必要性。

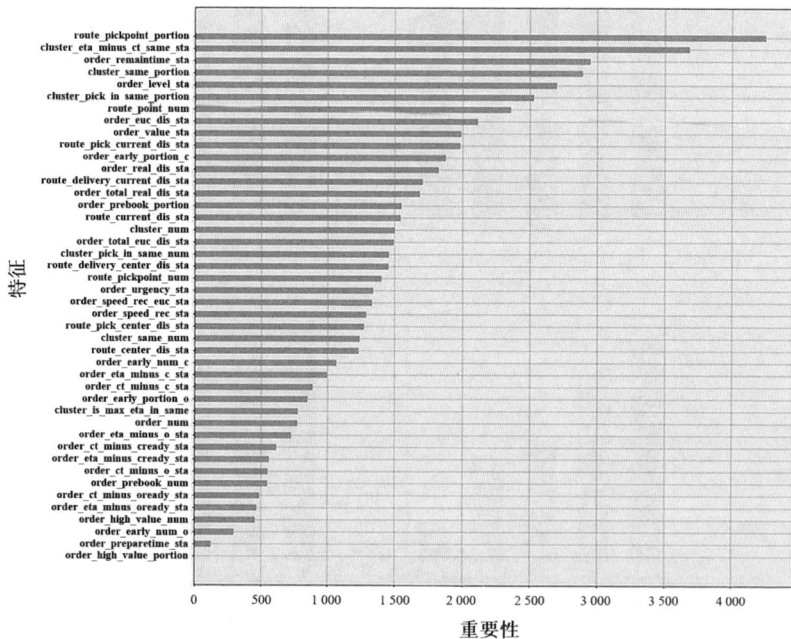

图 2-12　城市维度下的特征重要性排序结果

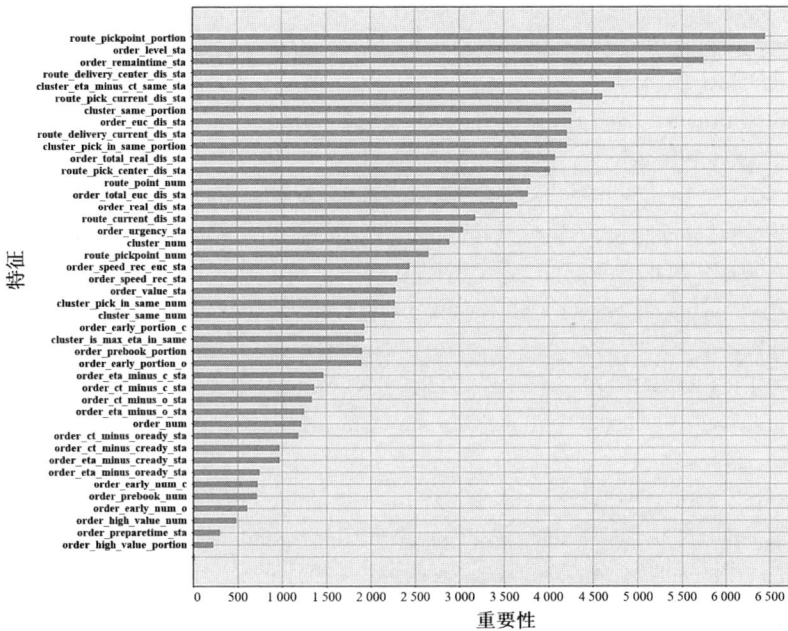

图 2-13　全国维度下的特征重要性排序结果

参考文献

[1] SAVELSBERGH M W P, SOL M. The general pickup and delivery problem [J]. Transportation science, 1995, 29(1): 17-29.

[2] DESAULNIERS G, DESROSIERS J, ERDMANN A, et al. VRP with pickup and delivery [J]. The vehicle routing problem, 2002(9): 225-242.

[3] CORDEAU J F, LAPORTE G, ROPKE S. Recent models and algorithms for one-to-one pickup and delivery problems[M] // GOLDEN B, RAGHAVAN S, WASIL E. The vehicle routing problem: latest advances and new challenges. Boston: Springer, 2008: 327-357.

[4] PARRAGH S N, DOERNER K F, HARTL R F. A survey on pickup and delivery problems [J]. Journal für betriebswirtschaft, 2008, 58(2): 81-117.

[5] CORDEAU J F, LAPORTE G. The dial-a-ride problem: models and algorithms[J]. Annals of operations research, 2007, 153(1): 29-46.

[6] HO S C, SZETO W Y, KUO Y H, et al. A survey of dial-a-ride problems: literature review and recent developments [J]. Transportation research part B: methodological, 2018(111): 395-421.

[7] LOKIN F C J. Procedures for travelling salesman problems with additional constraints[J]. European journal of operational research, 1979, 3(2): 135-141.

［8］ LITTLE J D C，MURTY K G，SWEENEY D W，et al. An algorithm for the traveling salesman problem［J］. Operations research，1963，11(6)：972-989.

［9］ KALANTARI B，HILL A V，ARORA S R. An algorithm for the traveling salesman problem with pickup and delivery customers［J］. European journal of operational research，1985，22(3)：377-386.

［10］ RENAUD J，BOCTOR F F，OUENNICHE J. A heuristic for the pickup and delivery traveling salesman problem［J］. Computers & operations research，2000，27(9)：905-916.

［11］ RENAUD J，BOCTOR F F，LAPORTE G. Perturbation heuristics for the pickup and delivery traveling salesman problem［J］. Computers & operations research，2002，29(9)：1129-1141.

［12］ VAN DER BRUGGEN L J J，LENSTRA J K，SCHUUR P C. Variable-depth search for the single-vehicle pickup and delivery problem with time windows［J］. Transportation science，1993，27(3)：298-311.

［13］ DESROSIERS J，DUMAS Y，SOUMIS F. A dynamic programming solution of the large-scale singlevehicle dial-a-ride problem with time windows［J］. American journal of mathematical and management sciences，1986，6：301-325.

［14］ RULAND K S，RODIN E Y. The pickup and delivery problem：faces and branch-and-cut algorithm［J］. Computers & mathematics with applications，1997，33(12)：1-13.

［15］ CORDEAU J F，IORI M，LAPORTE G，et al. A branch-and-cut algorithm for the pickup and delivery traveling salesman problem with LIFO loading［J］. Networks，2010，55(1)：46-59.

［16］ SEXTON T R，CHOI Y M. Pickup and delivery of partial loads with "soft" time windows［J］. American journal of mathematical and management sciences，1986，6(3-4)：369-398.

［17］ EDELKAMP S，GATH M. Solving single vehicle pickup and delivery problems with time windows and capacity constraints using nested Monte-Carlo search［C］. The 6th International Conference on Agents and Artificial Intelligence，Angers ，2014：22-33.

［18］ LANDRIEU A，MATI Y，BINDER Z. A tabu search heuristic for the single vehicle pickup and delivery problem with time windows［J］. Journal of intelligent manufacturing，2001，12(5-6)：497-508.

［19］ KAMMARTI R，HAMMADI S，BORNE P，et al. A new hybrid evolutionary approach for the pickup and delivery problem with time windows［C］. 2004 IEEE International Conference on Systems，Man and Cybernetics（IEEE Cat. No. 04CH37583），The Hague，2004，2：1498-1503.

［20］ KAMMARTI R，HAMMADI S，BORNE P，et al. Lower bounds in a hybrid evolutionary approach for the pickup and delivery problem with time windows［C］. 2005 IEEE International Conference on Systems，Man and Cybernetics，Waikoloa，2005：1156-1161.

［21］ KAMMARTI R，HAMMADI S，BORNE P，et al. Improved tabu search in a hybrid evolutionary approach for the pickup and delivery problem with time windows［C］. 2005 IEEE Intelligent Transportation Systems，Vienna，2005：148-153.

[22] HOSNY M I，MUMFORD C L. Single vehicle pickup and delivery with time windows：made to measure genetic encoding and operators［C］. The 9th Annual Conference Companion on Genetic and Evolutionary Computation，London，2007：2489-2496.

[23] HOSNY M I，MUMFORD C L. The single vehicle pickup and delivery problem with time windows：intelligent operators for heuristic and metaheuristic algorithms［J］. Journal of heuristics，2010，16(3)：417-439.

[24] HUANG Y H，TING C K. Ant colony optimization for the single vehicle pickup and delivery problem with time window［C］. 2010 International Conference on Technologies and Applications of Artificial Intelligence，Hsinchu，2010：537-543.

[25] CARRABS F，CORDEAU J F，LAPORTE G. Variable neighborhood search for the pickup and delivery traveling salesman problem with LIFO loading［J］. Informs journal on computing，2007，19(4)：618-632.

[26] GRIBKOVSKAIA I，HALSKAU SR Ø，LAPORTE G，et al. General solutions to the single vehicle routing problem with pickups and deliveries［J］. European journal of operational research，2007，180(2)：568-584.

[27] BELLO I，PHAM H，LE Q V，et al. Neural combinatorial optimization with reinforcement learning［EB/OL］.（2016-11-29）［2017-01-12］. https://arxiv. org/pdf/1611. 09940.

[28] KOOL W，VAN HOOF H，WELLING M. Attention，learn to solve routing problems！［C］. International Conference on Learning Representations 2019，New Orleans，2019.

[29] NAZARI M，OROOJLOOY A，SNYDER L，et al. Reinforcement learning for solving the vehicle routing problem［C］. The 32nd International Conference on Neural Information Processing Systems，Montreal，2018：9839-9849.

[30] MAO C，SHEN Z. A reinforcement learning framework for the adaptive routing problem in stochastic time-dependent network［J］. Transportation research part C：emerging technologies，2018，93：179-197.

[31] ZHENG H，WANG S，CHA Y，et al. A two-stage fast heuristic for food delivery route planning problem［C］. Informs Annual Meeting，Seattle，2019.

[32] CHEN T，GUESTRIN C. Xgboost：A scalable tree boosting system［C］. The 22nd ACM Sigkdd International Conference on Knowledge Discovery and Data Mining，San Francisco，2016：785-794.

[33] FENG Y，WANG D，YIN Y，et al. An XGBoost-based casualty prediction method for terrorist attacks［J］. Complex & intelligent systems，2020，6(3)：721-740.

[34] OGUNLEYE A A，QING-GUO W. XGBoost model for chronic kidney disease diagnosis ［J］. IEEE/ACM transactions on computational biology and bioinformatics，2020，17(6)：2131-2140.

[35] DHALIWAL S S，NAHID A A，ABBAS R. Effective intrusion detection system using XGBoost［J］. Information，2018，9(7)：149.

[36] PAN B. Application of XGBoost algorithm in hourly $PM_{2.5}$ concentration prediction［C］.

IOP Conference Series: Earth and Environmental Science，Hangzhou，2018，113：012127.

[37] PARSA A B，MOVAHEDI A，TAGHIPOUR H，et al. Toward safer highways，application of XGBoost and SHAP for real-time accident detection and feature analysis[J]. Accident analysis & prevention，2020，136：105405.

[38] DEV V A，EDEN M R. Gradient boosted decision trees for lithology classification[J]. Computer aided chemical engineering，2019，47：113-118.

[39] MITCHELL R，FRANK E. Accelerating the XGBoost algorithm using GPU computing [J]. PeerJ computer science，2017，3：1-37.

第 3 章

基于贪婪迭代与端到端学习的随机路径规划

3.1 引言

第 2 章路径规划问题中所有参数是确定的,未考虑即时配送服务过程中的不确定性。其中,到店取餐是配送的必经环节,而出餐时间(或出餐时刻)是其中的关键参数。当前,业界一般通过点估计的方式预估出餐时间,并基于该预估值进行优化决策。但实际情况中,由于受到菜品类型、订单数量、厨师水平等多种因素影响,出餐时间的不确定性极强,难以被准确预估。当商家出餐慢或者平台对于出餐时间预估过于乐观时,商家无法在骑手到店前完成出餐,此时骑手则需要在店内长时间等待备餐。这不但造成运力浪费,并且增加骑手身上其他订单的超时风险,还容易引发骑手和商家之间的矛盾冲突。因此,将出餐时间的不确定性考虑到优化决策中,对于提升配送效率及改善服务质量十分重要。目前,针对不确定路径规划的研究相对匮乏,大多考虑订单到达的不确定性,假定其服从泊松分布[1-2],或者通过场景生成来预测未来的订单分布[3],部分文献考虑到达时间为随机变量[4]及交通出现突发情况[5]的场景,鲜有文献考虑出餐时间的不确定性。因此,研究出餐时间不确定的路径规划问题具有学术价值和现实意义。

本章假设商家出餐时间为分布已知的随机数,针对该随机路径规划问题(stochastic route planning problem, SRPP)开展研究。引入不确定出餐时间后,精确评估骑手路径质量将大幅增加计算量,难以满足即时配送高时效性的要求。因此,设计能够平衡决策质量和效率的优化算法是求解关键。为此,本章建立两阶段随机规划数学模型,通过基于蒙特卡洛方法采样的贪婪迭代(iterated greedy,IG)算法获得高质量标签用于深度学习模型的训练,进而提出一种端到端深度学习方法,实现对 SRPP 的高效求解。

3.2 问题建模

为给出规范化数学描述,定义符号如表 3-1 所示。

本章假设出餐时间为随机数,目标为通过为骑手规划合理的取送路径以优化

表 3-1　数学符号含义

符号	符号含义
T	当前时刻
v	骑手行驶速度
n	订单数量
n_1	取点数量
O	订单集合,$O = \{o_1, o_2, \cdots, o_n\}$
K	场景集合
P	所有取点构成的集合,$P = \{1, 2, \cdots, n_1\}$
D	所有送点构成的集合,$D = \{n_1+1, n_1+2, \cdots, n_1+n\}$
N	所有点构成的集合,$N = \{0, 1, \cdots, n_1+n\}$,0 为骑手位置节点
d_{ij}	点 i 和 j 之间的距离,$i, j \in N$
t_i^{ETA}	点 i 的预计送达时刻,$i \in D$
$\xi_{k,i}$	点 i 在场景 k 下的出餐时刻,$i \in P, k \in K$
M	一个足够大的正数
$x_{i,j}$	0-1 决策变量,若骑手由点 j 行驶至点 i 则为 1,否则为 0,$i, j \in N$
u_i	决策变量,点 i 在骑手路径中的位置,$i \in N, u_i \in \{0, 1, \cdots, n_1+n\}$
$a_{k,i}$	中间变量,在场景 k 下骑手到达点 i 的时刻,$i \in N, k \in K$
$l_{k,i}$	中间变量,在场景 k 下骑手离开点 i 的时刻,$i \in N, k \in K$
$w_{k,i}$	决策变量,在场景 k 下骑手在点 i 的等待时长,$i \in P, k \in K$
$e_{k,i}$	决策变量,在场景 k 下点 i 的超时时长,$i \in D, k \in K$

期望时间成本 E_{TC},E_{TC} 由骑手行驶时长、期望等待时长和期望超时时长构成,如式(3-1)所示。该问题的两阶段随机规划数学模型如下:

$$\min_{x,u} E_{\text{TC}} = \sum_{i \in N} \sum_{j \in N\setminus\{0\}} \frac{d_{i,j}}{v} x_{i,j} + \mathbf{Q}(x, \xi) \tag{3-1}$$

s. t.

$$\sum_{j \in N\setminus\{0\}} x_{i,j} = 1, \quad \forall i \in N \tag{3-2}$$

$$\sum_{j \in N\setminus\{0\}} x_{j,i} = 1, \quad \forall i \in N\setminus\{0\} \tag{3-3}$$

$$u_i \leqslant M - 1 - (M-2)x_{0,i}, \quad \forall i \in N\setminus\{0\} \tag{3-4}$$

$$u_i - u_j + (M-1)x_{i,j} + (M-3)x_{j,i} \leqslant M-2, \quad \forall i \in N, j \in N,$$
$$j \neq i \tag{3-5}$$

$$u_i \leqslant u_{i+n_1} - 1, \quad \forall i \in P \tag{3-6}$$

$$x_{i,j} \in \{0,1\}, \quad \forall i \in N, j \in N \backslash \{0\}, j \neq i \tag{3-7}$$

$$u_0 = 0, u_i \in [0, n_1+n], \quad \forall i \in N \backslash \{0\} \tag{3-8}$$

其中

$$\mathbf{Q}(x,\xi) = \min_{e,w} \frac{1}{|K|} \sum_{k \in K} \left(\sum_{i \in D} e_{k,i} + \sum_{i \in P} w_{k,i} \right) \tag{3-9}$$

s.t.

$$a_{k,j} - l_{k,i} - Mx_{i,j} \geqslant \frac{d_{i,j}}{v} x_{i,j} - M, \quad \forall k \in K, i \in N, j \in N \backslash \{0\},$$
$$j \neq i \tag{3-10}$$

$$a_{k,j} - l_{k,i} + Mx_{i,j} \leqslant \frac{d_{i,j}}{v} x_{i,j} + M, \quad \forall k \in K, i \in N, j \in N \backslash \{0\},$$
$$j \neq i \tag{3-11}$$

$$l_{k,i} \geqslant a_{k,i}, \quad \forall k \in K, i \in N \tag{3-12}$$

$$l_{k,i} \geqslant \xi_{k,i}, \quad \forall k \in K, i \in P \tag{3-13}$$

$$w_{k,i} \geqslant \xi_{k,i} - a_{k,i}, \quad \forall k \in K, i \in P \tag{3-14}$$

$$e_{k,i} \geqslant l_{k,i} - t_i^{\mathrm{ETA}}, \quad \forall k \in K, i \in D \tag{3-15}$$

$$a_{k,0} = T, a_{k,i} \geqslant T, \quad \forall k \in K, i \in N \backslash \{0\} \tag{3-16}$$

$$l_{k,0} = T, l_{k,i} \geqslant T, \quad \forall k \in K, i \in N \backslash \{0\} \tag{3-17}$$

$$w_{k,i} \geqslant 0, \quad \forall k \in K, i \in P \tag{3-18}$$

$$e_{k,i} \geqslant 0, \quad \forall k \in K, i \in D \tag{3-19}$$

其中,$x_{i,j}$ 和 u_i 为第一阶段决策变量;$w_{k,i}$ 和 $e_{k,i}$ 为第二阶段决策变量。式(3-2)和式(3-3)确保每个订单的取送点及路径起点只能被访问一次;式(3-4)和式(3-5)定义决策变量 $x_{i,j}$ 和 u_i 的转换关系;式(3-6)确保不违反取送顺序约束;式(3-7)和式(3-8)定义第一阶段决策变量的类型与范围;式(3-9)为第二阶段的目标函数,最小化随机情况下的期望等餐时长和超时时长;式(3-10)和式(3-11)确保骑手到达节点的时刻等于前一个节点的离开时刻与两点之间行驶时间之和;式(3-12)和式(3-13)确保每个取点的离开时刻不早于到达时刻和出餐时刻;式(3-14)确保等餐时长大于随机出餐时刻和取点的到达时刻之差;式(3-15)确保超时时长大于送点的离开时刻和预计送达时刻之差;式(3-16)～式(3-19)定义中间变量和决策变量的取值范围。

3.3 算法设计

本章所设计的路径规划算法包含两个核心模块,一是采用基于蒙特卡洛方法采样的贪婪迭代算法生成高质量的路径规划解,将其作为标签;二是建立深度神经网络,并利用该标签训练网络,让网络学会端到端生成高质量路径,从而实现对SRPP 的高效求解。

3.3.1 贪婪迭代算法

贪婪迭代算法具有强大的局部搜索能力,近年来已被广泛应用于求解各类调度问题,因此本章采用 IG 算法生成高质量路径作为数据标签。IG 算法的编码、初始化、随机破坏、贪婪重构和局部增强搜索等环节介绍如下。

1. 编码

SRPP 的解由一个长度为 $1+n_1+n$ 的序列 π 表示,包括骑手当前位置节点及所有订单的取送点。图 3-1 给出一个 $n_1=2$ 且 $n=3$ 的例子,一个可行序列为 $\pi=\{0,5,1,3,2,4\}$,其中 0 表示骑手当前位置节点,o_1、o_2、o_3 分别对应点 $(1,3)$、$(2,4)$、(5)。

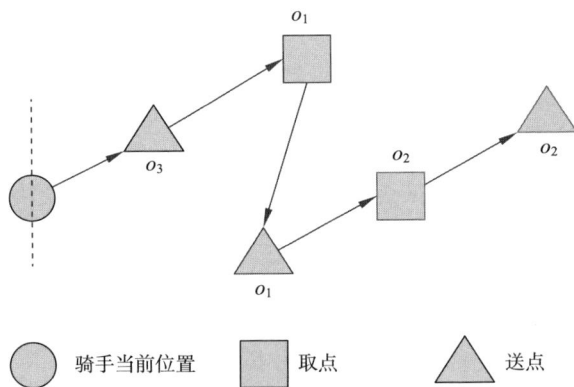

图 3-1 编码示例

2. 初始化

为保证初始解质量,基于 Nawaz-Enscore-Ham(NEH)算法[6],本节设计了如下变种 NEH 算法用于生成初始解,记为 aNEH,其主要步骤如下。

步骤 1:初始化序列 $\pi=\{0\}$。

步骤 2：将 n 个订单按其预计送达时刻升序排列，排序后的订单序列记作 $[o_{(1)}, o_{(2)}, \cdots, o_{(n)}]$，令 $i=1$。

步骤 3：若 $o_{(i)}$ 未取餐，尝试将其取点插入 π 的所有位置，一旦取点插入后，将 $o_{(i)}$ 的送点插入取点后的所有位置。选择使得 E_{TC} 最小的路径序列并替换 π。其中，通过蒙特卡洛方法采样计算 E_{TC}。

步骤 4：若 $i<n$，$i=i+1$，跳转至步骤 3。否则，输出 π。

3. 随机破坏与贪婪重构

对可行解的破坏和重构是 IG 的核心环节。其中，破坏环节从可行解中删除部分片段或元素；重构环节则是将删除的片段或元素再插入序列中可行且最优的位置。

（1）在破坏环节中，随机选择 $\alpha(\alpha<n)$ 个订单，并将其取送点从序列 π 中删除。记破坏后的序列为 π'，被选中的订单集合为 $O'=\{o_{i'}|i'\in\{1,2,\cdots,\alpha\}\}$，根据蒙特卡洛方法采样更新 π' 的目标函数值。

（2）在重构环节中，首先对 O' 进行乱序排列以保证一定的探索性；随后依次将 $o_{i'}\in O'$ 的取送点（若已取餐则仅考虑送点）先后插入 π' 的所有可行位置中，从生成的所有路径中选择 E_{TC} 最优的路径用于更新 π'，直到所有订单取送点均被插入路径中。

4. 局部增强搜索

为进一步提高算法的开发能力，设计基于关键订单信息的局部增强搜索算子，包含如下两种邻域搜索操作。

（1）前向搜索：定义关键订单为具有最大期望超时时长的订单，将其对应节点向前移动至路径最优位置。

（2）后向搜索：定义关键订单为具有最大剩余配送时长的订单，将其对应节点向后移动至路径最优位置。

如果达到最大迭代次数 g_{max} 或最佳解，连续 t 次迭代未得到改进，那么搜索结束。

5. 接受与终止准则

为避免算法陷入局部极小，引入模拟退火算法的接受准则。当新解优于当前解时，接受新解并更新当前解；当新解劣于当前解时，以概率 $p=\mathrm{e}^{-(E'_{TC}-E^{best}_{TC})/T}$ 接受并更新当前解，其中 $T>0$ 为退火温度，E'_{TC} 为当前解的目标函数值，E^{best}_{TC} 为历史最优解的目标函数值。T 初始值为 T_0，每次迭代时按 $T_{g+1}=c\times T_g$ 更新，$c\in(0,1)$ 为降温系数，g 为迭代次数。

若达到最大迭代次数 g_{max} 或最优解连续 t 次迭代未得到改进,则算法终止运行并输出最优路径。

3.3.2 端到端深度学习

为实现路径的端到端生成,本章构建一个求解 SRPP 的深度学习模型(SRPP network,SN)。该模型由一个编码器和一个解码器组成,如图 3-2 所示。其中,编码器根据输入特征构造嵌入向量,解码器根据编码器的输出生成路径序列。

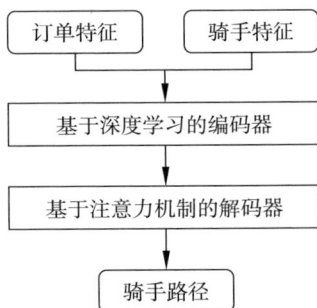

图 3-2　端到端深度学习模型结构

1. 特征设计

SRPP 相关的基本特征包括骑手信息和订单信息。

(1)骑手基本特征:当前位置、行驶速度、被分配旧单数量、取点数量、送点数量。

(2)订单基本特征:预计送达时刻、取送点位置、随机出餐时刻的概率质量函数(probability mass function,PMF)。

尽管上述特征足以定义 SRPP 的一个实例,但难以有效揭示最优路径的生成规律。例如,离骑手更近或更紧急的订单的取送点可能会出现在最优路径的靠前位置。为使模型更好地挖掘最优路径的特点,本节设计了以下特殊特征。

(1)订单与骑手之间的位置关系特征:包括每个订单节点 i 与骑手位置之间的距离 $d_{0,i}$,对应的行驶时间 $d_{0,i}/v, i \in N \setminus \{0\}$。

(2)订单取送点之间的时空关系特征:对于未取餐订单,取送点之间的时空关系用二者距离和行驶时间表示,分别为 $d_{i,i+n_1}, d_{i,i+n_1}/v, i \in [1, n_1]$;对于已取餐订单,采用送点与骑手的距离和相应的行驶时间表示,分别为 $d_{0,i+n_1}, d_{0,i+n_1}/v, i \in [n_1+1, n]$。

(3)订单的紧迫程度:由剩余配送时长表征。对于送点为 i 的已取餐订单,定义为 $t_i^{ETA} - d_{0,i}/v$;对于取点为 i 的未取餐订单,定义为 $t_{i+n_1}^{ETA} - (d_{i,i+n_1} + d_{0,i})/v$。

（4）随机出餐时刻 PMF 的统计信息特征：包括均值、总和、中位数、最大值、最小值和标准差。

值得说明的是，对于缺失和异常数据，采用均值进行替换，并根据训练集的均值和标准差对所有的连续特征进行标准化处理。基于上述包含更丰富问题信息的特殊特征，模型性能能够得到进一步提升。

2. 编码器

编码器的作用为将输入的特征向量映射为嵌入向量。对于上述设计的多种特征，采用不同网络结构进行处理，如图 3-3 所示。编码器由 3 部分组成：处理骑手特征的骑手嵌入（rider embedding）层，处理订单特征的订单嵌入（order embedding）层及处理所有位置信息的位置嵌入（location embedding）层。编码器的输出 L 为 3 种嵌入层的输出拼接而成的向量 $[L_{loc}, L_{rider}, L_{order}]$，下面介绍 3 种嵌入层的结构及对应输出向量的计算。

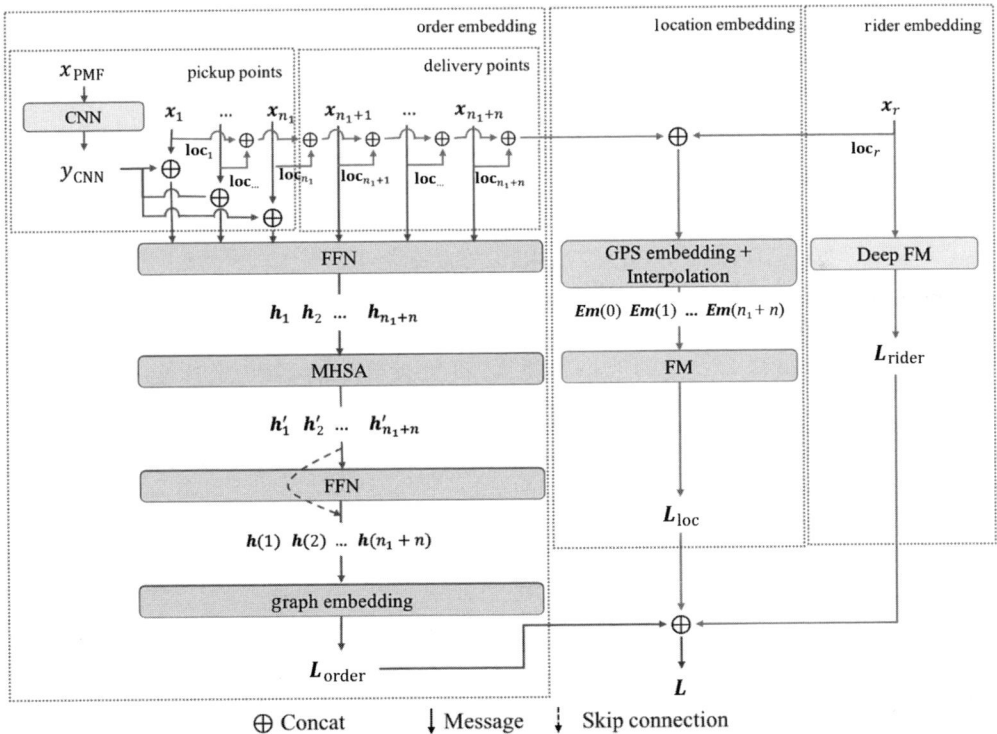

图 3-3　编码器结构

1）全球定位系统（global positioning system，GPS）坐标处理

对于 GPS 坐标，通过网格编码和双线性插值的方式提取有效信息。具体而

言,根据经纬度将城市划分为不同的网格,存储热门网格顶点坐标于词表中。对于每个特定的 GPS 坐标,通过它所在网格的 4 个顶点构造其嵌入表达向量。图 3-4 为一个计算示例,对于给定 GPS 坐标 G,其所在网格的 4 个顶点分别为 G_{11}、G_{12}、G_{21} 和 G_{22},顶点之间的距离信息如图 3-4 所示。记 4 个顶点对应的 d_1 维嵌入向量分别为 $\boldsymbol{y}_{0,0}$、$\boldsymbol{y}_{0,1}$、$\boldsymbol{y}_{1,0}$、$\boldsymbol{y}_{1,1}$,则给定 GPS 坐标的嵌入向量 $\boldsymbol{y}_G$ 计算如下:

$$\boldsymbol{y}_G = \frac{(l_x - x)(l_y - y)}{l_x l_y}\boldsymbol{y}_{0,0} + \frac{x(l_y - y)}{l_x l_y}\boldsymbol{y}_{1,0} + \frac{(l_x - x)y}{l_x l_y}\boldsymbol{y}_{0,1} + \frac{xy}{l_x l_y}\boldsymbol{y}_{1,1}$$

(3-20)

当某一顶点不在词表内时,其嵌入向量为设定的默认值。通过上述方法,可将所有节点的 GPS 坐标映射为 d_1 维的嵌入向量 $\boldsymbol{Em}(i)$,$i \in N$,该嵌入向量表征节点与热门位置的相对空间关系。

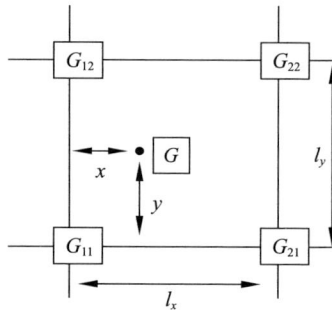

图 3-4 GPS 坐标处理示例

2) 计算位置嵌入向量 $\boldsymbol{L}_{loc}$

为进一步刻画各节点之间的位置关系,将所有节点的 GPS 坐标嵌入向量构成大小为 $(1 + n + n_1, d_1)$ 的全局位置向量,记作 $\boldsymbol{Em}_{loc} = \{Em(0), Em(1), \cdots, Em(n_1 + n)\}$,并通过因子分解机(factorization machine,FM)提取特征间相关性。FM 层的计算如下:

$$\boldsymbol{L}_{loc} = \langle \boldsymbol{w}, \boldsymbol{x} \rangle + \sum_{i=0}^{n+n_1} \sum_{j=i+1}^{n+n_1} \langle \boldsymbol{V}_i, \boldsymbol{V}_j \rangle x_i \cdot x_j$$

(3-21)

其中,$\boldsymbol{w} \in \mathbf{R}^{n+n_1}$ 为一阶权重向量;$\boldsymbol{V}_i \in \mathbf{R}^{d_1}$ 为隐向量;$\langle \boldsymbol{V}_i, \boldsymbol{V}_j \rangle$ 表示向量内积;$\boldsymbol{x} = \boldsymbol{Em}_{loc}$。通过上述方式,所有节点的位置信息将被映射为一个隐含节点空间关系的嵌入向量 $\boldsymbol{L}_{loc}$。

3) 计算骑手嵌入向量 $\boldsymbol{L}_{rider}$

首先,采用上述网格编码及双线性差值处理骑手的 GPS 坐标,得到骑手位置的嵌入向量 $\boldsymbol{Em}(0)$;其次,将剩余特征映射为一个 d_2 维的嵌入向量,记作 $\boldsymbol{e}_r$;最后,通过深度因子分解机(deep factorization machine,DeepFM)[7]进一步提取特征信息。DeepFM 的输入为 $\boldsymbol{x}^{(0)}=[\boldsymbol{Em}(0),\boldsymbol{e}_r]$，根据式(3-21)计算 FM 模块的输出
$\boldsymbol{y}_{\text{FM}}$。在深度神经网络(deep neural network,DNN)模块中，$\boldsymbol{x}$ 更新如下:

$$\boldsymbol{x}^{(i+1)}=\sigma(\boldsymbol{W}^i\boldsymbol{x}^i+\boldsymbol{b}^i) \tag{3-22}$$

$$\boldsymbol{y}_{\text{DNN}}=\boldsymbol{x}^{(H)} \tag{3-23}$$

其中，i 为隐层索引;σ 为 ReLU 激活函数;$\boldsymbol{W}$ 和 $\boldsymbol{b}$ 分别为可训练的权重矩阵及偏置向量;H 为隐层深度。基于上述计算,骑手嵌入向量为 $\boldsymbol{L}_{\text{rider}}=[\boldsymbol{y}_{\text{FM}},\boldsymbol{y}_{\text{DNN}}]$。

4) 计算订单嵌入向量 $\boldsymbol{L}_{\text{order}}$

订单嵌入需处理所有订单节点的信息。首先,同样通过网格编码和双线性差值来处理每个取送点的 GPS 信息;其次,将每个节点的其他数值特征映射为维度为 d_3 的嵌入向量;最后,通过拼接上述嵌入向量,得到各节点的初始嵌入向量,记为 $\boldsymbol{x}_i,i\in[1,n+n_1]$。

对于复杂 PMF,常用的处理方法是通过采样生成大量场景以计算相应期望,但该方法十分耗时,难以满足高时效要求。出餐时刻的 PMF 可被类比为二维图形矩阵,因此考虑利用卷积神经网络(convolutional neural network,CNN)进行处理,得到输出向量 $\boldsymbol{y}_{\text{CNN}}$,其中卷积核的大小设为 3×3。对于取点,将输出向量 $\boldsymbol{y}_{\text{CNN}}$ 与其初始向量 $\boldsymbol{x}_i$ 拼接作为嵌入向量,而送点嵌入向量保持不变,即

$$\boldsymbol{x}_i=\begin{cases}[\boldsymbol{x}_i,\boldsymbol{y}_{\text{CNN}}], & i\in P\\\boldsymbol{x}_i, & i\in D\end{cases} \tag{3-24}$$

通过上述方法,取送点的原始特征将被转换为可学习的嵌入向量。为进一步统一各节点的嵌入向量长度,通过如下前馈神经网络(feedforward neural network,FNN)进行处理。

$$\boldsymbol{h}_i=\text{FFN}(\boldsymbol{x}_i),\quad i\in N\backslash\{0\} \tag{3-25}$$

随后,利用注意力机制有效提取各节点信息。注意力机制中每个隐层包括多头注意力机制(multi-head self-attention,MHSA)和前向神经网络两个子隐层[8]。

$$\boldsymbol{h}_i'=\text{BN}[\boldsymbol{h}_i+\text{MHSA}_i(\boldsymbol{h}_1,\boldsymbol{h}_2,\cdots,\boldsymbol{h}_{n_f})],\quad i\in N\backslash\{0\} \tag{3-26}$$

$$\boldsymbol{h}(i)=\text{BN}(\boldsymbol{h}_i'+\text{FFN}(\boldsymbol{h}_i')),\quad i\in N\backslash\{0\} \tag{3-27}$$

对所有节点嵌入向量取均值作为输出的订单嵌入向量,即 $\boldsymbol{L}_{\text{order}}=\dfrac{1}{n+n_1}\sum\limits_{i=1}^{n+n_1}\boldsymbol{h}(i)$。

3. 解码器

解码器用于生成路径序列,由长短期记忆(long short term memory,LSTM)单元和 softmax 层构成,并通过基于问题特性的掩码机制保证解的可行性。LSTM 的实现如式(3-28)~式(3-33)所示。

$$\boldsymbol{g}_{\text{f},t}=\sigma(\boldsymbol{W}^{(\text{f})}\cdot[\boldsymbol{H}_{t-1},\boldsymbol{h}_{\text{c},t}]+\boldsymbol{b}^{(\text{f})}) \tag{3-28}$$

$$\boldsymbol{g}_{\text{i},t}=\sigma(\boldsymbol{W}^{(\text{i})}\cdot[\boldsymbol{H}_{t-1},\boldsymbol{h}_{\text{c},t}]+\boldsymbol{b}^{(\text{i})}) \tag{3-29}$$

$$\boldsymbol{g}_{c',t} = \tanh(\boldsymbol{W}^{(c)} \cdot [\boldsymbol{H}_{t-1}, \boldsymbol{h}_{c,t}] + \boldsymbol{b}^{(c)}) \tag{3-30}$$

$$\boldsymbol{g}_{c,t} = \boldsymbol{g}_{f,t} * \boldsymbol{g}_{c,t-1} + \boldsymbol{g}_{i,t} * \boldsymbol{g}_{c',t} \tag{3-31}$$

$$\boldsymbol{g}_{o,t} = \sigma(\boldsymbol{W}^{(o)} \cdot [\boldsymbol{H}_{t-1}, \boldsymbol{h}_{c,t}] + \boldsymbol{b}^{(o)}) \tag{3-32}$$

$$\boldsymbol{H}_t = \boldsymbol{g}_{o,t} * \tanh(\boldsymbol{g}_{c,t}) \tag{3-33}$$

其中，$\boldsymbol{g}_{f,t}$，$\boldsymbol{g}_{i,t}$，$\boldsymbol{g}_{o,t}$ 分别为遗忘门、输入门、输出门的输出；$\boldsymbol{g}_{c',t}$，$\boldsymbol{g}_{c,t}$ 和 $\boldsymbol{H}_t$ 分别为候选记忆状态、记忆状态及隐藏状态；$\boldsymbol{W}^{(*)}$ 和 $\boldsymbol{b}^{(*)}$ 分别为各个门的权重和偏差，在每个时间步的所有单元中共享。在第 $t \in [1, n_1 + n]$ 步时，LSTM 单元将输出节点向量 $\boldsymbol{g}_{o,t}$。由于路径的初始节点必为骑手当前位置节点，因此 $\boldsymbol{h}_{c,t}$ 设置为

$$\boldsymbol{h}_{c,t} = \begin{cases} [\boldsymbol{L}, \boldsymbol{L}_{rider}], & t = 1 \\ [\boldsymbol{L}, \boldsymbol{h}(\pi_{t-1})], & t > 1 \end{cases} \tag{3-34}$$

为保证解决方案的可行性，候选节点必须满足 SRPP 的约束。为满足取送顺序约束，若路径尚未访问未取餐订单的取点，则其送点会被掩盖，即设指针向量 $u_{i,t} = -\infty$。同样，为保证访问次数约束，已经访问过的节点将会被掩盖。根据上述规则，指针向量定义为

$$u_{i,t} = \begin{cases} -\infty, & i \neq \pi_{t'}, \forall t' < t \\ -\infty, & \exists (i-n) = \pi_{t'}, \forall t' < t, i \in D \\ v^{\mathrm{T}}(\boldsymbol{W}_1 \boldsymbol{L}_{order} + \boldsymbol{W}_2 \boldsymbol{H}_t), & \text{其他} \end{cases} \tag{3-35}$$

其中，$\boldsymbol{W}_1$ 和 $\boldsymbol{W}_2$ 为可训练的参数矩阵。最终通过将 $u_{i,t}$ 输入 softmax 层，可生成候选节点的概率分布，其中概率最大的节点将被选作下一路径节点，因此有

$$p_{i,t} = \mathrm{softmax}(u_{i,t}) \tag{3-36}$$

以图 3-5 为例，骑手需要配送两个未取餐订单，其取送点分别为 (1,3) 和 (2,4)。当 $t = 1$ 时，由于取送顺序约束，节点 3 和节点 4 被掩盖无法访问；当 $t = 4$ 时，由于访问次数约束，节点 1、节点 2 和节点 3 被掩盖。最终，输出的置换序列为 $\pi = \{0, 2, 1, 3, 4\}$。

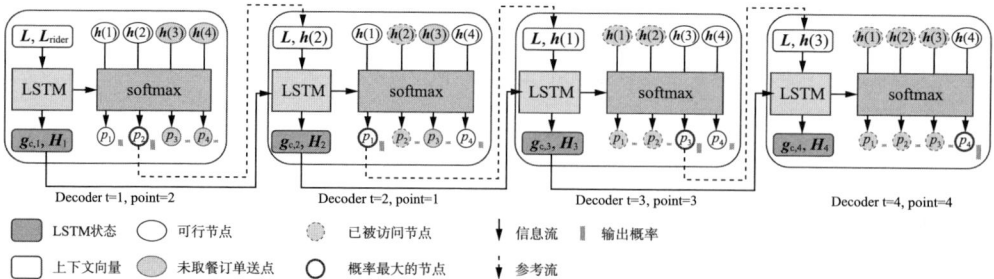

图 3-5　解码示例

4. 损失函数

解码器选择下一路径节点的过程可被看作一个多分类问题,因此采用如下交叉熵损失函数。

$$L(\pi_L \mid N;\theta) = -\frac{1}{n + n_1} \sum_{i \in N \setminus \{0\}} \pi_i \log (p_i;\theta) \tag{3-37}$$

其中,π_L 为标签序列;π_i 为 π_L 中的第 i 个节点;p_i 为 $t = i$ 时的预测概率;θ 为模型参数。该损失函数可以有效评估预测路径和标签路径之间的差距。

3.4　离线数值实验

本节基于美团真实数据集,通过消融实验验证模型各环节有效性,并通过与现有方法对比,验证深度学习模型在求解质量和求解速度上的有效性。

3.4.1　实验设置

1. 数据集说明

将历史数据划分成两组训练验证集 TS1 和 TS2,以及 1 组测试集,如图 3-6 所示。其中,各数据集按路径订单数分组,路径订单数显示于饼图周围,训练、验证及测试集的样本数量标记在图中。TS1 的数据服从真实路径分布,绝大多数路径的订单数小于 4;而 TS2 则进行了数据集均衡化。图 3-7 为出餐时长 PMF 及其累积分布函数示意图,可由此采样并计算出餐时刻。

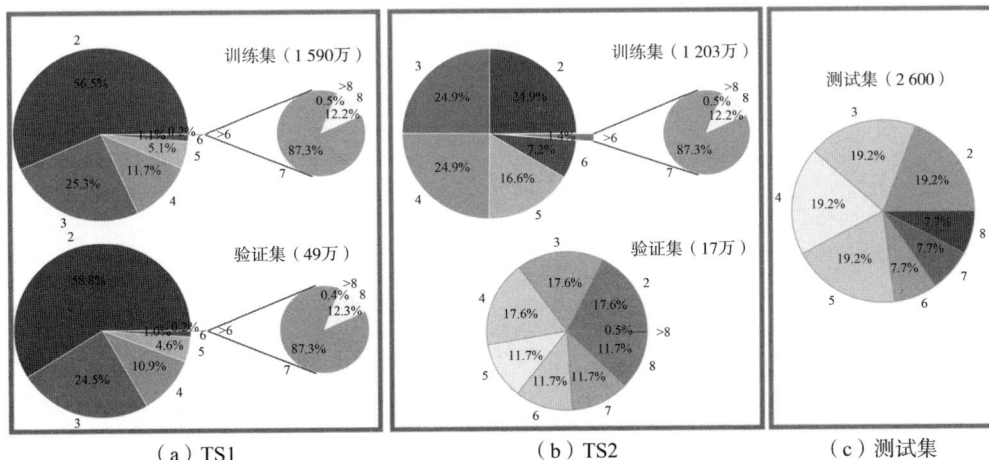

图 3-6　数据集分布

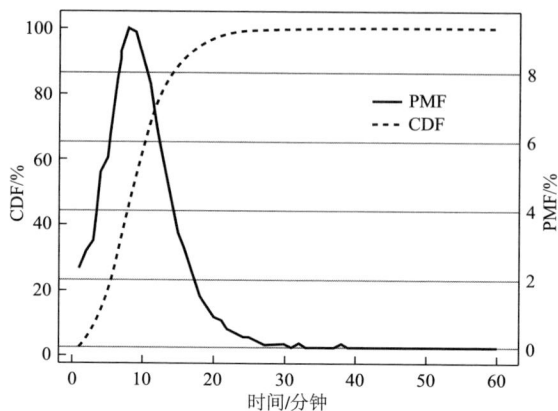

图 3-7 出餐时长分布

2. 参数设置

算法各参数设置如表 3-2 所示。深度学习模型由 Python 实现,其余算法均由 Java SE8 实现。所有实验均在 2.2 GHz 处理器和 16 GB RAM 的 MacBook Pro 上运行。

表 3-2 参数取值

类别	参数	取值
训练参数	Epoch	8
	Batch size	256
	Training steps (per epoch)	2 500
	Optimizer	Adam
	Learning rate	0.003
	Learning rate decay	0.95
网络参数	d_1	128
	d_2	128
	d_3	128
	$|H|$	3
IG 算法参数	α	3
	T_0	500
	g_{max}	200

续表

类别	参数	取值
IG 算法参数	c	0.95
	采样数	10 000

3. 评价指标

本章从计算效率和解的质量两方面评估算法性能。其中,采用流逝时间(elapsed time)评估计算效率,采用如下两个指标评估解的质量。

(1) 路径一致性(route consistency,RC):其计算公式为

$$\text{RC} = \frac{S_\text{m}}{\text{len}_s} \tag{3-38}$$

其中,len_s 为路径长度;S_m 为两个路径序列的最长一致前缀。所有路径的起点都为 0,因此在一致前缀中不考虑 0。举例而言,假设两条路径分别为 $A = \{0,1,2,3,4\}$,$B = \{0,1,3,4,2\}$,则 $S_\text{m} = 1$(即 $\{1\}$ 的长度),$\text{len}_s = 4$,进而 A 和 B 的 RC 为 0.25。如果两条路径的第一个非零节点不相同,则无论两者后续节点顺序多相似,其 RC 取 0。该指标用于衡量模型预测结果与真值(即标签路径)的相似性。RC 越高,说明两条路径的共同前缀越长。

(2) 相对百分偏差(relative percentage deviation,RPD):其计算公式为

$$\text{RPD} = \frac{E_\text{TC}(\text{alg}) - E_\text{TC}(\text{IG})}{E_\text{TC}(\text{IG})} \times 100 \tag{3-39}$$

其中,$E_\text{TC}(\text{alg})$ 和 $E_\text{TC}(\text{IG})$ 分别表示算法 alg 及 IG 的目标函数值。该指标用于评价不同算法所构造的路径解的质量。RPD 越小,表明算法 alg 生成路径的质量越高。

3.4.2　自环节有效性验证

本节通过消融实验,验证数据集均衡、特征工程、CNN 处理 PMF 等设计的有效性。为探究数据集均衡化的影响,使用不同数据集训练模型 SN,其结果分别标记为_TS1 和_TS2。为验证所设计特征的有效性,将采用基本特征(标记为_BF)的模型与使用特殊特征(标记为_SF)的模型作对比。此外,通过对比采用 CNN(标记为_CNN)与未采用 CNN(标记为_nCNN)的模型,探究 CNN 在模型 SN 中的作用。上述变种模型在 RC 和 RPD 指标上的表现分别展示于表 3-3 和表 3-4 中,在不同规模算例上的实验结果按照订单数量分组,每组结果取均值,最优方法的结果标粗显示。

表 3-3　不同模型的 RC 对比结果

n	SN_CNN_SF_TS2	SN_nCNN_SF_TS2	SN_CNN_SF_TS1	SN_CNN_BF_TS2
2	**0.910**	0.906	**0.910**	0.747
3	0.807	0.796	**0.822**	0.592
4	**0.616**	0.608	0.597	0.390
5	**0.596**	0.584	0.577	0.346
6	**0.507**	0.493	0.475	0.357
7	**0.503**	0.491	0.493	0.348
8	**0.531**	0.514	0.518	0.307
平均	**0.613**	0.604	0.607	0.437

表 3-4　不同模型的 RPD 对比结果

n	SN_CNN_SF_TS2	SN_nCNN_SF_TS2	SN_CNN_SF_TS1	SN_CNN_BF_TS2
2	0.08	0.10	**0.00**	3.87
3	0.19	0.49	**0.13**	7.04
4	**1.73**	2.54	2.20	12.02
5	1.57	**1.48**	1.80	13.56
6	**1.40**	2.16	2.08	8.27
7	**1.28**	1.39	1.35	10.83
8	**2.08**	2.31	3.37	13.22
平均	**1.05**	1.34	1.32	9.50

　　表 3-3 和表 3-4 的对比结果表明,SN_CNN_SF_TS2 的平均性能最好,验证了模型设计的有效性。对比 SN_CNN_SF_TS2 和 SN_nCNN_SF_TS2,前者在大多数情况下表现更好,可见 CNN 能更有效提取 PMF 的信息。由于 SN_CNN_BF_TS2 明显劣于其他模型,可见基于问题特性所设计的特殊特征能够为模型学习提供更多有效信息。此外,根据没有免费午餐定理(no free lunch theorem)[9],在不同训练集下得到的模型无法在各算例上表现最优。就 SN_CNN_SF_TS1 而言,该模型在订单数量较小的算例上表现较为出色,但在订单数量较大的算例上表现较差。同理,虽然 SN_CNN_SF_TS2 平均表现较好,但在订单数量较小的实例上会损失部分精度,因此在相应的 RPD 值上劣于 SN_CNN_SF_TS1。

　　根据上述实验结果,可得如下结论:CNN 能有效提取 PMF 信息,基于问题特性的特征设计可以显著提高模型性能;训练数据的分布会影响模型在不同规模实例上的性能。

3.4.3　算法优化效果及效率评估

为验证端到端路径生成算法的有效性,采用如下算法开展对比实验。

(1) RG(random generation):随机生成路径。若路径不可行,则通过交换非法取点和对应的送点位置来修复路径。

(2) EEF(carliest ETA first):按预计送达时刻对订单升序排序,并依次将订单的取送点插入路径的最佳位置中。

(3) MUF(most urgent first):按紧迫程度对订单升序排序,并依次将订单的取送点插入路径的最佳位置中。

(4) NF(nearest first):按节点与骑手位置的距离升序排序,并依次将节点插入路径的最佳位置中。若路径不可行,则将非法送点重新插入对应取点之后的最佳位置中。

(5) aNEH:本章所设计 IG 的初始化方法,详见 3.3.1 节相关内容。

(6) IG_RG(IG with RG initialization):以 RG 生成初始解,随后通过 3.3.1 节中的破坏与重构算子改进解。为在计算时间上公平比较,这些算子只执行一次。

(7) IG_NF(IG with NF initialization):与 IG_RG 类似,但采用 NF 生成初始解。

由于采用蒙特卡洛方法应对出餐时刻的不确定性,为确定各算法的最佳采样次数,设置采样次数 $s=\{1,10,100,1\,000,10\,000,100\,000\}$,以本章所提 IG 算法为基准,开展实验如下。

首先,比较不同采样次数下 IG 算法的计算耗时。对每个算例,均采用不同的采样次数 s 进行评价,则共生成 $6\times2\,600=15\,600$ 个算例。为获得较为可信的结果,对每个算例运行 20 次,评估平均计算耗时。实验结果展示于表 3-5 中,可见随着采样次数的增加,算法的平均耗时也大幅增加。

表 3-5　不同采样次数下的平均计算耗时　　　　　　　　单位:ms

n	100 000	10 000	1 000	100	10	1
2	74.031	7.457	0.752	0.077	0.007 5	0.000 86
3	103.763	10.417	1.047	0.105	0.012 4	0.001 6
4	129.077	12.832	1.289	0.138	0.014 4	0.002 2
5	153.442	15.443	1.554	0.158	0.017 8	0.002 2
6	174.449	17.222	1.727	0.18	0.02	0.002 4
7	171.149	17.219	1.722	0.179	0.018 4	0.003 4

续表

n	100 000	10 000	1 000	100	10	1
8	155.529	15.655	1.595	0.163	0.016 4	0.001 6
平均	127.070	12.728	1.281	0.132	0.014	0.002

其次,比较不同采样次数下 IG 算法得到 E_{TC} 的波动情况。选取实例 1 并对不同采样次数分别运行 1 000 次,绘制目标函数值的箱线图,如图 3-8 所示,可见随着采样次数的下降,目标函数评价值的波动迅速上升,期望值的偏差也快速增大。

根据表 3-5 和图 3-8 的实验结果,为平衡评价精度和计算耗时,设定对比算法的采样次数为 10 000 次。

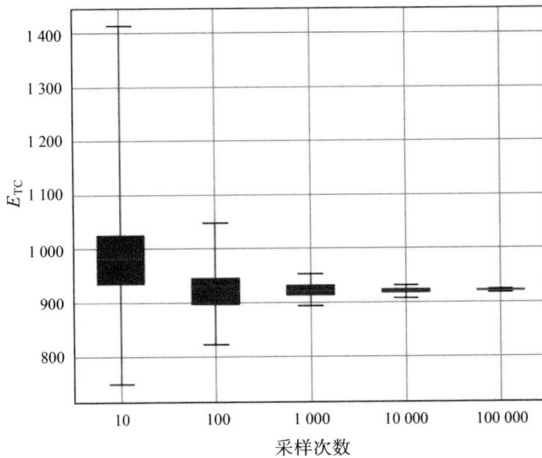

图 3-8 实例 1 中不同采样次数下的 E_{TC} 箱线图

表 3-6 和表 3-7 分别展示了深度学习模型与构造式算法及迭代式算法在求解质量和效率上的对比结果,其中 SN 代表 SN_CNN_SF_TS2,最优方法的结果标粗。

表 3-6 深度学习模型和构造式算法的对比结果

n	Average RPD					Average elapsed time/ms				
	RG	EEF	MUF	NF	SN	RG	EEF	MUF	NF	SN
2	17.66	14.68	15.71	3.58	**0.08**	8.19	8.17	8.50	8.16	**8.06**
3	48.25	36.74	38.86	10.04	**0.19**	11.48	10.97	12.61	11.21	**11.02**
4	88.79	40.53	44.51	23.26	**1.73**	14.27	14.15	14.37	13.64	**13.43**
5	123.78	54.56	59.56	30.44	**1.57**	17.46	17.17	21.76	17.18	**16.04**

续表

n	Average RPD					Average elapsed time/ms				
	RG	EEF	MUF	NF	SN	RG	EEF	MUF	NF	SN
6	161.39	48.47	50.46	46.09	**1.40**	19.41	18.82	29.99	18.08	**17.82**
7	215.08	56.74	59.73	71.36	**1.28**	19.02	18.49	18.35	18.31	**17.82**
8	216.17	38.82	41.50	70.48	**2.08**	20.62	19.47	18.89	19.17	**16.26**
平均	99.14	39.26	42.18	27.40	**1.05**	14.43	14.07	16.18	13.93	**13.33**

表 3-7　深度学习模型和迭代式算法的对比结果

n	Average RPD				Average elapsed time/ms			
	aNEH	IG_RG	IG_NF	SN	aNEH	IG_RG	IG_NF	SN
2	0.10	0.10	0.10	**0.08**	55.03	62.13	55.03	**8.06**
3	0.42	6.35	1.46	**0.19**	161.12	162.95	161.12	**11.02**
4	**0.94**	16.94	5.01	1.73	445.49	424.43	445.49	**13.43**
5	**1.14**	25.93	7.34	1.57	851.02	924.69	851.02	**16.04**
6	1.95	44.58	14.28	**1.40**	1 218.38	1 472.89	1 218.38	**17.82**
7	1.37	50.22	18.62	**1.28**	1 289.88	1 301.94	1 289.88	**17.82**
8	**1.91**	63.47	18.57	2.08	1 148.83	1 138.54	1 148.83	**16.26**
平均	**0.90**	21.66	6.64	1.05	572.21	603.76	572.21	**13.33**

由表 3-6 可见,深度学习模型的求解质量和计算耗时均优于构造式算法。总体上看,所有算法的计算耗时相近,这是因为上述方法的大部分时间用于采样评估目标函数值,而构造或预测路径序列的时间通常低于 1 ms。虽然消耗时间相近,但模型构造的路径质量远优于构造式算法,表明所设计模型具有优越性。

由表 3-7 可见,SN 的平均 RPD 在所有算例上都优于 IG_RG 和 IG_NF,在某些算例上优于 aNEH。对于 $n=2$ 或 $n=3$ 的算例,迭代式算法或深度学习模型很容易找到最优解,因此平均 RPD 均接近于 0。随着路径节点数增加,问题求解难度逐渐提升,各方法的平均 RPD 递增。当 $n=4$ 或 $n=5$ 时,aNEH 的表现优于模型;当 $n=6$ 或 $n=7$ 时,aNEH 表现劣于模型;当 $n=8$ 时,模型的表现比 aNEH 略差。训练集中 $n>5$ 的数据量相对较少,模型对于较大规模的算例学习不充分,因此结果波动大,但总体而言,SN 与 aNEH 的表现较为接近。此外,模型的计算耗时远低于其他迭代式算法,几乎是后者的 1/50。因此,SN 比迭代式算法更适合高效求解 SRPP。

参考文献

[1] SWIHART M R，PAPASTAVROU J D. A stochastic and dynamic model for the single-vehicle pick-up and delivery problem[J]. European journal of operational research，1999，114(3)：447-464.

[2] HYYTIÄ E，AALTO S，PENTTINEN A，et al. A stochastic model for a vehicle in a dial-a-ride system[J]. Operations research letters，2010，38(5)：432-435.

[3] GENDREAU M，LAPORTE G，SEMET F. A dynamic model and parallel tabu search heuristic for real-time ambulance relocation [J]. Parallel computing，2001，27(12)：1641-1653.

[4] HEILPORN G，CORDEAU J F，LAPORTE G. An integer L-shaped algorithm for the dial-a-ride problem with stochastic customer delays[J]. Discrete applied mathematics，2011，159(9)：883-895.

[5] GURALNIK R. Incremental rerouting algorithm for single-vehicle VRPPD[C] //Bulgaria R. CompSysTech'17：18th International Conference on Computer Systems and Technologies. New York：Association for Computing Machinery，2017：44-51.

[6] NAWAZ M，ENSCORE JR E E，HAM I. A heuristic algorithm for the m-machine，n-job flow-shop sequencing problem[J]. Omega，1983，11(1)：91-95.

[7] GUO H，TANG R，YE Y，et al. DeepFM：A Factorization-machine based neural network for CTR prediction[C]. The 26th International Joint Conference on Artificial Intelligence，Melbourne，2017：1725-1731.

[8] KOOL W，VAN HOOF H，WELLING M . Attention，learn to solve routing problems！[C]. 7th International conference on learning representations (ICLR)，New Orleans，2019.

[9] WOLPERT D H，MACREADY W G. No free lunch theorems for optimization[J]. IEEE transactions on evolutionary computation，1997，1(1)：67-82.

第 4 章

基于图神经网络与后悔值的订单指派

4.1 引言

第 2 章和第 3 章研究了即时配送路径规划问题,本章开始研究即时配送订单指派问题。根据 1.3.3 节订单指派模型的目标函数定义,新单与骑手匹配的合理性由配送成本衡量,而配送成本的计算依赖于求解路径规划问题得到的骑手路径。由于路径规划问题为 NP 难问题,在骑手众多的场景下,即使采用启发式方法求解,为所有骑手规划路径往往也会消耗较多计算时间。一方面,评价每对骑手新单组合的匹配合理性意味着获取丰富决策信息,能够更好地辅助派单决策;另一方面,这也意味着高额的计算量且包含许多无效计算,可能无法满足即时配送的高时效性要求。因此,求解即时配送订单指派问题的关键之一在于如何平衡决策质量和计算耗时。

鉴于上述问题求解特点,本章提出一种基于图神经网络(graph neural network,GNN)的优化算法(graph neural network-based optimization algorithm,GOA),通过以下两个阶段实现决策质量和计算耗时有效平衡:第一个阶段,借助GNN 削减匹配空间。通过为每个新单从所有骑手中筛选出合适的候选骑手,避免评价不适合匹配的订单骑手组合,进而将更多的计算时间用于评价有潜力的订单骑手组合,从而减少整体计算量。第二个阶段,基于削减后的匹配空间进行派单决策。通过引入后悔值机制来尽可能避免不合理匹配,从而保证解的质量。

4.2 基于图神经网络的两阶段优化方法

本节首先介绍问题信息的处理方法,包括特征的嵌入表示及注意力机制;其次介绍基于 GNN 的骑手筛选方法;最后介绍实现订单与骑手合理匹配的指派方法。

4.2.1 问题特征的嵌入表示

为刻画与订单指派问题相关的有效信息,选取三类原始特征,包括骑手特征、新单特征和全局特征,如图 4-1 所示。其中,骑手特征包含骑手当前位置、速度等特征及待配送旧单的特征,新单特征包含取送点的地理位置特征及与出餐、交付相关的时间特征,全局特征主要包含订单指派问题的全局信息。为更好地挖掘原始特征的隐含信息,并提取不同特征之间的联系,对三类特征分别设计针对性的嵌入表示方法。

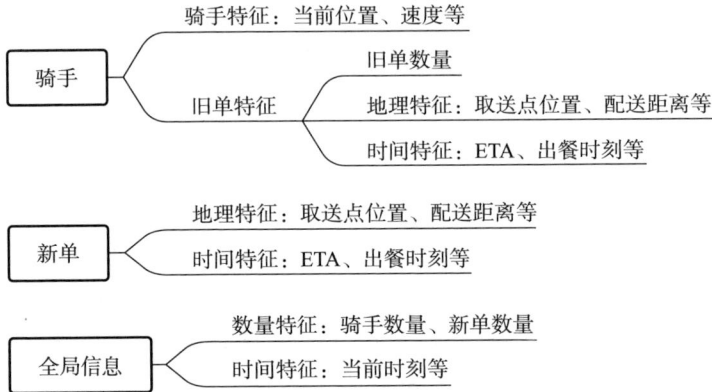

图 4-1 骑手、新单及全局特征

1. 骑手嵌入表示

对于骑手而言,除位置、速度等与其直接相关的信息外,还存在一些间接相关的信息,即骑手待配送旧单的信息。旧单信息对于判断骑手和新单的匹配合理性至关重要。譬如,旧单与新单取送点的地理位置接近,意味着骑手能够顺路配送新单。因此,旧单信息也应当被重点纳入骑手嵌入表示中。由于不同骑手携带的旧单数量不同,其特征数量也不尽相同。为更好地应对骑手原始特征的上述特点,将骑手与其旧单建模为图,进而利用 GNN 提取骑手的嵌入表示。

骑手及其旧单可构成一无向图 $G = \{V, E, A\}$。其中,V 为点集,由骑手当前位置节点、已取餐旧单的送点及未取餐旧单的取送点构成;E 为边集,若任意两点的距离小于一定阈值,则两点连通;A 为带权邻接矩阵,定义如下:

$$A_{i,j} = \begin{cases} e^{\left(-\frac{d_{i,j}^2}{\sigma^2}\right)}, & d_{i,j} < \delta \\ 0, & d_{i,j} \geqslant \delta \end{cases} \tag{4-1}$$

其中,$d_{i,j}$ 为点 i 和点 j 之间的距离;$A_{i,j}$ 为 A 中第 i 行、第 j 列的元素;σ^2 为所有点之间距离的方差,作为 $d_{i,j}^2$ 的缩放因子;δ 为控制邻接矩阵稀疏性的参数;负指数函数用于归一化并对距离越近的两点赋予越大的权重。图 4-2 所示为具有一个取点和两个送点的骑手构成的图及邻接矩阵,其中,每个格点大小为 1×1,δ 和 σ^2 分别设为 4 和 5。

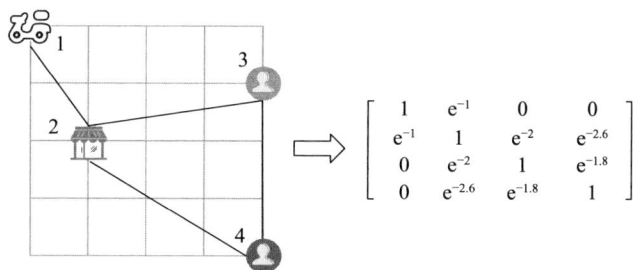

图 4-2　骑手图与邻接矩阵

基于上述骑手图，采用图卷积神经网络[1]及可微分池化（differentiable pooling，DiffPool）[2]对骑手图的特征矩阵进行信息提取并压缩，得到骑手的嵌入表示，具体如下。

给定第 l 层的邻接矩阵 $\boldsymbol{A}^{(l)} \in \mathbf{R}^{n_l \times n_l}$ 和特征矩阵 $\boldsymbol{X}^{(l)} \in \mathbf{R}^{n_l \times d_l}$，分别计算第 l 层的嵌入矩阵 $\boldsymbol{Z}^{(l)}$ 和分配矩阵 $\boldsymbol{S}^{(l)}$。

$$\boldsymbol{Z}^{(l)} = \widetilde{\boldsymbol{D}}^{(l)-\frac{1}{2}} \boldsymbol{A}^{(l)} \widetilde{\boldsymbol{D}}^{(l)-\frac{1}{2}} \boldsymbol{X}^{(l)} \boldsymbol{W}_{\text{embed}}^{(l)} \tag{4-2}$$

$$\boldsymbol{S}^{(l)} = \text{softmax}(\widetilde{\boldsymbol{D}}^{(l)-\frac{1}{2}} \boldsymbol{A}^{(l)} \widetilde{\boldsymbol{D}}^{(l)-\frac{1}{2}} \boldsymbol{X}^{(l)} \boldsymbol{W}_{\text{pool}}^{(l)}) \tag{4-3}$$

其中，$\widetilde{\boldsymbol{D}}^{(l)}$ 为 $\boldsymbol{A}^{(l)}$ 的对角矩阵；$\boldsymbol{W}_{\text{embed}}^{(l)} \in \mathbf{R}^{d_l \times d_{l+1}}$ 和 $\boldsymbol{W}_{\text{pool}}^{(l)} \in \mathbf{R}^{d_l \times n_{l+1}}$ 为可训练的参数矩阵，n_l 为第 l 层对应的节点数，d_l 为第 l 层的特征维度。第 $l+1$ 层的邻接矩阵 $\boldsymbol{A}^{(l+1)}$ 和特征矩阵 $\boldsymbol{X}^{(l+1)}$ 分别为

$$\boldsymbol{A}^{(l+1)} = \boldsymbol{S}^{(l)\text{T}} \boldsymbol{A}^{(l)} \boldsymbol{S}^{(l)} \in \mathbf{R}^{n_{l+1} \times n_{l+1}} \tag{4-4}$$

$$\boldsymbol{X}^{(l+1)} = \boldsymbol{S}^{(l)\text{T}} \boldsymbol{Z}^{(l)} \in \mathbf{R}^{n_{l+1} \times d_{l+1}} \tag{4-5}$$

将倒数第二层的参数矩阵 $\boldsymbol{W}_{\text{pool}}^{(l)}$ 的大小设为一维，即 $\boldsymbol{W}_{\text{pool}}^{(l)} \in \mathbf{R}^{d_l \times 1}$，按式（4-5）可计算得到压缩后的骑手嵌入表示 $\boldsymbol{h}_q = \boldsymbol{X}^{(l+1)} \in \mathbf{R}^{1 \times d_{l+1}}$。

2. 新单和全局信息的嵌入表示

如图 4-2 所示，一个新单仅包含一个取点和一个送点，其特征数量固定，而全局特征也仅包含固定数量的特征。因此，直接采用可训练的权重矩阵 $\boldsymbol{W}_o$ 和 $\boldsymbol{W}_g$，以及偏置向量 $\boldsymbol{b}_o$ 和 $\boldsymbol{b}_g$，分别对新单原始特征向量 $\boldsymbol{x}_o$ 和全局信息原始特征向量 $\boldsymbol{x}_g$ 进行处理，提取新单的嵌入表示 $\boldsymbol{h}_o$ 和全局信息的嵌入表示 $\boldsymbol{h}_g$：

$$\boldsymbol{h}_o = \boldsymbol{W}_o \boldsymbol{x}_o + \boldsymbol{b}_o \tag{4-6}$$

$$\boldsymbol{h}_g = \boldsymbol{W}_g \boldsymbol{x}_g + \boldsymbol{b}_g \tag{4-7}$$

4.2.2　注意力机制

骑手、新单和全局信息的嵌入表示仅仅表征各自独立的信息，为提取三者之间

的关系,本节设计两种注意力机制,分别用于学习新单与骑手之间的关系及不同嵌入表示之间的重要性。

1. 基于图注意力机制的新单骑手关系嵌入表示

为表述方便,统称骑手定位点及其待配送旧单的取送点为骑手点;统称新单的取送点为新单点;令一个骑手的特征矩阵为 $\boldsymbol{X}^r = [\boldsymbol{x}_1^r \boldsymbol{x}_2^r \cdots \boldsymbol{x}_{N_r}^r]^\mathrm{T}$,其中,$\boldsymbol{x}_k^r \in \boldsymbol{X}^r$ 为第 k 个骑手点的特征向量,N_r 为该骑手的骑手点数量;令一个新单的特征集合为 $\boldsymbol{X}^o = \{\boldsymbol{x}_p^o, \boldsymbol{x}_d^o\}$,其中,$\boldsymbol{x}_p^o$ 和 $\boldsymbol{x}_d^o$ 分别为取点和送点的特征向量;令 $\boldsymbol{X} = \boldsymbol{X}^r \bigcup \boldsymbol{X}^o = \{\boldsymbol{x}_1, \boldsymbol{x}_2, \cdots, \boldsymbol{x}_N\}$,可知 $N = N_r + 2$。基于图注意力机制[3],按如下方式计算新单骑手关系的嵌入表示 $\boldsymbol{h}_c$。

首先,计算任意两点之间的注意力系数 $e_{i,j}$,即

$$e_{i,j} = \mathrm{LeakyReLU}(\boldsymbol{a}^\mathrm{T}[\boldsymbol{W}\boldsymbol{x}_i \parallel \boldsymbol{W}\boldsymbol{x}_j]), \quad \forall \boldsymbol{x}_i, \boldsymbol{x}_j \in \boldsymbol{X} \tag{4-8}$$

其中,$\boldsymbol{W}$ 为 $\boldsymbol{x}_i$ 和 $\boldsymbol{x}_j$ 共享的可训练线性变换系数矩阵;$\boldsymbol{a}^\mathrm{T}$ 为单层前馈神经网络的权重向量,采用 LeakyReLU 作为非线性激活函数。进而,计算最终的注意力系数 $\alpha_{i,j}$,则有

$$\alpha_{i,j} = \mathrm{softmax}_j(e_{i,j} + A_{i,j}) = \frac{\exp(e_{i,j} + A_{i,j})}{\sum\limits_{k \in N_r} \exp(e_{i,k} + A_{i,k})} \tag{4-9}$$

其中,$e_{i,j}$ 为模型学习得到的注意力系数,表征两点之间的隐性重要程度;$A_{i,j}$ 为邻接矩阵元素,由式(4-1)计算得到,$A_{i,j}$ 越大表示两点之间距离越近,从而具有更多的相似性需要模型学习,因此,$A_{i,j}$ 表征两点之间的显性重要程度。二者融合能够更好地刻画两点之间的重要性。

进而,采用归一化后的注意力系数对线性变换后的原始特征 $\boldsymbol{W}\boldsymbol{x}_j$ 进行线性组合,并采用激活函数 ReLU 进行非线性处理,获取卷积后的点 i 的特征,即

$$\boldsymbol{x}_i' = \mathrm{ReLU}\left(\sum_{x_j \in \boldsymbol{X}^r \cup \boldsymbol{X}^o} \alpha_{i,j} \boldsymbol{W}\boldsymbol{x}_j\right) \tag{4-10}$$

为使模型的学习过程更加稳定,实际上采用如下的多头注意力机制计算点 i 的特征。

$$\boldsymbol{x}_i' = \parallel_{k=1}^K \mathrm{ReLU}\left(\sum_{x_j \in \boldsymbol{X}^r \cup \boldsymbol{X}^o} \alpha_{i,j}^k \boldsymbol{W}^k \boldsymbol{x}_j\right) \tag{4-11}$$

其中,$\parallel$ 为连接两个向量的拼接符;$\alpha_{i,j}^k$ 和 $\boldsymbol{W}^k$ 分别为第 k 个注意力机制对应的归一化注意力系数和可训练的线性系数矩阵。

为更好地提取不同点之间的特征信息,采用多层图注意力层。对于隐层,按式(4-11)将多头注意力的每个输出拼接作为该层的输出;对于输出层,按式(4-12)将多头注意力的每个输出取均值作为最终的输出 $\boldsymbol{h}_i$,用于表征点 i 和其他点之间的关系。

$$h_i = \frac{1}{K} \sum_{k=1}^{K} \text{ReLU}\left(\sum_{x_j \in x^r \cup x^o} \alpha_{i,j}^k W^k x_j' \right) \tag{4-12}$$

由于骑手点的信息已通过骑手嵌入表示获取,并且此处聚焦于提取新单和骑手之间的关系,因此,仅将式(4-12)计算所得的第 $N-1$ 和第 N 个点的输出(即新单取送点对应的输出) $h_p = h_{N-1}$ 和 $h_d = h_N$,拼接起来作为最终的新单骑手关系嵌入表示 h_c,即 $h_c = h_p \parallel h_d$。

2. 基于骑手负荷提取不同嵌入表示的重要性

待配送的旧单越多,骑手的负荷越大。因此,骑手负荷大小可由骑手待配送旧单的数量刻画,进一步,可等价于 4.2.1 节中骑手图所包含的顶点数量。骑手负荷在一定程度上决定着骑手和新单的匹配程度。①对负荷小的骑手,指派新单给该骑手造成的超时风险较小,此时,决策者需要在所有新单中找到与该骑手最顺路的新单。因此,从模型学习的角度,更多的注意力应该投入在新单嵌入表示中,以便筛选出最合适的新单。②对负荷大的骑手,指派任意新单都可能使得该骑手无法准时完成配送,此时,决策者首先需要辨认出这类骑手,其次需要确认该类骑手是否能够再被指派新单及能够再被指派什么类型的新单,这些信息在很大程度上与骑手本身及待配送旧单的特点息息相关。因此,从模型学习的角度,更多的注意力应该投入到骑手嵌入表示中。基于上述分析,为将模型学习的注意力与骑手负荷相联系,从而更好地判断骑手和新单的匹配程度,设计如下注意力机制。

首先,将骑手图的顶点数量编码为 one-hot 向量 x_z,采用如下可训练的线性系数矩阵 W_z 处理 x_z,得到骑手图顶点数量的嵌入表示 h_z,即

$$h_z = W_z x_z \tag{4-13}$$

计算骑手图顶点数量的嵌入表示 h_z 与所关心的嵌入表示 h_v 的注意力系数 β_v,则有

$$\beta_v = \text{Attention}(h_z \parallel W_v h_v) \tag{4-14}$$

其中,W_v 为可训练的线性系数矩阵;$h_v \in \{h_q, h_o, h_g, h_c\}$ 可为骑手嵌入表示、新单嵌入表示、全局信息嵌入表示及骑手新单关系嵌入表示中的任意一个。Attention() 为提取注意力系数的运算符,可根据实际需求灵活设计,本节采用可训练的一维系数向量。

对注意力系数进行归一化,最终得到表征不同嵌入表示重要性的权重 γ_v,即

$$\gamma_v = \text{softmax}(\beta_v) = \frac{\exp(\beta_v)}{\sum\limits_{\beta_v \in \{\beta_q, \beta_o, \beta_c, \beta_g\}} \exp(\beta_v)} \tag{4-15}$$

4.2.3　基于图神经网络的高效筛选

在真实配送场景中,一片配送区域往往有上百个新单和几百个可匹配的骑手。

为削减匹配的解空间,需为每个新单滤除明显不适合匹配的骑手,被滤除的骑手不会作为该新单指派归属的候选骑手。一般而言,常用的方式为滤除与新单的取餐距离或送餐距离远的骑手。这种筛选规则在骑手分布稀疏的场景下能够取得较好效果,但是骑手分布密集的场景下,各个骑手与新单的取餐或送餐距离较为接近,很难区分各个骑手对新单真实的匹配程度。此外,其他直接计算新单骑手距离关系的规则依赖于领域知识进行设计,也存在难以自适应应对所有场景的缺陷。为更好地刻画新单与骑手之间的距离关系,定义如下距离分 $y_{i,j}$。

$$y_{i,j} = \left| f_j^{\text{dist}}(o_i) - \overline{f}_j^{\text{dist}} \right| \tag{4-16}$$

其中,$\overline{f}_j^{\text{dist}}(o_i)$ 为将新单 o_i 指派给骑手 q_j 所对应新路径的路程成本;$\overline{f}_j^{\text{dist}}$ 为骑手 q_j 旧路径的路程成本,可由式(1-45)和式(1-46)计算获得。距离分有双重作用:一是路程成本的计算依赖于路径规划,而路径规划生成的取送路径能够更好地还原新单派给骑手后的真实影响,因此相比依赖于领域知识设计的距离指标更具有适配不同场景的泛化性;二是路程成本与配送成本相关,能够更好地指导优化方向从而取得更好的指派效果。但是,路径规划相比依赖于领域知识设计的距离指标在计算上更加耗时,需占用大量线上计算资源,因此,为保证指派效果并降低计算成本,采用上述神经网络模型预测距离分并用于筛选骑手。

根据 4.2.1 节和 4.2.2 节的内容,骑手 q_j 和新单 o_i 的组合对应的嵌入表示和重要性权重分别为 $\boldsymbol{h}_{q_j}$、$\boldsymbol{h}_{o_i}$、$\boldsymbol{h}_{c_{i,j}}$、$\boldsymbol{h}_g$、γ_{q_j}、γ_{o_i}、$\gamma_{c_{i,j}}$ 和 $\gamma_{g_{i,j}}$,由于全局信息的嵌入表示 $\boldsymbol{h}_g$ 独立于单个骑手或新单,适用于任意骑手和新单的组合。基于上述嵌入表示和重要性权重,模型预测的距离分计算为

$$\hat{y}_{i,j} = \text{Predict}(\gamma_{q_j} \boldsymbol{h}_{q_j} \parallel \gamma_{o_i} \boldsymbol{h}_{o_i} \parallel \gamma_{c_{i,j}} \boldsymbol{h}_{c_{i,j}} \parallel \gamma_{g_{i,j}} \boldsymbol{h}_g) \tag{4-17}$$

其中,Predict()为预测层,可根据实际需求灵活设计,本节设为一个多层前馈神经网络。进而,距离分的预测问题转化为了回归问题,可采用有监督学习来拟合 $\hat{y}$ 和 y,损失函数设为平均平方误差,即

$$\text{Loss} = \frac{1}{N_{\text{train}}} \sum_{l=1}^{N_{\text{train}}} (\hat{y}_l - y_l)^2 \tag{4-18}$$

其中,$\hat{y}_l$ 为第 l 个样本下模型预测的距离分;y_l 为真实的距离分;N_{train} 为训练样本的数量。对每个新单,筛选出前 ρ 个预测距离分最小的骑手作为其候选骑手,ρ 为过滤阈值,用于控制筛选范围,具体步骤如算法 4.1 所示。

算法 4.1 基于 GNN 的高效筛选

输入:新单集合 O,骑手集合 Q 和过滤阈值 ρ($\rho < m$)

1: **For** o_i in O:

2:     **For** q_j in Q:

3：　　　　通过式(4-17)预测距离分 $\hat{y}_{i,j}$

4：　　**End for**

5：　　将骑手按照其预测距离分升序排序：

$$q_1,q_2,\cdots,q_m \Rightarrow q_{[1]},q_{[2]},\cdots,q_{[m]}$$

6：　　截取前 ρ 个骑手：$Q_i^c \leftarrow \{q_{[1]},q_{[2]},\cdots,q_{[\rho]}\}$

7：　　**End for**

输出：每个新单 o_i 的候选骑手集合 Q_i^c

4.2.4　基于后悔值的贪婪指派

相比考虑每个新单与所有骑手的两两组合,仅考虑过滤后的候选骑手能够大大削减匹配空间及减少计算量,但一定程度上牺牲决策精度。为保证求解质量,本节提出一种基于后悔值的贪婪指派算法(regret value-based greedy dispatching heuristic,RGDH),不采用预测的距离分做派单决策,而是基于配送成本及后悔值进行指派,具体步骤如算法 4.2 所示。

算法 4.2　基于后悔值的贪婪指派算法

输入：未指派的新单集合 $U=O$ 和每个新单 o_i 的候选骑手集合 Q_i^c.

1：　**For** o_i **in** O：

2：　　**For** q_j **in** Q_i^c：

3：　　　　通过式(1-47)计算配送成本 $C_{i,j} \leftarrow C(\{o_i\})$

4：　　**End for**

5：　**End for**

6：　**While** $U \neq \varnothing$ **do**

7：　　初始化 $R^* \leftarrow \varnothing$ 和 $O_j^c \leftarrow \varnothing (j=1,2,\cdots,m)$

8：　　**For** o_i **in** U：

9：　　　　令 $q_{j^*} \leftarrow \underset{q_j \in Q_i^c}{\arg\min} C_{i,j}$

10：　　　　令 $O_{j^*}^c \leftarrow O_{j^*}^c \bigcup \{o_i\}$

11：　　　　令 $R^* \leftarrow R^* \bigcup \{q_{j^*}\}$

12：　　**End for**

13：　　**For** q_j **in** R^*：

14：　　　　令 $o_{i^*} \leftarrow \underset{o_i \in O_j^c}{\arg\max} rv_i$

15：　　　　令 $O_j^n \leftarrow O_j^n \bigcup \{o_{i^*}\}$

16：　　令 $U \leftarrow U \backslash \{o_{i^*}\}$

17：　　**End for**

18：　　**For** q_j **in** R^*：

19：　　　**For** o_i **in** U：

20：　　　　通过式(1-47)更新 $C_{i,j} \leftarrow C(O_j^n \bigcup \{o_i\})$

21：　　　**End for**

22：　　**End for**

23：　**End while**

输出：一个指派解 $S = \{O_1^n, O_2^n, \cdots, O_m^n\}$

首先,计算每个新单与每个候选骑手之间的配送成本。其次,对每个未指派的新单,找到其候选骑手中配送成本最低的骑手作为最佳骑手。若出现多个新单对应同一个最佳骑手的情况,将后悔值最大的新单指派给该最佳骑手,其他新单此轮轮空。后悔值的定义如下:

$$rv_i = C_{i,[2]} - C_{i,[1]} \tag{4-19}$$

其中,$C_{i,[1]}$ 和 $C_{i,[2]}$ 分别为新单 o_i 的候选骑手中配送成本最低和第二低的骑手对应的配送成本。将新单派给配送成本最低的骑手是一种贪婪但高效的指派策略,能够尽可能降低整体配送成本。后悔值则包含一种对未来信息[4]的刻画,表征最佳骑手和次佳骑手之间的差异,若后悔值越大,则二者差异越大;若新单在当前未被指派给最佳骑手,则大概率会在后续轮次中被指派给次佳骑手,此时决策者对于"未提前将新单指派给最佳骑手"这一决策会越后悔。因此,将新单指派给后悔值大的最佳骑手,相当于避免将新单指派给配送成本更高的次佳骑手,从而在一定程度上规避不合理匹配。

当多个新单对应同一个最佳骑手时,有订单被轮空,因此需要重复上述步骤直到所有新单都被指派完毕。值得说明的是,在新的轮次中,被指派新单的骑手的状态发生改变,因此其对应的配送成本也需要按照式(1-47)更新,保证评价的准确性。

4.3　离线数值实验

本节采用美团的真实配送数据开展实验测试,从多角度验证所设计算法的效果,包括模型预测的准确性、算法优化的有效性及算法运行的高效性,并与现有模型及方法进行对比。

4.3.1　实验设置

1. 数据集说明

数据集来源于北京望京区域。午高峰是一天中单量最密集、开工骑手最多、最具挑战性的调度时段,为充分验证本章算法对大规模复杂度的应对效果,采用 10:45～13:00 时段对应的午高峰数据。美团在望京区域每隔 30 s 进行一次调度,因此决策时间窗的长度为 30 s。计算目标函数所用的系数 θ、Θ、κ、σ、α 和 β 根据工程经验分别取值为 0.06、20、8、136、1 和 1。为自适应控制骑手图的稀疏度,采用所有点之间距离的统计量来设置参数 δ:为使骑手图尽可能包含更多点与点之间的距离信息且不过于稀疏,δ 设为 $(\bar{d}+d_{max})/2$,其中,$\bar{d}$ 和 d_{max} 分别为所有点之间距离的均值和最大值。

2. 参数设置

模型参数设置为:DiffPool 的层数为 2;所有嵌入表示的长度为 32;多头注意力机制的 K 设为 3;图注意力层及预测环节 Prediction() 的隐层均设为 3。优化算法参数仅包含过滤阈值 ρ,ρ 越大,表示能够考虑的候选骑手越多,从而做出更具全局性的决策,但同时消耗的计算时间越多,为平衡二者,根据工程经验可将 ρ 设置为 30。除模型采用 Tensorflow 在 Python 环境下训练外,其余算法部分均采用 Java 编写。

3. 实验设计

设计如下两类实验,分别验证模型预测的准确性和算法优化的有效性。

1) 验证模型预测准确性

本章提出的模型主要包含三类特殊设计:构建骑手图、学习新单和骑手之间的关系、学习不同嵌入表示之间的重要性。为测试这三类设计的有效性,采用如下变种模型开展消融实验。

(1) NG(no rider graph):未构造骑手图且未采用 GNN,仅通过一个可训练的线性系数矩阵处理骑手原始特征来获取骑手嵌入表示。

(2) NC(no correlations):不考虑新单骑手关系的嵌入表示,仅采用骑手嵌入表示、新单嵌入表示及全局信息嵌入表示进行预测。

(3) NA(no graph size-driven attention):不考虑各个嵌入表示之间的重要性权重,直接拼接所有嵌入表示并进行预测。

每个变种模型除上述区别以外,其余网络结构和参数均与本章设计模型一致。经调研,现有文献中还没有专门针对或类似于求解本章所研究问题的机器学习模型,因此采用以下两个通用模型作为基准模型,其中所有原始特征都展平为一个向量作为输入。

(4)经典模型:多层感知机(multi-layer perception,MLP)。

(5)业界常用模型:XGBoost[5]。

采用如下指标评价模型预测效果。

(1)平均绝对百分误差(mean absolute percentage error,MAPE):其计算公式为

$$\text{MAPE} = \frac{1}{N} \sum_{l=1}^{N} \left| \frac{\hat{y}_l - y_l}{y_l} \right| \tag{4-20}$$

(2)召回率(recall):其计算公式为

$$\text{recall} @K\% = \frac{|\hat{Q}_K \cap Q_K|}{|Q_K|} \tag{4-21}$$

(3)归一化折损累积增益(normalized discounted cumulative gain,NDCG):其计算公式为

$$\text{NDCG} @K\% = \frac{\text{DCG} @K\%}{\text{IDCG} @K\%} \tag{4-22}$$

$$\text{DCG} @K\% = \sum_{j=1}^{m} \frac{2^{\text{rel}_j} - 1}{\log_2(j+1)} \tag{4-23}$$

$$\text{IDCG} @K\% = \sum_{j=1}^{m} \frac{1}{\log_2(j+1)} \tag{4-24}$$

其中,N 为测试集所包含的样例数量,一个样例对应一个新单、一个骑手及其真实距离分。MAPE 的计算基于每个样例;recall 和 NDCG 基于多个样例,即考虑时间窗内的每个新单 o_i 和所有骑手 Q,由于不同时间窗对应的骑手数量不一样,考虑前 $K\%$ 的骑手而非前 K 个骑手,用符号"@$K\%$"予以表示。

对 recall 和 NDCG 的计算进一步说明如下:$\hat{Q}_K \subseteq Q$ 为预测距离分最小的前 $K\%$ 的骑手构成的集合,$Q_K \subseteq Q$ 为真实距离分最小的前 $K\%$ 的骑手构成的集合。recall 衡量模型对排名靠前的真实骑手预测正确的概率,但忽略对预测正确骑手排位的考量。为衡量模型正确预测骑手排位的能力,对正确预测更高排位的结果赋予更大的权重,故采用 NDCG 作为评价指标。首先,按预测距离分从小到大对骑手从低到高排序,记排序后的骑手序列为 $(\hat{q}_{[1]}, \hat{q}_{[2]}, \cdots, \hat{q}_{[m]})$;其次,对序列中的每个骑手 $\hat{q}_{[j]}$,若满足 $\hat{q}_{[j]} \in Q_K$,则 rel_j 等于 1,否则为零;最后,可计算折损累积增益(discounted cumulative gain,DCG)及理想折损累积增益(ideal discounted cumulative gain,IDCG),二者相除即可得到 NDCG。NDCG 越大,说明模型正确预测高排位骑手的能力越强。

2)验证算法优化有效性

根据 1.1 节研究现状,与即时配送相关的绝大部分文献考虑规模更小、时效性

更低的配送场景,许多工作采用精确方法及进化算法,难以直接应用于本章研究场景下。因此,本章采用不同的骑手过滤方法与 4.2.4 节的指派方法结合,生成变种算法作为对比。三种对比算法的骑手过滤规则如下。

(1) 最短距离过滤(minimum distance filtration,MDF):对每个新单,滤除最短距离过大的骑手。其中,对于新单 o_i 和骑手 q_j,最短距离定义为任意新单点和骑手点之间距离的最小值。

(2) 最小指派成本过滤(dispatching cost filtration,DCF):对每个新单,过滤掉指派成本过大的骑手。其中,对新单 o_i 和骑手 q_j,指派成本定义为 $C_{i,j}=f^{DC}(\{o_i\})$,可根据式(1-47)计算获得,其意义为将新单 o_i 指派给骑手 q_j 的配送成本。

(3) 两阶段混合过滤(two-stage hybrid filtration,THF):对每个新单,首先滤除取餐距离过大的骑手,然后滤除配送成本过大的骑手。

将上述三种骑手过滤规则与本章所提出的 RGDH 相结合,得到三种对比指派算法:MDF+RGDH(MDFH)、DCF+RGDH(DCFH)及 THF+RGDH(THFH)。上述对比算法的过滤阈值 ρ 均设为 30,与本章所提算法一致。

采用如下指标评估算法表现,前三个指标衡量算法效果,最后一个指标衡量算法效率。

(1) 相对百分偏差(relative percentage deviation,RPD):其计算公式为

$$RPD = \frac{ADC_{alg}-ADC_{best}}{ADC_{best}} \times 100 \tag{4-25}$$

(2) 平均新增距离(average increased distance,AID):其计算公式为

$$AID = \frac{1}{n}\sum_{j=1}^{m}(f_j^{dist}-\overline{f}_j^{dist}) \tag{4-26}$$

(3) 超时率(delay rate,DR):其计算公式为

$$DR = \frac{|O^{delay}|}{n} \times 100\% \tag{4-27}$$

(4) 相对运行时间占比(relative percentage of CPU time,RPCT):其计算公式为

$$RPCT = \frac{elapsedtime_{alg}}{elapsedtime_{baseline}} \times 100\% \tag{4-28}$$

由式(4-25)~式(4-28)可知,RPD 衡量算法的优化效果,ADC_{alg} 为某一算法得到的单均配送成本(即目标函数值),ADC_{best} 为所有算法得到的最好解对应的单均配送成本。RPD 越小,说明算法的优化效果越好。AID 和 DR 为观测指标,分别刻画配送效率和用户体验。f_j^{dist} 和 $\overline{f}_j^{dist}$ 分别为骑手 q_j 指派新单前后的路程成本,即新旧路径的总行驶距离。AID 表征配送一个新单需要增加的平均行驶距离。O^{delay} 为当前指派方案下所有超时新单构成的集合,DR 表征超时新单占所有新单的比例。$elapsedtime_{alg}$ 和 $elapsedtime_{baseline}$ 分别为算法 alg 和基准算法求解一个

算例所消耗的计算时间，二者相除得到 RPCT。

4.3.2 模型预测效果评估

MAPE 的实验结果如图 4-3 所示。由图可见，本章所设计 GNN 对应的 MAPE 在所有算法中最小，表明本章所设计的模型相比其他对比模型能够更加准确地预测距离分。

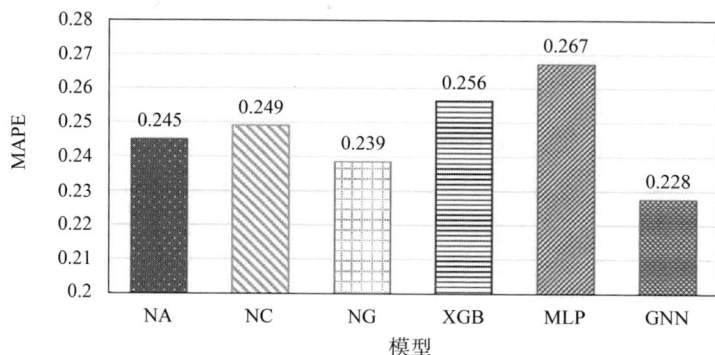

图 4-3 各模型 MAPE 对比结果

recall 的结果按 K 分组，如表 4-1 所示。在表 4-1 中，每个值代表该组对应所有算例的平均 recall，每组中最佳模型的结果标粗。随着 K 增大，正确预测前 K 的骑手的难度越低，因此所有模型的 recall 都趋近于 1，并且不同模型之间在 recall 上的差异越来越小。表 4-1 的结果表明，本章所设计模型在所有组中均表现最佳，能够更准确地筛选出距离分较小的骑手，从而更有助于有效削减匹配空间。

表 4-1 各模型 recall 对比结果

K	机器学习模型					
	NA	NC	NG	XGB	MLP	GNN
<10%	0.518	0.490	0.523	0.506	0.475	**0.532**
10%~19%	0.692	0.664	0.688	0.673	0.652	**0.699**
20%~29%	0.763	0.739	0.753	0.745	0.730	**0.768**
30%~39%	0.803	0.789	0.800	0.795	0.781	**0.813**
40%~49%	0.838	0.824	0.834	0.833	0.819	**0.847**
50%~59%	0.867	0.857	0.864	0.867	0.854	**0.876**
60%~69%	0.894	0.888	0.893	0.897	0.885	**0.903**
70%~79%	0.920	0.917	0.922	0.925	0.914	**0.928**

K	机器学习模型					
	NA	NC	NG	XGB	MLP	GNN
80%～89%	0.946	0.944	0.946	0.948	0.939	**0.950**
90%～99%	0.974	0.973	0.973	0.974	0.971	**0.975**
100%	1.000	1.000	1.000	1.000	1.000	1.000

NDCG 的实验结果如表 4-2 所示,最佳模型的结果标粗。由表 4-2 可见,本章所设计模型在 K 取 10%,20%,30% 的情况下,均能达到所有模型中最优的结果,表明本章所设计模型能够更精准地预测排位靠前的骑手,验证了模型设计的有效性。

表 4-2　各模型 NDCG 对比结果

K	机器学习模型					
	NA	NC	NG	XGB	MLP	GNN
10%	0.552	0.541	0.561	0.553	0.534	**0.564**
20%	0.618	0.608	0.624	0.616	0.602	**0.628**
30%	0.648	0.640	0.650	0.644	0.632	**0.654**

值得注意的是,图 4-3、表 4-1 和表 4-2 中的结果表明,本章所设计的 GNN 模型相比三个变种模型 NG、NC、NA 均能取得更好的预测效果。因此,本章所提出的三种针对性设计,即构建骑手图并采用 GNN 提取骑手嵌入表示、通过图注意力机制学习新单与骑手之间的关系,以及通过注意力机制提取不同嵌入表示的重要性,能够有效挖掘订单指派问题中隐含的关键信息。此外,NC 的表现要优于 NA 和 NG,侧面验证了新单骑手之间关系的重要性,因此,学习二者关系能够更加有效地助力订单指派问题的求解。此外,从表 4-2 和表 4-3 的结果可以发现,本章所设计的模型及三个变种模型均优于两个通用的机器学习模型,表明对于求解复杂优化问题而言,设计问题驱动的模型结构更有益于取得更好的表现,尤其是对于具有 NP 难特性的组合优化问题而言,其问题结构更为复杂,因此更需要针对性的模型设计。

4.3.3　算法优化效果及效率评估

所有算法的 RPD、AID 和 DR 结果分别如表 4-3～表 4-5 所示。每个算例都对应于一个决策时间窗下的订单指派问题。每个决策时间窗对应的骑手数量和新单数量不同,因此将所有算例按照订单数量进行分组,每组算例对应的骑手数量的范围列于表中第二列。举例而言,第一组对应的算例中,骑手数量最少为59,最多为594。表中后四列的每个值为该组算例下的算法均值,标粗值为所有算法中的最好结果。

表 4-3　各算法 RPD 对比结果

n	m	THFH	MDFH	DCFH	GOA
$[0,10)$	$[59,594]$	72.772	26.485	16.812	**8.181**
$[10,20)$	$[33,183]$	20.612	16.477	10.897	**9.712**
$[20,30)$	$[29,180]$	25.590	24.690	7.992	**6.547**
$[30,40)$	$[34,172]$	24.444	19.635	16.236	**4.937**
$[40,50)$	$[47,131]$	15.547	23.704	**4.340**	6.851
$[50,60)$	$[23,139]$	11.176	20.207	7.795	**0.582**
$[60,70)$	$[38,160]$	13.322	21.803	**4.176**	5.964
$[70,80)$	$[71,127]$	7.619	22.708	**0.799**	3.464
$[80,90)$	$[39,109]$	10.011	17.575	2.921	**1.177**
$[90,100)$	$[39,117]$	9.164	15.073	2.861	**1.634**
$>=100$	$[37,94]$	11.880	25.783	5.987	**3.615**
平均		20.194	21.285	7.347	**4.788**

表 4-3 的实验结果显示,在大部分分组下,GOA 的 RPD 值低于其他对比算法。尽管 GOA 在 11 个分组中有 3 个分组的 RPD 值劣于 DCFH,但二者之间的差异较小,并且 GOA 的平均 RPD 值在所有算法中最低,验证了 GOA 求解订单指派问题的有效性。

值得注意的是,DCFH 虽然计算了所有骑手新单组合的指派分数来过滤不合适的骑手,获取了更多的决策信息,理应达到更好的优化效果,但总体表现上却不如 GOA。分析可能的原因如下:指派分数与配送成本正相关,从而与目标函数也呈正相关关系,DCF 筛选指派分数低的骑手的方式,从优化的角度看是一种贪婪行为。此外,RGDH 本身也将订单指派给配送成本最低的骑手,同样具有贪婪的特点。因此,二者的结合使得 DCFH 过于贪婪,从而易陷入局部极小。对于 GOA而言,尽管对于距离分的预测不完全准确,但也在一定程度上引入随机性,从而缓解整体算法的贪婪特性,增强了算法的全局探索。因此,GOA 在平衡优化的全局性和局部性层面要优于 DCFH。

表 4-4 的实验结果显示,MDFH 在平均新增距离指标上优于包括本章算法在内的其他算法,这个现象是合理的。MDF 按照骑手和新单之间的最短距离过滤骑手,因此 MDFH 在优化配送效率方面具有天然优势。表 4-5 的实验结果显示,

GOA 的超时率在大部分分组上优于其他算法，并且平均超时率最低，验证了本章所提 GOA 能够有效改善用户体验。

表 4-4　各算法 AID 对比结果　　　　　　　　　　单位：m

n	m	THFH	MDFH	DCFH	GOA
$[0,10)$	$[59,594]$	1 532.26	**1 160.80**	1 340.11	1 319.68
$[10,20)$	$[33,183]$	1 137.65	**952.11**	1 092.32	1 065.40
$[20,30)$	$[29,180]$	971.67	**818.61**	907.32	856.16
$[30,40)$	$[34,172]$	933.48	**810.38**	891.32	835.38
$[40,50)$	$[47,131]$	839.79	**741.27**	800.07	773.66
$[50,60)$	$[23,139]$	872.69	**807.55**	868.01	828.79
$[60,70)$	$[38,160]$	996.19	**936.41**	960.64	962.75
$[70,80)$	$[71,127]$	956.56	**921.94**	918.90	924.95
$[80,90)$	$[39,109]$	881.21	**810.20**	849.98	843.28
$[90,100)$	$[39,117]$	749.16	**733.68**	723.25	744.24
$>=100$	$[37,94]$	713.60	**666.10**	687.16	671.58
平均		962.21	**850.82**	912.64	893.26

表 4-5　各算法 DR 对比结果

n	m	THFH/%	MDFH/%	DCFH/%	GOA/%
$[0,10)$	$[59,594]$	18.05	**11.52**	11.87	12.66
$[10,20)$	$[33,183]$	12.38	12.34	**10.97**	11.29
$[20,30)$	$[29,180]$	17.00	16.18	15.48	**15.14**
$[30,40)$	$[34,172]$	15.39	15.93	15.03	**14.40**
$[40,50)$	$[47,131]$	14.36	14.61	**13.62**	14.06
$[50,60)$	$[23,139]$	10.35	10.01	9.42	**9.38**
$[60,70)$	$[38,160]$	5.74	5.55	5.69	**5.48**
$[70,80)$	$[71,127]$	3.46	3.09	2.91	**2.67**
$[80,90)$	$[39,109]$	7.82	7.38	6.99	**6.33**
$[90,100)$	$[39,117]$	7.86	**7.28**	8.33	7.57
$>=100$	$[37,94]$	8.28	8.41	8.37	8.31
平均		10.97	10.21	9.88	**9.75**

表 4-4 和表 4-5 的综合结果表明,尽管 MDFH 在提升配送效率上优于其他算法,但代价是牺牲用户体验。在大多数分组下,MDFH 的 DR 均高于 GOA 和 DCFH,表明 MDFH 在多目标优化上是短视的,没有较好地平衡这两个目标。尽管 GOA 在 AID 指标上劣于 MDFH,但总体来看排在所有算法中的第二位。此外,GOA 在 DR 的总体表现上优于其他对比算法,结合 AID 指标的结果,GOA 在总体上能够支配 DCFH 和 THFH。上述分析表明,相对于其他对比算法,GOA 能够更好地平衡配送效率和用户体验。

算法运行效率实验的测试环境为 MacBook Pro @ 2.6 GHz processors / 16 GB RAM。按照不同规模选取 15 个测试算例,其新单数量和骑手数量如图 4-4 横轴所示。图 4-4(a)为不同算法在不同测试算例下的运行时间,其中,DCFH 显著比其他算法耗时,这是由于 DCFH 在骑手筛选环节需大量调用路径规划算法来计算配送成本。

为更清楚地展现其他 3 种方法的计算效率,采用 DCFH 的运行时间作为基准来计算 RPCT,结果如图 4-4(b)所示。由图 4-4(b)可知,GOA 运行时间略高于 THFH 和 MDFH,这是因为 GOA 构建骑手图及模型预测需消耗一小部分时间。计算取餐距离比最短距离简单,并且通过计算指派分数进行筛选后无须在 RGDH 中重复计算相应订单骑手组合下的指派成本,因此 THFH 的总体耗时最短。总体上看,GOA、THFH 和 RGDH 相比 DCFH 能节约 80% 以上的计算时间。

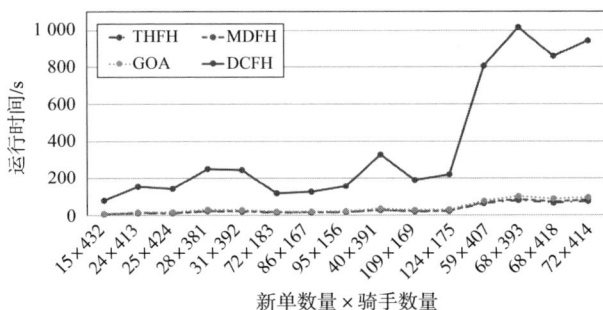

（a）不同算法的运行时间

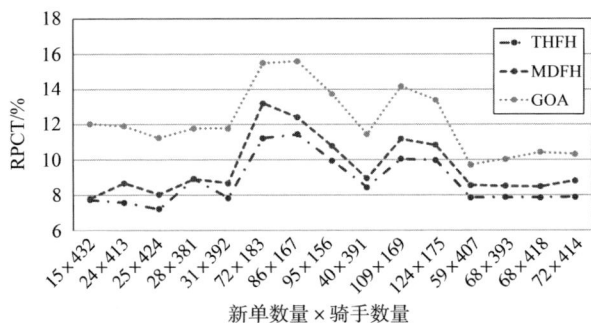

（b）不同算法的相对运行时间占比

图 4-4　各算法运行效率对比结果

4.4　在线 A/B 测试

A/B 测试是互联网行业中对比两个方案效果的常用实验方法,通过控制变量并观测业务指标的变化来确定应选取何种方案。为对比 4.2.4 节所设计的 RGDH 与美团现有算法的效果,本节开展如下在线 A/B 测试。

4.4.1　实验设置

与离线数值实验根据指派结果计算评价指标不同,在线 A/B 测试的评价指标完全通过观测实际配送效果获得,具体如下。

1. 评价指标

1) 配送效率指标

(1) 单均配送时长(average delivery time per order,ADT):其计算公式为

$$ADT = \frac{1}{|O|} \sum_{o(i) \in O} (\widehat{DT}_i - RT_i) \tag{4-29}$$

(2) 单均行驶路程(average travel distance per order,ATD):其计算公式为

$$ATD = \frac{1}{|O|} \sum_{o_i \in O} \hat{d}_{i_+,i_-} \tag{4-30}$$

(3) 单均配送路程(average delivery distance per order,ADD):其计算公式为

$$ADD = \frac{1}{|O|} \sum_{o_i \in O} d_{i_+,i_-} \tag{4-31}$$

(4) 归一化路程(normalized travel distance,NTD):其计算公式为

$$NTD = \frac{ATD}{ADD} \tag{4-32}$$

2) 用户体验指标

(1) x 分钟准时率(punctual rate,PR):其计算公式为

$$PR_x = \frac{|\hat{O}_{x-}|}{|O|} \times 100\% \tag{4-33}$$

(2) x 分钟超时率:其计算公式为

$$DR_x = \frac{|\hat{O}_{x+}|}{|O|} \times 100\% \tag{4-34}$$

上述观测指标所用的符号含义:O 为所有订单构成的集合;$\widehat{DT}_i$ 为订单 o_i 送达用户的时刻;RT_i 为平台接收到订单 o_i 的时刻;$\hat{d}_{i_+,i_-}$ 为骑手配送订单 o_i 的实

际行驶路程;d_{i_+,i_-} 为骑手配送订单 o_i 的导航路程;$\hat{O}_{x_-}$ 为准时送达或者超时 x 分钟内的订单构成的集合;O_{x_+} 为超时大于或等于 x 分钟的订单构成的集合。单均配送时长的单位为 min;单均行驶路程和单均配送路程的单位为 m;符号"^"表示该指标为线上观测所得。单均配送时长、单均行驶路程、单均配送路程和归一化路程越小表示整体配送效率越高,x 分钟准时率越大且 x 分钟超时率越小,表示整体用户体验越好。

2. 实验设计

在线 A/B 测试在一个或多个城市开展,分为实验区域和对照区域。为公平比较及控制变量,两个区域的属性在开展实验前应没有明显差异。为此,划分区域时,应尽可能使两个区域的观测指标在对照日期内接近。本章设计的 RGDH 作为实验算法部署在实验区域,美团已有的贪婪指派算法作为对比算法部署在对照区域,该算法与本章所提算法的区别为:未采用后悔值,而是直接将配送成本最低的新单派给最佳骑手。实验紧邻对照日期开展,并持续一周左右。

由于两个区域的观测指标接近,因此近似认为两个区域没有区别。为消除区域本身在实验日期相对对照日期的指标波动导致的误差,对实验结果进行如下处理:记对照区域中实验日期相比对照日期的差异作为大盘指标波动 Δ_{wav},设实验区域中实验日期对比对照日期的差异作为实验差异 Δ_{exp}。大盘指标波动表征天气等外部因素对整体指标造成的影响,实验差异主要来源于部署的优化算法不同,且叠加大盘指标波动。为排除大盘指标波动带来的影响,采用二者之差 $\Delta_{\text{tru}} = \Delta_{\text{exp}} - \Delta_{\text{wav}}$ 评估算法有效性。

4.4.2 应用效果

第一组实验在汕头开展,全城分为实验区域和对照区域。表 4-6 的午高峰实验结果表明,本章所提的 RGDH 能够有效改善单均配送时长、归一化路程、准时率和超时率等指标;表 4-7 的全天实验结果表明,本章所提的 RGDH 能有效改善单均配送时长、准时率和超时率等指标。表 4-6 和表 4-7 中标粗数据表明相应指标有所改善。

表 4-6　第一组在线 A/B 测试午高峰结果

观测指标	对照区域			实验区域			Δ_{tru}
	对照日期	实验日期	指标波动 Δ_{wav}	对照日期	实验日期	实验差异 Δ_{exp}	
单均配送时长/min	29.21	29.03	−0.63	29.00	28.40	−2.09	**−1.46**
单均行驶路程/m	1 572.08	1 629.88	3.68	1 587.11	1 647.92	3.83	0.15

续表

观测指标	对照区域			实验区域			Δ_{tru}
	对照日期	实验日期	指标波动 Δ_{wav}	对照日期	实验日期	实验差异 Δ_{exp}	
单均配送路程/m	1 653.01	1 652.09	−0.06	1 503.86	1 510.89	0.47	0.52
归一化路程	0.951 0	0.986 6	3.55	1.055 4	1.090 7	3.53	**−0.02**
0 分钟准时率/%	79.96	80.43	0.55	77.70	78.91	1.29	**0.74**
1 分钟准时率/%	83.58	84.14	0.64	81.53	82.89	1.44	**0.80**
2 分钟准时率/%	86.57	87.07	0.58	84.73	86.30	1.65	**1.07**
3 分钟准时率/%	89.27	89.78	0.59	87.84	89.19	1.44	**0.84**
4 分钟准时率/%	91.70	91.94	0.33	90.44	91.61	1.26	**0.93**
5 分钟准时率/%	93.68	93.80	0.21	92.57	93.83	1.35	**1.14**
6 分钟准时率/%	95.19	95.27	0.17	94.55	95.57	1.12	**0.95**
7 分钟准时率/%	96.55	96.54	0.08	96.15	97.01	0.96	**0.89**
8 分钟准时率/%	97.57	97.38	−0.09	97.34	98.00	0.77	0.86
15 分钟超时率/%	0.76	1.13	0.37	0.93	0.63	−0.30	**−0.67**
30 分钟超时率/%	0.09	0.44	0.36	0.12	0.05	−0.07	**−0.43**

表 4-7　第一组在线 A/B 测试全天结果

观测指标	对照区域			实验区域			Δ_{tru}
	对照日期	实验日期	指标波动 Δ_{wav}	对照日期	实验日期	实验差异 Δ_{exp}	
单均配送时长/min	24.68	25.81	4.58	24.73	25.27	2.18	**−2.40**
单均行驶路程/m	1 646.54	1 675.32	1.75	1 591.90	1 647.41	3.49	1.74
单均配送路程/m	1 647.77	1 659.56	0.72	1 494.35	1 492.22	−0.14	**−0.86**
归一化路程	0.999 3	1.009 5	1.02	1.065 3	1.104 0	3.87	2.85
0 分钟准时率/%	85.92	83.98	−1.85	85.12	84.03	−0.92	**0.93**
1 分钟准时率/%	88.89	87.17	−1.63	88.12	87.20	−0.74	**0.89**
2 分钟准时率/%	91.22	89.69	−1.44	90.53	89.83	−0.52	**0.92**
3 分钟准时率/%	93.18	91.89	−1.20	92.69	92.09	−0.42	**0.78**
4 分钟准时率/%	94.91	93.69	−1.13	94.45	93.92	−0.36	**0.77**

续表

观测指标	对照区域			实验区域			Δ_{tru}
	对照日期	实验日期	指标波动 Δ_{wav}	对照日期	实验日期	实验差异 Δ_{exp}	
5 分钟准时率/%	96.26	95.19	−0.99	95.90	95.54	−0.18	**0.81**
6 分钟准时率/%	97.35	96.42	−0.84	97.11	96.83	−0.10	**0.74**
7 分钟准时率/%	98.21	97.45	−0.68	98.07	97.93	0.04	**0.72**
8 分钟准时率/%	98.83	98.09	−0.65	98.75	98.64	0.07	**0.72**
15 分钟超时率/%	0.33	0.77	0.44	0.40	0.43	0.04	**−0.40**
30 分钟超时率/%	0.04	0.25	0.21	0.05	0.04	−0.01	**−0.22**

尽管在全天时段下,RGDH 在归一化路程指标上表现不佳,但在午高峰时段下,RGDH 对该指标有一定的改善。这是因为,午高峰期间单多且运力不足,骑手之间的负荷平衡问题更加凸显,后悔值发挥的效果更能够通过观测指标显现出来。此外,在准时率指标上,两个方法受整体配送大盘的影响较大,因此呈现较为同步的表现。具体而言,相比对照日期,两个方法在午高峰期间的多个准时率指标均有所下降,但 RGDH 下降的幅度更小,在全天时段下的多个准时率指标均有所改善,但 RGDH 改善的幅度更大,因此Δ_{tru} 的值均为正,上述结果验证了本章所提指派方法在改善用户体验上的有效性。

为进一步凸显观测指标的变化情况,克服因样本数量少而引入的实验偏差问题,第二组在线 A/B 测试扩大实验规模,在多个城市群之间开展。其中,实验城市群为兰州、重庆、廊坊、潮州、银川、南昌、南宁,对照城市群为沈阳、金华、泉州、惠州、贵阳、济南、南阳。对比表 4-8 和表 4-9 的实验结果,在扩大实验规模后,午高峰和全天时段下的在各个指标上的波动情况较为一致,降低了样本数量少而带来的实验偏差。表 4-8 和表 4-9 中标粗的数据表明相应指标有所改善。

表 4-8　第二组在线 A/B 测试午高峰结果

观测指标	对照城市群			实验城市群			Δ_{tru}
	对照日期	实验日期	指标波动 Δ_{wav}	对照日期	实验日期	实验差异 Δ_{exp}	
单均配送时长/min	33.57	32.85	−2.15	32.12	31.15	−3.01	**−0.86**
单均行驶路程/m	1 547.67	1 529.50	−1.17	1 649.79	1 596.88	−3.21	**−2.03**
单均配送路程/m	1 653.52	1 656.91	0.21	1 620.16	1 623.81	0.22	0.02
归一化路程	0.936 0	0.923 1	−1.29	1.018 3	0.983 4	−3.49	**−2.20**

续表

观测指标	对照城市群			实验城市群			Δ_{tru}
	对照日期	实验日期	指标波动 Δ_{wav}	对照日期	实验日期	实验差异 Δ_{exp}	
0 分钟准时率/%	80.30	80.93	0.62	73.01	76.31	3.29	**2.67**
1 分钟准时率/%	83.74	84.45	0.70	77.42	80.50	3.08	**2.38**
2 分钟准时率/%	86.68	87.39	0.70	81.34	84.07	2.72	**2.02**
3 分钟准时率/%	89.29	90.01	0.71	84.81	87.21	2.40	**1.69**
4 分钟准时率/%	91.52	92.28	0.74	87.96	90.01	2.05	**1.30**
5 分钟准时率/%	93.46	94.21	0.74	90.70	92.48	1.77	**1.04**
6 分钟准时率/%	95.16	95.85	0.69	93.15	94.60	1.44	**0.75**
7 分钟准时率/%	96.65	97.27	0.61	95.40	96.50	1.09	**0.49**
8 分钟准时率/%	97.77	98.26	0.48	97.19	97.99	0.79	**0.31**
15 分钟超时率/%	0.77	0.52	−0.25	0.98	0.63	−0.35	**−0.10**
30 分钟超时率/%	0.08	0.05	−0.03	0.08	0.04	−0.03	0.00

表 4-9　第二组在线 A/B 测试全天结果

观测指标	对照城市群			实验城市群			Δ_{tru}
	对照日期	实验日期	指标波动 Δ_{wav}	对照日期	实验日期	实验差异 Δ_{exp}	
单均配送时长/min	31.57	30.78	−2.49	30.07	29.40	−2.23	0.25
单均行驶路程/m	1 650.37	1 647.62	−0.17	1 739.29	1 692.94	−2.66	**−2.50**
单均配送路程/m	1 668.20	1 654.05	−0.85	1 623.88	1 625.84	0.12	0.97
归一化路程	0.989 3	0.996 1	0.68	1.071 1	1.041 3	−2.98	**−3.66**
0 分钟准时率/%	79.76	80.21	0.43	74.36	77.72	3.32	**2.90**
1 分钟准时率/%	83.27	83.85	0.55	78.64	81.76	3.08	**2.53**
2 分钟准时率/%	86.25	86.91	0.63	82.42	85.22	2.77	**2.13**
3 分钟准时率/%	88.89	89.58	0.67	85.77	88.22	2.43	**1.76**
4 分钟准时率/%	91.17	91.89	0.69	88.76	90.87	2.09	**1.40**
5 分钟准时率/%	93.17	93.85	0.65	91.37	93.16	1.77	**1.12**
6 分钟准时率/%	94.89	95.53	0.61	93.68	95.11	1.41	**0.80**

续表

观测指标	对照城市群			实验城市群			Δ_{tru}
	对照日期	实验日期	指标波动 Δ_{wav}	对照日期	实验日期	实验差异 Δ_{exp}	
7分钟准时率/%	96.42	96.97	0.53	95.80	96.85	1.05	**0.52**
8分钟准时率/%	97.54	98.00	0.46	97.44	98.18	0.74	**0.28**
15分钟超时率/%	0.88	0.65	−0.23	0.88	0.57	−0.31	**−0.08**
30分钟超时率/%	0.09	0.07	−0.02	0.07	0.05	−0.03	**−0.01**

表4-8和表4-9的实验结果表明,无论是午高峰还是全天时段,在单均配送路程变化不大的情况下,RGDH能显著降低单均行驶路程,从而显著降低归一化路程。此外,相比对照日期,实验城市群在实验日期中部署RGDH后,在各个准时率和超时率指标上均有明显改善,并且依据对照城市群的结果消除配送大盘正向的波动后,依然取得了显著的改善效果。

两组在线A/B测试结果表明,无论是从午高峰还是全天维度,在绝大部分观测指标上,本章所设计的RGDH均能取得比美团已有方法更优的结果,尤其是在降低归一化路程和提升准时率方面,本章所设计的算法效果明显,验证了本章所提算法的有效性和实用性。本章所设计的RGDH已在美团平台上线,并在全国成功推广应用。

参考文献

[1] KIPF T N, WELLING M. Semi-supervised classification with graph convolutional networks [C]. International Conference on Learning Representations, Toulon, 2017.

[2] YING Z, YOU J, MORRIS C, et al. Hierarchical graph representation learning with differentiable pooling [C]. The 32nd International Conference on Neural Information Processing Systems, Montreal, 2018.

[3] VELIČKOVIĆ P, CUCURULL G, CASANOVA A, et al. Graph attention networks[C]. International Conference on Learning Representations, Vancouver, 2018.

[4] ROPKE S, PISINGER D. An adaptive large neighborhood search heuristic for the pickup and delivery problem with time windows [J]. Transportation science, 2006, 40 (4): 455-472.

[5] CHEN T, GUESTRIN C. XGBoost: a scalable tree boosting system[C]. The 22nd ACM SIGKDD International Conference on Knowledge Discovery and Data Mining, San Francisco, 2016: 785-794.

第 5 章

基于多调度规则与监督学习的订单指派

5.1 引言

第 4 章主要应对即时配送订单指派问题中骑手众多的挑战,研究重点落在如何有效削减新单和骑手的匹配空间上。本章和第 6 章的研究重点转移到基于削减后的匹配空间,如何优化新单和骑手匹配关系。

本章聚焦于小单量场景下的订单指派问题。小单量场景一般分布在闲时段,除仅集中于若干小时内的午晚用餐高峰时段外,其余时段基本上为小单量场景。因此,小单量场景覆盖时段长,具有优化价值。一方面,相比大单量场景,小单量场景的问题求解规模相对较小,采用简单便捷的优化算法进行求解更符合实际应用需求;另一方面,考虑到即时配送订单指派问题的决策时间十分有限,即便求解规模相对较小,众多基于搜索的优化算法依然难以应用于在线优化决策。基于以上两方面分析,高效的启发式算法依旧是求解小单量场景下订单指派问题的首选方法。

在方法层面,第 4 章通过引入后悔值,改善了整体新单和骑手的匹配关系,但后悔值本身的适用范围有限,无法适配于所有场景。为此,本章通过分析新单和骑手的最佳匹配关系,在沿用后悔值的基础上,设计多种调度规则用于引导新单和骑手的匹配。此外,本章将调度规则的选择问题转化为多标签分类问题,设计基于问题性质的有效特征,将机器学习技术和多种调度规则相融合,进而提出基于机器学习自适应选择调度规则的求解框架,实现小单量场景下的高效订单指派。

5.2 带自适应策略的指派框架

本节首先介绍算法的整体框架,包括迭代匹配算法及自适应策略两个模块;然后介绍二者的具体设计。

5.2.1 算法框架

为在短时间内获得高质量指派解,本节提出一种带自适应策略的指派框架(dispatching framework with adaptive tie-breaking strategy,DFATS),如图 5-1 所

示。DFATS 主要由迭代匹配(iterative matching,IM)算法和基于机器学习模型的自适应策略两个模块组成。

（1）迭代匹配算法通过计算每个新单和每个骑手的配送成本生成配送成本矩阵，基于配送成本矩阵，将新单与配送成本最小的最佳骑手相匹配，生成具有一定质量的部分解。迭代匹配算法在计算配送成本矩阵、确定新单的最佳骑手和更新配送成本矩阵三个环节上与第 4 章的方法类似。

（2）对于自适应策略模块，当多个新单对应于单个最佳骑手时，机器学习模型根据从输入数据和成本矩阵中提取的决策信息预测最佳的调度规则，然后根据最佳调度规则选择特定的新单并指派给最佳骑手，以上步骤通过自适应选择调度规则实现新单的自适应指派。

重复上述步骤，当所有新单都被指派给合适的骑手时，算法终止。

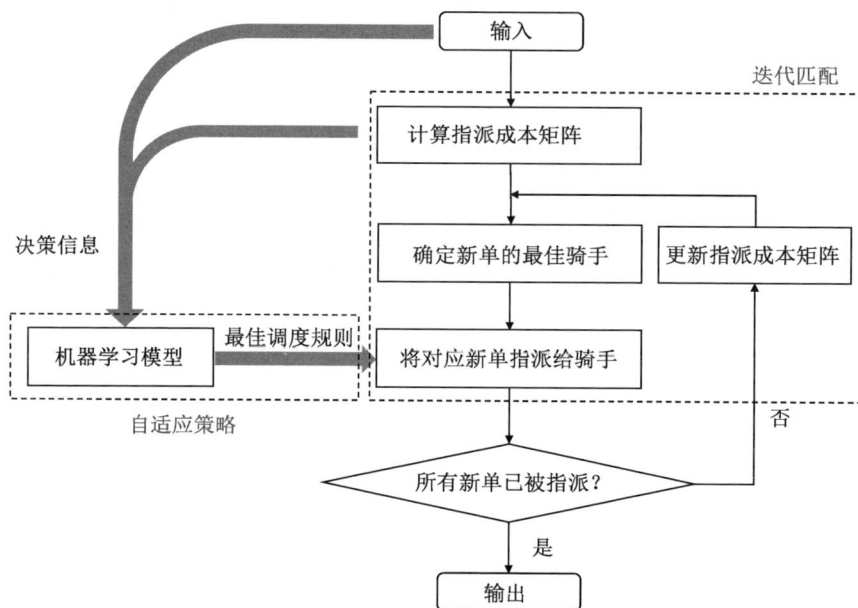

图 5-1 带自适应策略的指派框架

5.2.2 迭代匹配算法

首先，构建指派成本矩阵$(C_{i,j})_{n \times m}$，每个元素 $C_{i,j}$ 为将新单 o_i 指派给骑手 q_j 对应的配送成本，即 $C_{i,j} = f^{\mathrm{DC}}(O_j^{\mathrm{n}})$ 且 $O_j^{\mathrm{n}} = \{o_i\}$，可由式(1-47)计算获得。对每个新单，找到指派成本矩阵中对应指派成本最低的骑手作为该新单的最佳骑手。确定每个新单的最佳骑手后，会构成两种匹配关系(图 5-2)：一对一最佳匹配，即一个骑手只作为一个新单的最佳骑手；多对一最佳匹配，即一个骑手作为多个新单的最佳骑手。为表述方便，本章定义一对一最佳匹配的对应的新单和最佳骑手分别为非候选新单和非关键骑手，并定义多对一最佳匹配对应的新单和最佳骑手分别为候选新单和关键骑手。

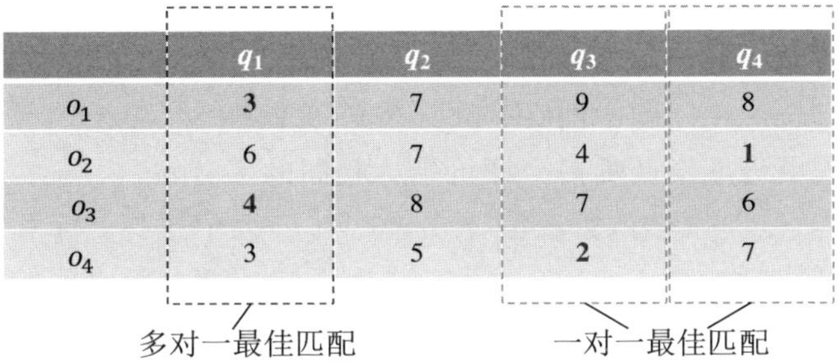

	q_1	q_2	q_3	q_4
o_1	3	7	9	8
o_2	6	7	4	1
o_3	4	8	7	6
o_4	3	5	2	7

多对一最佳匹配　　　　　　　一对一最佳匹配

图 5-2　骑手新单匹配关系示意图

两类匹配关系的指派规则如下：①对于一对一最佳匹配，直接将非候选新单指派给对应的非关键骑手。显然，在一对一最佳匹配和多对一最佳匹配互不影响的情况下，这种指派方式为该新单的最优指派。②对于多对一最佳匹配，不会将所有候选新单都指派给对应的关键骑手，而是只选择候选新单中的一单指派给关键骑手，原因具体如下。

（1）缺少将所有候选新单指派给关键骑手的决策信息。指派成本矩阵中的每个元素仅仅表征将一单指派给一个骑手的配送成本，若要计算多单指派给一个骑手的配送成本，需重新进行路径规划，不能简单地将矩阵中的指派成本直接线性相加。因此，仅根据当前指派成本矩阵，将所有候选新单指派给关键骑手的配送成本是未知的。

（2）将所有候选新单指派给关键骑手未必最优。首先，一次性将多个新单指派给同一骑手会大幅增加该骑手的配送负担，从而加大配送超时的风险；其次，将所有候选新单指派给关键骑手也会使得其他骑手无法接到新单，从而导致骑手之间配送负荷不均衡。

在选择候选新单中的一单指派给关键骑手后，未被选中的候选新单在本轮指派中轮空，并在后续的指派轮次中通过上述方式完成指派。在下轮指派前，由于被指派了新单的骑手的状态发生了改变，指派成本矩阵需要更新。具体而言，被指派新单的骑手的旧路径会被替换为指派新单后所构造的新路径，而将剩余新单指派给该骑手的指派成本会基于替换后的路径重新计算。因此，对于轮空的候选新单，其最佳骑手可能会在指派成本矩阵更新后发生变化。这一现象的直观解释是，由于被指派了新单，当前轮次的最佳骑手的负荷较大，从而不再适合作为该轮空候选新单在下轮的最佳骑手。

5.2.3 基于机器学习模型的自适应策略

1. Tie-breaking 算子

对于多对一最佳匹配,选择合适的候选新单指派给关键骑手对最终的指派方案影响重大。选择不同的候选新单会影响轮空候选新单的指派结果,这个选择的过程与排序类组合优化问题中的"tie-breaking"过程类似。一些算法在对序列执行插入操作的过程中可能会面临多个评价指标相同的部分解(partial solution),这种情况一般被称为"tie"。此时,算法需要在这些部分解中选择一个作为当前的部分解,这个过程一般被称为"tie-breaking"。选择不同的部分解会影响后续的插入过程,从而形成不同的完整解(complete solution),因此,"tie-breaking"对于这类基于插入的算法的效果影响很大[1]。与之类似,在 DFATS 中,将 tie 定义为多对一最佳匹配,将 tie-breaking 定义为从中选择一个候选新单指派给关键骑手。基于不同的优化方向,本节设计如下多个 tie-breaking 算子作为调度规则。

(1) MIN 算子:将指派成本最低的候选新单指派给关键骑手。

(2) MINT 算子:将时间成本最低的候选新单指派给关键骑手。

(3) MIND 算子:将路程成本最低的候选新单指派给关键骑手。

(4) MAX 算子:将指派成本最高的候选新单指派给关键骑手。

(5) REG 算子:将后悔值最大的候选新单指派给关键骑手。

在以上算子中,前三种算子为贪婪调度规则,分别优化不同的指标。由于贪婪算子在某些场景下容易陷入局部极小,本节设计了后两种非贪婪调度规则。MAX算子考虑将最难配送(指派成本最大)的候选新单指派给当前关键骑手,防止后续难以找到其他合适的骑手配送此单。即使该候选新单在所有候选新单中指派成本最高,考虑到将该单派给其他骑手的指派成本更高,因此该单和对应的关键骑手依然是最佳匹配,故 MAX 算子不会过多降低最终解的质量。REG 算子基于式(4-19)定义的后悔值。后悔值用于衡量最佳骑手和次佳骑手之间的差异,后悔值越大表示将新单指派给次佳骑手越不合适,因此,REG 算子将后悔值最大的候选新单指派给最佳骑手,可以在一定程度上避免产生差解。

根据优化的没有免费午餐定理[2],没有任何算法能在每个算例上都表现最优。类似地,不同的 tie-breaking 算子在不同场景下的效果也不尽相同。在单多且运力不足的场景,如午高峰,往往会出现非常多的多对一最佳匹配情况,由于不同时刻下关键骑手的状态不同,被指派的候选新单也应有所差异。相比只采用一种 tie-breaking 算子,若能在每一个调度时刻选择合适的 tie-breaking 算子,则长期调度指标有望得到改善。根据上述分析,本节设计了一种基于机器学习模型的自适应tie-breaking 策略。

在每一个调度时刻选择合适的 tie-breaking 算子可以转化为分类问题,每个 tie-breaking 算子可视为一种类别,目标为预测每一个调度时刻适用于何种 tie-breaking 算子。由于每一调度时刻可能有多个 tie-breaking 算子能产生相同的指派结果,该问题可进一步转化为多标签分类问题。为求解转化后的多标签分类问题,下面介绍特征设计和分类模型。

2. 特征设计

特征工程是机器学习领域中数据预处理的重要一环,合适的特征能有效提升机器学习模型的预测效果。相比传统预测问题,本章多标签分类问题的特征提取更加困难。原因在于特征需要作为优化决策信息,从而使模型具备预测优化结果的能力,这样才能够区分出最合适的 tie-breaking 算子。因此,除考虑问题本身属性以外,应尽可能多地纳入能够影响优化效果的因素作为特征,才能取得更好的预测效果。为此,本章从多个维度提取两类有效特征,一类为问题导向特征,用以表征问题本身属性;另一类为算子导向特征,用以表征影响优化结果的因素。

1) 问题导向特征

(1) 时空特征:城市名称、当前时刻。

(2) 骑手数量特征:关键骑手数量、非关键骑手数量、最佳骑手数量、关键骑手占最佳骑手的比例。

(3) 订单数量特征:候选新单数量、新单数量、候选新单占新单比例。

以上特征仅仅刻画整体信息,但忽略了每个骑手和新单的个体信息。为刻画个体信息及个体之间的关系,设计以下聚合特征,其中统计量指均值、总和、中位数、最大值、最小值和方差。

(4) 订单数量聚合特征:不同骑手的候选新单数量、旧单数量、候选新单占旧单比例的统计量。

(5) 地理-ETA 聚合特征:先计算同一关键骑手对应不同候选新单的地理分布、预计送达时刻的相似度,再对不同关键骑手取统计量。

(6) 指派成本聚合特征:先计算同一关键骑手对应不同候选新单的时间成本、路程成本和指派成本的统计量,再对不同关键骑手取统计量。

2) 算子导向特征

不同的 tie-breaking 算子选择不同的候选新单,选中新单和轮空新单的信息表征不同算子的特点,故对每个算子均计算如下特征。

(1) 轮空新单的平均后悔值:其计算公式为

$$\frac{1}{|R^c|} \sum_{q_j \in R^c} \sum_{o_i \in O_j^c, o_i \neq o_{i(q_j, X)}} \frac{rv_i}{|O_j^c|} \tag{5-1}$$

（2）所选新单的平均后悔值：其计算公式为

$$\frac{1}{|R^c|}\sum_{q_j \in R^c} rv_{i(q_j,X)} \tag{5-2}$$

（3）平均后悔成本：其计算公式为

$$\frac{1}{|R^c|}\sum_{q_j \in R^c}\left(C_{i(q_j,X),[1]} + \sum_{o_i \in O_j^c, o_i \neq o_{i(q_j,X)}} C_{i,[2]}\right) \tag{5-3}$$

（4）平均指派成本：其计算公式为

$$\frac{1}{|R^c|}\sum_{q_j \in R^c} C_{i(q_j,X),[1]} \tag{5-4}$$

（5）平均轮空新单后悔成本：其计算公式为

$$\frac{1}{|R^c|}\sum_{q_j \in R^c}\sum_{o_i \in O_j^c, o_i \neq o_{i(q_j,X)}} C_{i,[2]} \tag{5-5}$$

（6）平均轮空新单可指派骑手数量：其计算公式为

$$\frac{1}{|R^c|}\sum_{q_j \in R^c}\sum_{o_i \in O_j^c, o_i \neq o_{i(q_j,X)}} m_i^c \tag{5-6}$$

（7）平均所选新单可指派骑手数量：其计算公式为

$$\frac{1}{|R^c|}\sum_{q_j \in R^c} m_{i(q_j,X)}^c \tag{5-7}$$

其中，R^c 为关键骑手集合；O_j^c 为骑手 q_j 对应的候选新单集合；rv_i 为新单 o_i 的后悔值；$o_{i(q_j,X)}$ 为算子 X 为骑手 q_j 选择的候选新单；$i(q_j,X)$ 为该单的索引；m_i^c 为新单 o_i 的可指派骑手数量。

3. 分类模型

求解多标签分类问题主要有问题转化法和算法适配法，前者将多标签分类问题转化为一个或多个单标签分类问题或者回归问题，后者改造已有分类模型使其适配多标签分类问题[3]。本章分别采用问题转化法和算法适配法求解多标签分类问题。对于问题转化法，采用二元相关性方法[4]将本章的多标签分类问题分解为五个独立的二元分类问题，每个分类器对应一个 tie-breaking 算子并预测该算子是否为当前调度时刻的最优调度规则，采用第 2 章介绍的 XGBoost 作为二元分类器；对于算法适配法，扩展 DeepFM[5] 模型直接预测当前最优的算子。两类模型均采用有监督训练方式。

DeepFM 是一种用于预测点击率所提出的神经网络模型，在推荐系统中取得了较好的效果，其最大的特点为通过集成因子分解机（factorization machine，FM）和深度神经网络来建模低阶和高阶特征关系。与 Wide&Deep 等同类模型的不同

之处在于,这些模型采用线性模型学习原始特征和交叉特征的低阶特征关系,而
DeepFM 采用 FM 直接学习原始特征,因此对特征工程的依赖更小。此外,
DeepFM 充分利用隐向量来实现端到端学习,因此不需要预训练 FM 层。基于这
些优点,本章采用 DeepFM 解决多标签分类问题,其中预测点击率问题为二元分类
问题,原始 DeepFM 无法直接应用,因此,设计了 DeepFM 的变种方法 mDeepFM,
其结构如图 5-3 所示。mDeepFM 能够直接输出每种 tie-breaking 算子成为最优算
子的概率,从而适配本章的多标签分类问题。其中,对应最大概率的 tie-breaking
算子作为当前调度时刻采用的算子。mDeepFM 的结构设计介绍如下。

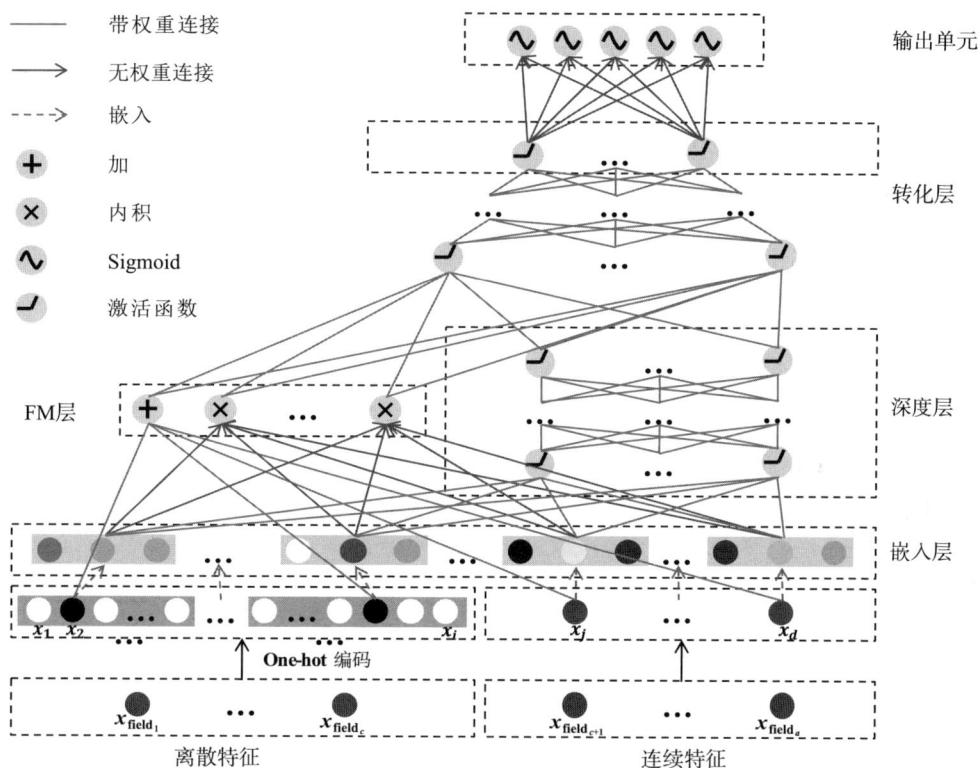

图 5-3　mDeepFM 结构

对离线特征和连续特征进行预处理,得到其嵌入表示。对于一个样本 $(\boldsymbol{x}_l, Y_l) \in S$,$\boldsymbol{x}_l = (x_{\text{field}_1}, x_{\text{field}_2}, \cdots, x_{\text{field}_c}, x_{\text{field}_{c+1}}, x_{\text{field}_{c+2}}, \cdots, x_{\text{field}_a})$ 为特征向量,其中 x_{field_1},$x_{\text{field}_2}, \cdots, x_{\text{field}_c}$ 为离散特征,$x_{\text{field}_{c+1}}, x_{\text{field}_{c+2}}, \cdots, x_{\text{field}_a}$ 为连续特征。离散特征先被
转化为 one-hot 编码,即 $x_{\text{field}_i} \Rightarrow \boldsymbol{x}'_{\text{field}_i} = [0, \cdots, 0, 1, 0, \cdots, 0]$,$i \in \{1, 2, \cdots, c\}$。记转
化后的 $\boldsymbol{x}_l$ 为一个 d 维向量 $\boldsymbol{x}'_l = (x_1, x_2, \cdots, x_d) \in \mathbf{R}^d$,作为模型的输入。

1) FM 层

FM 层用于对单个特征及两两特征的关系进行建模。给定一个样本 $(\boldsymbol{x}'_l, Y_l)$,

FM 层的输出为

$$\hat{Y}_{\text{FM}} = \sum_{i=1}^{d} w_i x_i + \sum_{i=1}^{d} \sum_{j=i+1}^{d} \langle \boldsymbol{v}_i, \boldsymbol{v}_j \rangle x_i x_j = \sum_{i=1}^{d} w_i x_i +$$
$$\frac{1}{2} \sum_{f=1}^{e} \left[\left(\sum_{i=1}^{d} v_{i,f} x_i \right)^2 - \sum_{i=1}^{d} v_{i,f}^2 x_i^2 \right] \tag{5-8}$$

其中,一阶权重 $w_i \in \mathbf{R}$ 和隐向量 $\boldsymbol{v}_i = [v_{i,1}, v_{i,2}, \cdots, v_{i,e}] \in \mathbf{R}^e$ 为参数,e 为表征因子分解维度的超参数;$\langle \boldsymbol{v}_i, \boldsymbol{v}_j \rangle = \sum_{f=1}^{e} v_{i,f} \cdot v_{j,f}$ 表示向量 $\boldsymbol{v}_i$ 和向量 $\boldsymbol{v}_j$ 的内积,并作为二阶特征关系的系数,该系数的优点在于,即使 x_i 或 x_j 为 0 时也能够训练隐向量 $\boldsymbol{v}_i$ 和 $\boldsymbol{v}_j$,而采用一个权重作为二阶特征关系的系数则会导致该权重为 0。

由于将所有一阶和二阶特征关系项输入下一层会引入过多参数,并且将所有一阶和二阶特征关系项相加后输入下一层会损失信息,可将一阶和二阶特征的关系项转化为长度为 $a+e$ 的向量 $\boldsymbol{o}_{\text{FM}} = [\boldsymbol{o}_1, \boldsymbol{o}_2]$,再输入下一层中。其中,$\boldsymbol{o}_1 = [o_1^{(1)}, o_1^{(2)}, \cdots, o_1^{(a)}]$ 为一阶项对应的向量,长度为 a;$\boldsymbol{o}_2 = [o_2^{(1)}, o_2^{(2)}, \cdots, o_2^{(e)}]$ 为二阶项对应的向量,长度为 e,二者定义分别为

$$o_1^{(i)} = \begin{cases} w_j, & x_j \in \boldsymbol{x}'_{\text{field}_i}, x_j \neq 0, \forall i = 1, 2, \cdots, c \\ w_j x_j, & x_j = x_{\text{field}_i}, \forall i = c+1, c+2, \cdots, a \end{cases} \tag{5-9}$$

$$o_2^{(f)} = \frac{1}{2} \left[\left(\sum_{i=1}^{d} v_{i,f} x_i \right)^2 - \sum_{i=1}^{d} v_{i,f}^2 x_i^2 \right], \quad \forall f \in \{1, 2, \cdots, e\} \tag{5-10}$$

具体而言,对于离散特征,$o_1^{(i)}$ 为 one hot 编码中非零项对应的一阶权重系数;对于连续特征,$o_1^{(i)}$ 为对应的一阶项。$\boldsymbol{o}_2$ 中的每个元素由所有特征及某一维度对应的隐向量计算所得。

2)嵌入层

嵌入层用于压缩 one-hot 向量及平衡离散特征和连续特征。每一个特征的嵌入表示如下所示:

$$\boldsymbol{e}_i = \begin{cases} \boldsymbol{v}_j, & x_j \in \boldsymbol{x}'_{\text{field}_i}, x_j \neq 0, \forall i = 1, 2, \cdots, c \\ x_j \boldsymbol{v}_j, & x_j = x_{\text{field}_i}, \forall i = c+1, c+2, \cdots, a \end{cases} \tag{5-11}$$

3)深度层

深度层为全连接的前馈网络,用于捕获高阶特征关系。嵌入层的输出作为深度层的输入,即 $\boldsymbol{a}_D^0 = [\boldsymbol{e}_1, \boldsymbol{e}_2, \cdots, \boldsymbol{e}_a]$;深度层第 $l+1$ 层的输出为 $\boldsymbol{a}_D^{l+1} = \sigma(\boldsymbol{W}_D^l \boldsymbol{a}_D^l + \boldsymbol{b}_D^l)$,$0 \leq l < H_D$,其中,$\boldsymbol{W}_D^l$ 和 $\boldsymbol{b}_D^l$ 为第 l 层的可训练权重矩阵和偏置向量;H_D 为隐层数量;σ 为激活函数。深度层的输出为

$$\boldsymbol{o}_{\text{DNN}} = \boldsymbol{a}_D^{H_D} \tag{5-12}$$

4）转化层

转化层同样为全连接的前馈网络，用于学习低阶和高阶特征的关系，FM 层和深度层的输出作为其输入 $\boldsymbol{a}_T^0$，即 $\boldsymbol{a}_T^0 = [\boldsymbol{o}_{FM}, \boldsymbol{o}_{DNN}]$，第 $l+1$ 层的输出为 $\boldsymbol{a}_T^{l+1} = \sigma(\boldsymbol{W}_T^l \boldsymbol{a}_T^l + \boldsymbol{b}_T^l)$，$0 \leqslant l < H_T$，其中，$\boldsymbol{W}_T^l$ 和 $\boldsymbol{b}_T^l$ 为第 l 层的可训练权重矩阵和偏置向量，H_T 为隐层数量；σ 为激活函数。转化层的输出 $\boldsymbol{a}_T^{H_T}$ 输入 sigmoid 函数中得到最终的预测值，即

$$\hat{\boldsymbol{Y}}_{mDeepFM} = \mathrm{sigmoid}(\boldsymbol{a}_T^{H_T}) \tag{5-13}$$

5.3　离线数值实验

5.3.1　实验设置

1. 数据集说明

数据采集于美团平台在 2020 年 21 个城市下的配送数据，包括 4 个日单量超过 25 万单的大型城市，12 个日单量介于 10 万～25 万的中型城市，以及 5 个日单量低于 10 万单的小型城市，总共生成 2 580 805 条样本。每个样本对应于一个调度时刻 T，其中，出现多对一最佳匹配的样本被保留下来，5 种 tie-breaking 算子均在每条样本上进行测试，单均配送成本最低的算子作为当前样本的标签。

数据集分别按照关键骑手数量和候选新单数量进行分组，不同分组下的样本数量占比的分布如图 5-4 和图 5-5 所示。可见，大部分样本在多对一最佳匹配场景下的关键骑手数量小于 100 个，关键骑手数量为 1～10 个样本占所有样本近 60% 的比例；候选新单数量小于 10 单的样本占比接近 40%，11～100 单的样本占比接近 50%。后续的实验结果按图 5-4 和图 5-5 的分布进行分组和统计。

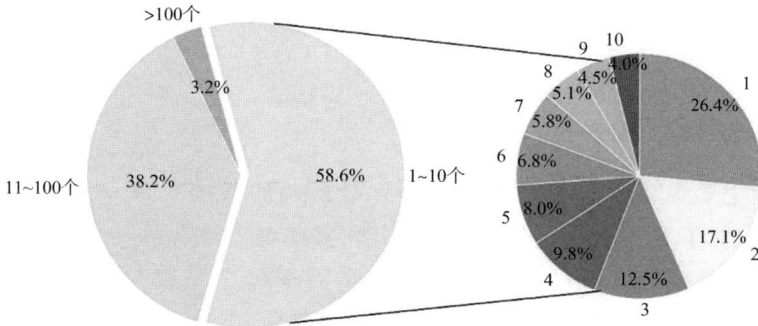

图 5-4　按关键骑手数量分组的数据集分布

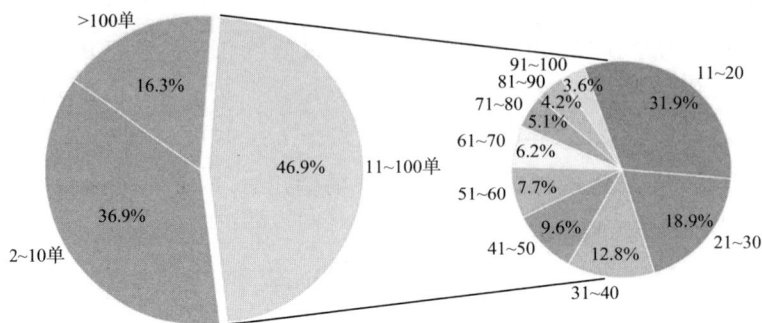

图 5-5　按候选新单数量分组的数据集分布

图 5-6 所示为不同 tie-breaking 算子在不同关键骑手和候选新单数量下的正样本比例分布。每个算子均可将所有样本划分为正样本和负样本,如果该算子在当前样本下表现最优,则样本为正样本,反之亦然。正负样本的比例在一定程度上反映算子的表现,正样本的比例越大,说明该算子成为最优算子的频率越高。从图 5-6 中可见,5 种算子的表现好坏排序如下:REG > MAX > MINT > MIN ≈ MIND。

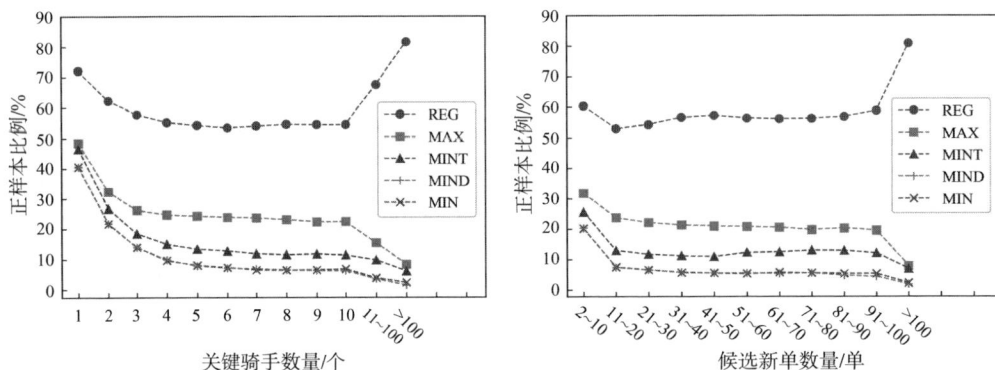

图 5-6　不同 tie-breaking 算子的正负样本比例分布

2. 参数设置

算法的主要参数设置如下:计算目标函数所用的系数 θ、Θ、κ、σ、α 和 β 与第 4 章设置一致;对于 XGBoost,根据预实验,其主要关键参数 max_depth(用于控制树深)、min_child_weight(用于控制划分)和学习率分别设置为 5、4 和 0.1;对于 mDeepFM,采用 ReLU 作为激活函数,FM 维度 $e = 10$,深度层的结构为 512-512-512,转化层的结构为 256-128-64-32-5;4 个时空特征为离散特征,剩余特征为连续特征。

为验证本章所提自适应策略的有效性,将迭代匹配算法与不同的 tie-breaking 算子结合,产生对比算法 IM-MIN、IM-MAX、IM-MINT、IM-MIND、IM-REG 和 IM-RD。其中,IM-RD 在处理多对一最佳匹配时随机选择一个候选新单指派给关键骑手,IM-REG 等价于 4.2.4 节的 RGDH,为与其他对比算法命名统一并方便对比,因此本节采用 IM-REG 指代 RGDH。此外,基于 DFATS,将 XGBoost 与 mDeepFM 分别与迭代匹配算法相结合,产生两种自适应 tie-breaking 的指派算法作为本章方法,即 DFATS-XGB 和 DFATS-mDeepFM。

3. 评价指标

采用 AUC 作为分类指标,AUC 越大说明模型预测的精度越高;采用单均配送成本 ADC 作为优化指标;采用 4.3.1 节中的平均新增距离 AID 作为衡量配送效率的观测指标,以及如下的平均消耗时长(average consumed time,ACT)作为衡量用户体验的观测指标。

$$\text{ACT} = \frac{1}{N} \sum_{j=1}^{m} (\text{LLT}_j - \text{FAT}_j) \tag{5-14}$$

其中,LLT_j 为骑手 q_j 离开当前位置的时刻;FAT_j 为骑手 q_j 到达其配送路径最后一个点的时刻;N 为所有订单数量;ACT 表征配送每一个订单所需的平均时长,ACT 越短,说明平均每个用户能越快收到订单。本节统一采用式(4-25)的 RPD 评估不同算法在 ADC、AID 和 ACT 指标上的表现。

5.3.2　模型预测效果评估

XGBoost 和 mDeepFM 对于预测每个算子的 AUC 如表 5-1 所示。结果表明,mDeepFM 的预测效果要略优于 XGBoost。对于不同算子,同个模型的预测表现差异较大,但在同一算子的预测上,两个模型的表现具有一致性。这个现象是正负样本不均衡所导致的,模型倾向于选择样本数量更多的类别来提高准确率,正负样本越不平衡,模型越容易区分。根据图 5-6,MIN 和 MIND 算子的正负样本分布最不均衡,因此,这两个算子的 AUC 最高,而 REG 算子的 AUC 最低,因为其正负样本比例接近 0.5。

表 5-1　模型预测不同算子的 AUC 对比结果

模型	tie-breaking 算子				
	MIN	MAX	MINT	MIND	REG
XGBoost	0.865 22	0.777 85	0.781 02	0.862 20	0.674 54
mDeepFM	**0.865 79**	**0.793 36**	**0.787 19**	**0.869 56**	**0.696 45**

5.3.3　特征有效性分析

为验证所设计特征的有效性,基于式(2-9)计算不同特征对应的增益作为评价其重要性的指标。增益越高,则该特征越重要。选取增益最高的前50个特征如图5-7所示。由图可见,城市名称(city id)排名最高,表明不同城市所适配的算子差异明显;所有骑手数量特征和订单数量特征均排在前50名,表明提取问题本身特征的重要性;此外,前50名特征中近一半为算子导向特征,表明本章针对性设计的算子导向特征是有效的;聚合特征也在前50名特征中占据一定比例。因此,本章特征设计的有效性得到验证。

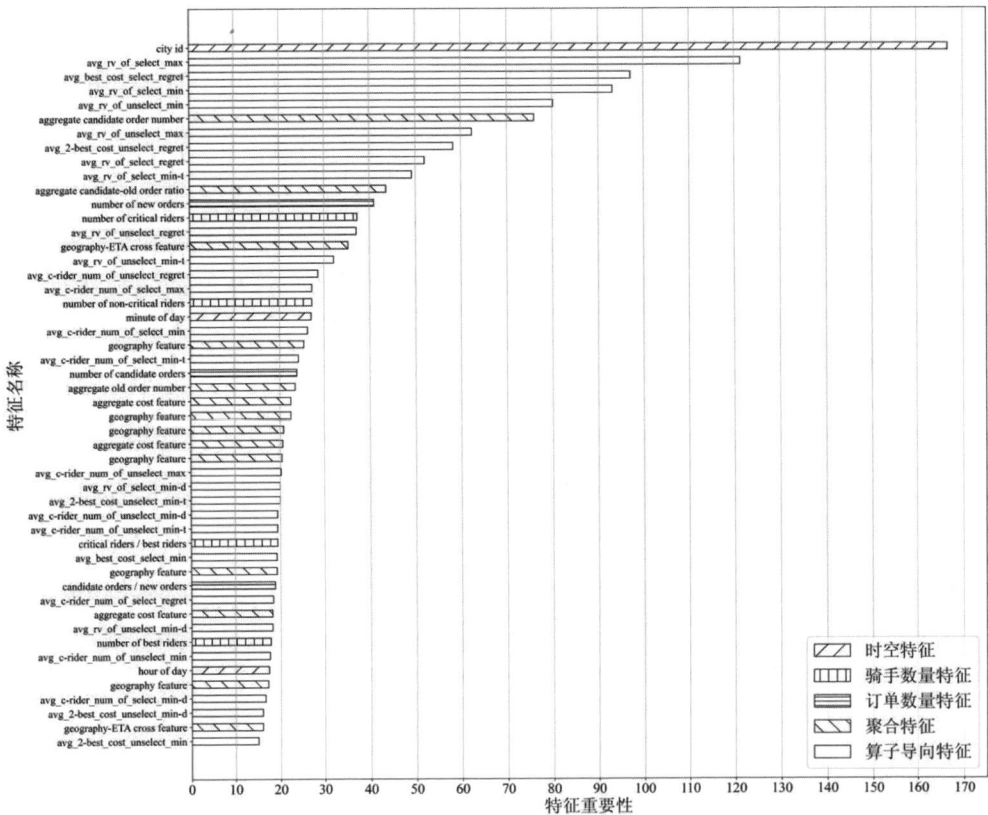

图 5-7　特征重要性排序结果

5.3.4　算法优化效果评估

根据图5-4和图5-5的样本分布,RPD值按照关键骑手数量(记为 m_{cr})和候选新单数量(记为 n_{co})分组,实验结果中的每个RPD值为该组样本下的平均RPD,每组中的最好结果标粗显示。

在优化指标层面,表 5-2 和表 5-3 的结果表明,相较于对比算法,DFATS-mDeepFM 和 DFATS-XGB 在大部分算例上的 RPD 值更小,说明二者表现均优于其他对比算法。在大部分算例上,尤其是当关键骑手数量和候选新单数量较小时,DFATS-mDeepFM 的表现优于 DFATS-XGB,这与表 5-1 中 mDeepFM 预测准确度高于 XGBoost 的结果一致。

表 5-2　关键骑手数量分组下单均配送成本的 RPD 对比结果

m_{cr}	IM-MIN	IM-MAX	IM-MINT	IM-MIND	IM-REG	IM-RD	DFATS-XGB	DFATS-mDeepFM
1	2.376	2.076	2.076	2.402	1.221	1.997	1.097	**1.057**
2	2.173	1.843	1.865	2.17	0.968	1.787	0.937	**0.918**
3	2.059	1.698	1.785	2.019	0.821	1.682	0.817	**0.798**
4	2.018	1.587	1.691	1.979	0.718	1.623	0.713	**0.699**
5	1.959	1.517	1.615	1.918	0.650	1.520	0.651	**0.633**
6	1.961	1.412	1.564	1.888	0.630	1.507	0.623	**0.618**
7	1.875	1.341	1.519	1.814	**0.547**	1.414	**0.547**	**0.547**
8	1.784	1.362	1.455	1.769	0.528	1.356	0.528	**0.521**
9	1.704	1.327	1.405	1.695	0.478	1.328	0.478	**0.476**
10	1.677	1.293	1.356	1.663	**0.428**	1.271	**0.428**	0.433
11~100	1.575	1.169	1.169	1.571	**0.230**	1.138	**0.230**	0.231
>100	2.171	1.976	1.571	2.237	0.241	1.664	0.241	**0.240**
平均	1.944	1.550	1.589	1.927	0.622	1.524	0.608	**0.598**

表 5-3　候选新单数量分组下单均配送成本的 RPD 对比结果

n_{co}	IM-MIN	IM-MAX	IM-MINT	IM-MIND	IM-REG	IM-RD	DFATS-XGB	DFATS-mDeepFM
2~10	2.110	1.806	1.836	2.113	1.005	1.769	0.944	**0.916**
11~20	1.965	1.473	1.619	1.914	0.628	1.514	0.627	**0.618**
21~30	1.793	1.349	1.441	1.755	0.470	1.368	0.470	**0.466**
31~40	1.703	1.284	1.358	1.707	0.394	1.303	0.394	**0.398**
41~50	1.599	1.241	1.266	1.606	**0.366**	1.238	**0.366**	**0.366**
51~60	1.613	1.256	1.251	1.653	**0.290**	1.218	**0.290**	0.297

续表

n_{co}	IM-MIN	IM-MAX	IM-MINT	IM-MIND	IM-REG	IM-RD	DFATS-XGB	DFATS-mDeepFM
61~70	1.548	1.166	1.179	1.547	**0.211**	1.143	**0.211**	0.212
71~80	1.529	1.153	1.152	1.546	**0.181**	1.083	**0.181**	**0.181**
81~90	1.517	1.122	1.125	1.466	**0.219**	1.100	**0.219**	**0.219**
91~100	1.488	1.110	1.062	1.466	**0.200**	1.084	**0.200**	**0.200**
>100	1.819	1.388	1.268	1.820	**0.157**	1.282	**0.157**	**0.157**
平均	1.699	1.304	1.323	1.690	0.375	1.282	0.369	**0.366**

此外,IM-REG 在所有对比算法中表现最佳,与图 5-6 结果一致。而 IM-RD 的表现优于除 IM-REG 外的其他对比算法,表明采用多样化的算子要优于采用单一算子,但 IM-RD 的总体表现劣于两种自适应 tie-breaking 算法,也从侧面验证了本章所提自适应 tie-breaking 策略的有效性。

值得注意的是,随着关键骑手数量和候选新单数量增加,DFATS-mDeepFM 和 DFATS-XGB 的表现越接近于 IM-REG,原因是,正负样本不均衡使得模型倾向于选择 REG 算子,进而导致二者与 IM-REG 的差异较小。

综上所述,本章的自适应 tie-breaking 算法最适用的场景为关键骑手数量和候选新单数量较小的场景,即在小单量场景下的优势更为显著。尽管如此,由表 5-2 和表 5-3 中最后一行的结果可见,两种自适应 tie-breaking 算法的平均 RPD 值小于单一 tie-breaking 算法,因此从总体上看,本章所提出的自适应 tie-breaking 算法优于其他算法。

在观测指标层面,由表 5-4 和表 5-5 可见,DFATS-mDeepFM 在所有分组上都取得 AID 指标的最小 RPD 值,表明 DFATS-mDeepFM 能有效减少指派新单时增加的行驶距离,有效提升配送效率。由表 5-6 和表 5-7 可见,IM-MAX 算法在 ACT 指标上的表现明显优于其他算法,原因之一为 MAX 算子能有效平衡不同骑手之间的负载,从而缩短每个骑手在配送每个订单时的平均消耗时间。具体而言,将指派成本最大的候选新单分配给关键骑手后,该骑手的负载会较大幅度增加,因此在后续轮次中大概率不会成为轮空新单的最佳骑手,进而轮空新单大概率会被指派给其他骑手,从而达到平衡骑手负载的效果。尽管如此,两种自适应 tie-breaking 算法与 IM-MAX 在 ACT 指标上的差距不大,但在 AID 指标上,两种自适应 tie-breaking 算法明显优于 IM-MAX。因此,本章所设计的自适应 tie-breaking 算法能更好地平衡配送效率和用户体验。

表 5-4　关键骑手数量分组下 AID 的 RPD 对比结果

m_{cr}	IM-MIN	IM-MAX	IM-MINT	IM-MIND	IM-REG	IM-RD	DFATS-XGB	DFATS-mDeepFM
1	1.575	1.220	1.356	1.562	0.505	1.180	0.435	**0.335**
2	1.741	1.000	1.391	1.633	0.494	1.243	0.469	**0.419**
3	1.859	0.905	1.416	1.754	0.463	1.280	0.458	**0.386**
4	1.925	0.793	1.420	1.810	0.397	1.267	0.397	**0.339**
5	1.878	0.722	1.392	1.765	0.384	1.218	0.383	**0.320**
6	1.770	0.617	1.241	1.653	0.300	1.144	0.300	**0.242**
7	1.771	0.577	1.215	1.687	0.249	1.077	0.249	**0.225**
8	1.619	0.512	1.126	1.527	0.239	1.006	0.239	**0.202**
9	1.536	0.465	1.049	1.449	0.167	0.939	0.167	**0.132**
10	1.519	0.432	1.017	1.426	0.141	0.887	0.141	**0.135**
11~100	1.356	0.414	0.914	1.277	0.018	0.792	0.018	**0.012**
>100	2.343	1.041	1.724	2.171	−0.053	1.452	−0.053	**−0.055**
平均	1.741	0.725	1.272	1.643	0.275	1.124	0.267	**0.224**

表 5-5　候选新单数量分组下 AID 的 RPD 对比结果

n_{co}	IM-MIN	IM-MAX	IM-MINT	IM-MIND	IM-REG	IM-RD	DFATS-XGB	DFATS-mDeepFM
2~10	1.537	0.842	1.211	1.467	0.455	1.114	0.426	**0.354**
11~20	1.792	0.683	1.294	1.698	0.333	1.164	0.334	**0.282**
21~30	1.674	0.514	1.160	1.569	0.195	1.021	0.195	**0.158**
31~40	1.428	0.427	0.987	1.348	0.117	0.864	0.117	**0.100**
41~50	1.328	0.366	0.869	1.246	0.072	0.797	0.072	**0.061**
51~60	1.384	0.355	0.906	1.301	0.054	0.814	0.054	**0.047**
61~70	1.303	0.371	0.855	1.230	0.019	0.747	0.019	**0.015**
71~80	1.24	0.336	0.807	1.183	0.017	0.712	0.017	**0.016**
81~90	1.248	0.369	0.820	1.179	**0.009**	0.738	**0.009**	0.009
91~100	1.289	0.345	0.845	1.209	−0.005	0.729	−0.005	−0.005
>100	1.805	0.675	1.273	1.688	−0.032	1.074	−0.032	−0.032
平均	1.457	0.480	1.002	1.374	0.112	0.889	0.110	**0.091**

表 5-6   关键骑手数量分组下 ACT 的 RPD 对比结果

m_{cr}	IM-MIN	IM-MAX	IM-MINT	IM-MIND	IM-REG	IM-RD	DFATS-XGB	DFATS-mDeepFM
1	0.140	**0.028**	0.075	0.137	0.053	0.089	0.038	**0.028**
2	0.131	**0.020**	0.076	0.125	0.038	0.079	0.035	0.026
3	0.131	**0.010**	0.070	0.128	0.035	0.077	0.035	0.022
4	0.136	**0.004**	0.071	0.132	0.030	0.076	0.030	0.021
5	0.136	**0.000**	0.072	0.132	0.032	0.075	0.032	0.020
6	0.126	**−0.005**	0.061	0.123	0.024	0.067	0.024	0.015
7	0.124	**−0.007**	0.060	0.121	0.020	0.063	0.020	0.014
8	0.113	**−0.009**	0.055	0.110	0.020	0.059	0.020	0.014
9	0.110	**−0.010**	0.052	0.107	0.014	0.053	0.014	0.009
10	0.105	**−0.013**	0.047	0.103	0.013	0.050	0.013	0.009
11~100	0.090	**−0.013**	0.039	0.089	0.004	0.042	0.004	0.003
>100	0.127	**−0.002**	0.058	0.126	−0.001	0.061	−0.001	−0.001
平均	0.122	**0.000**	0.061	0.119	0.024	0.066	0.022	0.015

表 5-7   候选新单数量分组下 ACT 的 RPD 对比结果

n_{co}	IM-MIN	IM-MAX	IM-MINT	IM-MIND	IM-REG	IM-RD	DFATS-XGB	DFATS-mDeepFM
2~10	0.126	**0.019**	0.069	0.123	0.042	0.077	0.034	0.025
11~20	0.128	**−0.002**	0.065	0.126	0.026	0.069	0.026	0.017
21~30	0.120	**−0.009**	0.057	0.117	0.017	0.060	0.017	0.012
31~40	0.099	**−0.010**	0.048	0.098	0.011	0.049	0.010	0.008
41~50	0.091	**−0.014**	0.040	0.089	0.008	0.044	0.008	0.006
51~60	0.093	**−0.014**	0.042	0.093	0.007	0.045	0.008	0.006
61~70	0.088	**−0.014**	0.038	0.087	0.004	0.040	0.004	0.003
71~80	0.086	**−0.014**	0.035	0.085	0.004	0.038	0.005	0.003
81~90	0.086	**−0.013**	0.036	0.085	0.004	0.040	0.003	0.003
91~100	0.089	**−0.016**	0.036	0.087	0.003	0.041	0.003	0.003
>100	0.108	**−0.010**	0.046	0.107	0.001	0.051	0.001	0.001
平均	0.101	**−0.009**	0.047	0.100	0.012	0.050	0.011	0.008

5.4　在线 A/B 测试

5.4.1　实验设置

在线 A/B 测试的设置与 4.4.1 节基本保持一致,但在观测指标上筛选代表性指标。其中,配送效率层面选取归一化路程和单均配送时长,用户体验层面选取 8 分钟准时率和 15 分钟超时率,新增超 55 分钟送达率,定义为

$$P_{55} = \frac{|\hat{O}_{55^+}|}{|O|} \times 100\%$$

(5-15)

其中,$\hat{O}_{55^+}$ 为配送时间超过 55 分钟的订单构成的集合。具体而言,记 $\widehat{DT}_i$ 为订单 o_i 送达给用户的时刻,RT_i 为平台接收到订单 o_i 的时刻,则有 $\widehat{DT}_i - RT_i > 55$ min $\forall o_i \in \hat{O}_{55^+}$。超过 55 分钟送达订单的占比越小,表明整体用户体验越好。

相比 4.4.1 节,本节更新了在线 A/B 测试结果的处理方式。尽管在划分区域时已经使两个区域的属性尽可能接近,但实际情况下很难做到两个区域在对照日期的观测指标上完全一致。为了消除两个区域本身不同导致的误差,对实验结果进行如下处理:设实验区域和对照区域在对照日期之间的差异作为两个区域的内在差异 Δ_{inh},设实验区域和对照区域在实验日期之间的差异作为实验差异 Δ_{exp}。内在差异表征两个区域在划分后所自带的天然差异,实验差异是由于调度算法不同而引起的,并叠加了两个区域的天然差异。为排除天然差异带来的影响,采用二者之差作为最终用于评估算法有效性的指标 $\Delta_{\text{real}} = \Delta_{\text{exp}} - \Delta_{\text{inh}}$。此外,选取保定和襄阳两个城市进行实验,每个城市分为实验组和对照组,实验组部署 DFATS-mDeepFM 算法,对照组部署 4.2.4 节中提及已在全国推广的 RGDH。

5.4.2　应用效果

在线 A/B 测试的全天时段下的结果如表 5-8 和表 5-9 所示,其中标粗数据表明相应指标有所改善。在对照日期上,尽管两个城市的实验区域在归一化路程上低于对照区域,在 8 分钟准时率上高于对照区域,但部署 DFATS-mDeepFM 后,归一化路程进一步降低,8 分钟准时率进一步提高,更有力地验证了 DFATS-mDeepFM 的有效性。总体上看,在各个观测指标上 DFATS-mDeepFM 的表现均优于 RGDH,尤其是在超过 55 分钟送达率指标上改善效果更为明显。上述结果表明,本章所设计的 DFATS-mDeepFM 相比 RGDH 能够有效提升配送效率和用户体验,验证了多调度规则引导的订单指派算法的设计有效性和实际应用价值。

表 5-8　城市 1 的在线 A/B 测试结果

观测指标	对照日期			实验日期			Δ_{real}
	对照区域	实验区域	内在差异	对照区域	实验区域	实验差异	
归一化路程	1.173 2	1.156 3	−0.016 9	1.185 8	1.160 2	−0.025 6	**−0.008 7**
单均配送时长/min	29.874 3	30.094 7	0.002 4	30.402 1	29.911 4	−0.490 7	**−0.493 1**
8分钟准时率/%	96.76	96.82	0.06	96.75	96.94	0.19	**0.13**
超55分钟送达率/%	5.43	6.22	0.79	5.25	5.06	−0.19	**−0.98**
15分钟超时率/%	1.31	1.33	0.02	1.18	1.16	−0.02	**−0.04**

表 5-9　城市 2 的在线 A/B 测试结果

观测指标	对照日期			实验日期			Δ_{real}
	对照区域	实验区域	内在差异	对照区域	实验区域	实验差异	
归一化路程	1.045 5	1.011 1	−0.034 4	1.047 3	0.985 7	−0.061 6	**−0.027 2**
单均配送时长/min	28.456 4	27.711 3	−0.745 1	30.404 6	29.208 1	−1.196 5	**−0.451 4**
8分钟准时率/%	98.07	98.08	0.01	97.84	97.89	0.05	**0.04**
超55分钟送达率/%	2.05	1.22	−0.83	3.89	2.58	−1.39	**−0.56**
15分钟超时率/%	0.49	0.49	−0.00	0.55	0.52	−0.02	**−0.02**

参考文献

[1] FERNANDEZ-VIAGAS V, FRAMINAN J M. On insertion tie-breaking rules in heuristics for the permutation flowshop scheduling problem[J]. Computers & operations research, 2014, 45: 60-67.

[2] WOLPERT D H, MACREADY W G. No free lunch theorems for optimization[J]. IEEE transactions on evolutionary computation, 1997, 1(1): 67-82.

[3] TSOUMAKAS G, KATAKIS I. Multi-label classification: an overview[J]. International journal of data warehousing and mining, 2007, 3(3): 1-13.

[4] ZHANG M L, ZHOU Z H. A review on multi-label learning algorithms[J]. IEEE transactions on knowledge and data engineering, 2014, 26(8): 1819-1837.

[5] GUO H, TANG R, YE Y, et al. DeepFM: a factorization-machine based neural network for CTR prediction[C]. The 26th International Joint Conference on Artificial Intelligence, Melbourne, 2017.

第 6 章

基于多邻域搜索与模仿学习的订单指派

6.1 引言

尽管第 5 章自适应选择多种调度规则可以改善订单指派效果,但总体上看,该方法相当于利用不同的规则进行"贪婪"指派,其优化上限由调度规则的优化能力决定,因此具有一定的局限性。一方面,调度规则仅处于构造解的层面上,未对解空间进行搜索,其优化能力有限,难以得到最优解;另一方面,随着实际配送场景的扩大及配送业务的拓展,订单指派问题的解空间也在逐步扩大,规则构造的解与最优解之间的差异也会越来越大。此外,第 5 章的实验结果表明,相比大单量场景,该方法在小单量场景下的优势更加显著。因此,针对大单量场景下的订单指派问题,需跳出"规则引导"的算法框架,采用新的求解框架来突破上述局限。

为进一步提升指派效果,需要对解空间进行探索和开发。一般而言,探索和开发难以通过构造性的启发式方法实现,而需采用精确方法或元启发式算法对解空间进行寻优。但是,搜索解空间依赖于对新解的大量评价,因此需消耗较多的计算时间,在线优化决策无法承受需要大量评价的寻优过程。综上所述,如何对解空间进行合理探索和开发,并满足高时效性要求,是求解大单量场景下订单指派问题的关键。

为在满足高时效性要求的前提下进一步提升指派效果,本章提出一种"离线学习+在线决策"的求解思路:一是设计问题驱动的启发式方法快速生成解,以满足时效性要求;二是在离线计算环境下对解空间进行探索和开发,提取专家知识并借助模仿学习手段提升启发式方法的优化效果,从而高效求解大单量场景下的订单指派问题。

6.2 算法设计

6.2.1 算法框架

"离线学习+在线决策"指派框架的示意图如图 6-1 所示,首先,基于历史数据进行离线优化,生成数据集并训练机器学习模型学习有效知识;其次,将训练好的机器学习模型部署于线上辅助决策。框架的两个主要环节介绍如下。

（1）离线学习：首先，采用专家算法离线求解由历史数据生成的算例，生成高质量的指派解作为专家知识；其次，采用同样的算例对机器学习模型进行训练，在训练过程中引入专家知识，引导机器学习模型学习采取何种指派动作。

（2）在线决策：将离线训练好的机器学习模型嵌入启发式指派算法中，并将二者部署于线上进行订单指派。遇到不同的配送场景，机器学习模型能够做出从专家知识中所学习到的高质量决策，从而提升整体的优化质量。

可见，"离线学习＋在线决策"指派框架的核心在于，利用专家知识训练出能够有效辅助优化决策的机器学习模型。实现这一目标的技术路径可灵活选择，本章采用模仿学习的思路，进而将问题转化为如何产生模型能够学习的包含状态（特征）和动作（标签）的训练集。每个样本对应模型遇到的状态（模型预测所需的信息）及模型需要学习的动作（希望模型能够预测的结果）。无论是生成训练集还是训练过程，都能够离线进行，这也意味着有充足的时间来探索和开发订单指派问题的解空间，以生成高质量的数据集。

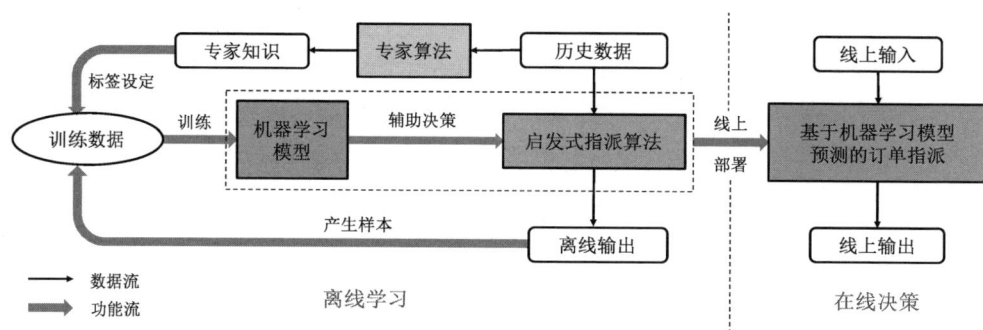

图 6-1　"离线学习＋在线决策"指派框架

基于上述框架及问题转化，本章提出一种基于模仿学习的迭代匹配算法（imitation learning-enhanced iterated matching algorithm，ILIMA），3 个基础模块的设计如下。

（1）启发式指派算法：多阶段迭代匹配算法，用于快速产生部分解。

（2）专家算法：多邻域搜索算法，用于生成高质量的专家解。

（3）机器学习模型：XGBoost 模型，用于辅助决策，生成满意解。

下面介绍 3 个模块的具体设计。

6.2.2　启发式指派算法

作为指派框架的主体，启发式指派算法需兼备求解质量和效率，为此，本章提出一种多阶段迭代匹配算法。为保证求解效率，多阶段迭代匹配算法通过筛选每个新单最合适的候选骑手来缩减解空间，从而减少计算时间；为保证求解质量，多阶段迭代匹配算法利用机器学习模型预测最佳的新单骑手匹配关系。本章的多阶段迭代匹配算法与第 5 章的迭代匹配算法的区别在于新增 Top-K 筛选环节,从而扩充最佳匹配的骑手范围。由于将非最佳骑手也纳入多对一最佳匹配中,多阶段迭代匹配的算法环节多于迭代匹配,故称为"多阶段"迭代匹配算法,其流程图如图 6-2 所示。

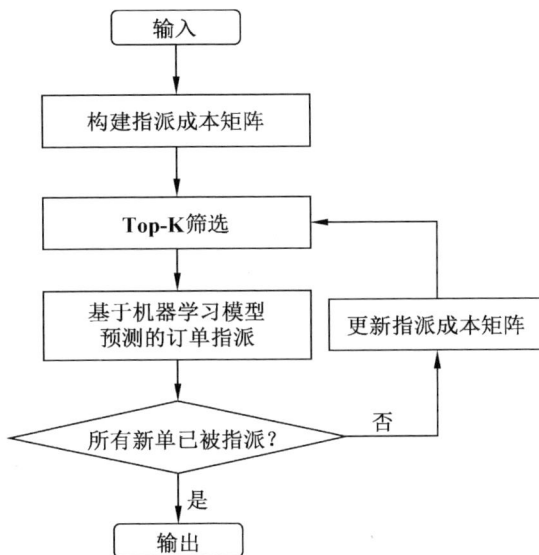

图 6-2　多阶段迭代匹配流程图

1. 构建指派成本矩阵

本章构建指派成本矩阵的方法与 5.2.2 节一致,指派成本矩阵 $(C_{i,j})_{n \times m}$ 中的每个元素 $C_{i,j}$ 为将新单 o_i 指派给骑手 q_j 对应的配送成本,即 $C_{i,j} = f^{\mathrm{DC}}(O_j^{\mathrm{n}})$ 且 $O_j^{\mathrm{n}} = \{o_i\}$,可由式(1-47)计算获得。

2. Top-K 筛选

Top-K 筛选用于削减匹配空间。对每个新单,其指派成本最低的 K 个骑手被筛选为候选骑手。此外,成为候选骑手还需满足一定的条件,即与最佳骑手的指派成本之差小于阈值 Tr。记新单 o_i 的候选骑手集合为 R_i^{c},在后续的匹配过程中,新单只会指派给候选骑手;相应地,每个骑手 q_j 也可能会成为一个或多个新单的候选骑手,记这些新单为该骑手的候选新单,构成骑手 q_j 的候选新单集合 O_j^{c};记所有候选骑手构成的骑手集合为 R^{cs},则 Top-K 筛选的详细描述如算法 6.1 所示。

算法 6.1　Top-K 筛选

输入：指派成本矩阵和未指派新单集合 U，阈值 Tr

1：　　初始化 $R^{cs} \leftarrow \varnothing$，$O_1^c, O_2^c, \cdots, O_m^c \leftarrow \varnothing$，$R_1^c, R_2^c, \cdots, R_n^c \leftarrow \varnothing$

2：　　**For** o_i **in** U：

3：　　　　将指派成本矩阵中第 i 行的元素值按升序排序：

$$C_{i,1}, C_{i,2}, \cdots, C_{i,m} \Rightarrow C_{i,[1]}, C_{i,[2]}, \cdots, C_{i,[m]}$$

4：　　　　**For** $j = 1$ **to** K：

5：　　　　　　**If** $C_{i,[j]} - C_{i,[1]} < \text{Tr}$：

6：　　　　　　　　$R_i^c \leftarrow R_i^c \cup \{q_{[j]}\}$　　// 骑手 $q_{[j]}$ 作为新单 o_i 的候选骑手

7：　　　　　　　　$O_{[j]}^c \leftarrow O_{[j]}^c \cup \{o_i\}$　　// 新单 o_i 作为骑手 $q_{[j]}$ 的候选新单

8：　　　　　　　　$R^{cs} \leftarrow R^{cs} \cup \{q_{[j]}\}$

9：　　　　　　**End if**

10：　　　　**End for**

11：　　**End for**

输出：候选骑手集合 R^{cs}、每个新单的候选骑手集合 $\{R_1^c, R_2^c, \cdots, R_n^c\}$ 和每个骑手的候选新单集合 $\{O_1^c, O_2^c, \cdots, O_m^c\}$

---

3. 基于机器学习模型预测的订单指派

针对 Top-K 筛选得到的候选骑手和候选新单，采用机器学习模型从中预测最佳匹配关系。

首先，定义排序分（rank score，RS）评估新单和骑手的匹配合适度，如下所示：

$$\text{RS}_{i,j} = Y(q_j, o_i) + rv_i \tag{6-1}$$

其中，$Y(q_j, o_i)$ 为机器学习模型所预测的新单 o_i 和骑手 q_j 的匹配合适度；rv_i 为新单 o_i 的后悔值，其定义与 4.2.4 节一致。$Y(q_j, o_i)$ 与 rv_i 互相补充，共同刻画新单和骑手的匹配合适度：一方面，rv_i 能够表征新单的关键程度，rv_i 越大，新单 o_i 对应的最佳骑手和次佳骑手的指派成本相差越大，此时新单 o_i 的指派越关键，其对应的候选骑手也越关键；另一方面，模型的预测值 $Y(q_j, o_i)$ 包含了新单 o_i 和不同骑手 q_j 的匹配合适度，更具全局性，弥补 rv_i 仅仅包含两个骑手信息的局限性。

通过引入上述排序分，基于机器学习模型预测的订单指派详细流程如算法 6.2 所示，主要包含以下两个步骤。

步骤 1：骑手匹配新单

在 Top-K 筛选后，每个候选骑手 $q_j \in R^{cs}$ 可能对应于多个候选新单，即 $|O_j^c| > 1$，记这类骑手为关键骑手。与 5.2.2 节的分析一致，由于缺少多单指派给一个骑手的决策信息，并且为了平衡骑手负载，同样只进行一个骑手对一个新单的

匹配：首先，计算每个候选骑手 q_j 与每个候选新单 o_i 之间的特征（6.2.4 节将详细介绍），以及二者的匹配合适度 $Y(q_j, o_i)$，从而得到排序分 $RS_{i,j}$；其次，将排序分最大的新单与候选骑手 q_j 相匹配。

步骤 2：新单派给骑手

由于 Top-K 筛选为每个候选新单匹配了多个候选骑手，在执行步骤 1 后，依然可能出现一个新单匹配多个候选骑手的情况。此时，从多个候选骑手中确定排序分最大的骑手，并将该候选新单指派给该骑手。对于一个候选新单而言，其后悔值只由最佳骑手和次佳骑手的指派成本所决定，因此其所有候选骑手对应的后悔值相同，故将候选新单指派给排序分最大的骑手等价于指派给模型预测匹配合适度最高的骑手，即当前步骤完全由模型进行决策。

在步骤 2 中，每个新单只能指派给步骤 1 中匹配的骑手。考虑到机器学习预测值较大或者后悔值较大均可能导致排序分高，分两类情况分析步骤 1 构成的新单骑手匹配关系对步骤 2 的影响。第一类，对于预测值大的候选新单，将其指派给该候选骑手更可能促成高质量的指派结果；第二类，对于后悔值大的候选新单，相比其他后悔值更小的候选新单而言，能够使其优先进入步骤 2 的指派决策，进而尽可能避免多轮指派后消耗过多优质骑手运力导致该单找不到合适骑手。

算法 6.2　基于机器学习模型预测的订单指派

输入：候选骑手集合 R^{cs} 和候选新单集合 $\{O_1^c, O_2^c, \cdots, O_m^c\}$

1：　**For** q_j **in** R^{cs}：　// 步骤 1：骑手匹配新单

2：　　**For** o_i **in** O_j^c：　// 计算排序分

3：　　　计算 o_i 和 q_j 对应的特征 $\mathbf{F}_{j,i}$

4：　　　基于 $\mathbf{F}_{j,i}$ 采用机器学习模型预测匹配合适度 $Y(q_j, o_i)$

5：　　　$RS_{i,j} \leftarrow Y(q_j, o_i) + rv_i$

6：　　**End for**

7：　　$o_{i'} \leftarrow \underset{o_i \in O_j^c}{\arg\max}\ RS_{i,j}$

8：　　$R_{i'}^s \leftarrow R_{i'}^s \bigcup \{q_j\}$　// q_j 作为新单 $o_{i'}$ 的可指派骑手

9：　　$O^s \leftarrow O^s \bigcup \{o_{i'}\}$

10：　**End for**

11：　**For** o_i **in** O^s：　// 步骤 2：新单派给骑手

12：　　$q_{j'} \leftarrow \underset{q_j \in R_i^s}{\arg\max}\ RS_{i,j}$

13：　　$O_{j'}^n \leftarrow O_{j'}^n \bigcup \{o_i\}$　// 将新单 o_i 指派给骑手 $q_{j'}$

14：　　$U \leftarrow U \setminus \{o_i\}$

15： **End for**

输出：部分解 $\{O_1^n, O_2^n, \cdots, O_m^n\}$ 和轮空新单集合 U

4. 更新指派成本矩阵

上述方式为一对一指派，会造成部分新单被轮空。被指派新单的骑手状态发生变化，此类骑手配送轮空新单的指派成本也发生变化，因此需要对指派成本矩阵进行更新。更新规则与 5.2.2 节类似，唯一不同的是骑手的旧路径不会更新为新路径。目标函数只与最终的新路径和原始的旧路径相关，与指派过程中的中间路径无关，因此，本章的更新规则能够更好地与目标函数相关联。以图 6-3 举例，假设新单 o_1、o_2 和 o_4 分别指派给骑手 q_1、q_4 和 q_3，新单 o_3 轮空，则骑手 q_1、q_4 和 q_3 的路径会分别基于订单集合 $O_1^o \bigcup \{o_1, o_3\}$、$O_4^o \bigcup \{o_2, o_3\}$ 和 $O_3^o \bigcup \{o_3, o_3\}$ 重新规划生成新路径，然后基于新路径和原始旧路径计算新的指派成本 $C'_{3,1}$、$C'_{3,4}$ 和 $C'_{3,3}$，并更新在指派成本矩阵中。

骑手 订单	q_1	q_2	q_3	q_4	rv
o_1	3	7	9	8	4
o_2	6	7	4	1	3
o_3	4	8	7	6	2
o_4	3	5	2	7	1

图 6-3　指派成本矩阵示意图

6.2.3　专家算法

专家算法的作用是产生高质量的指派方案供机器学习模型学习。生成专家解的过程是离线的，因此相比在线优化具有更加宽裕的计算时间。但构建训练样本需生成大量专家解，因此专家算法也不宜过于耗时。考虑到订单指派问题与经典的广义指派问题（generalized assignment problem，GAP）具有相似的特点，本节基于 GAP 的优化方法[1]设计多种邻域搜索算子，进而提出一种多邻域搜索算法作为专家算法，具体如下。

1. 邻域搜索算子

1) shift 算子

shift 操作定义为将一个新单重新指派给另一个候选骑手。shift 邻域中的每个邻域解通过一步 shift 操作生成，如图 6-4 所示。一个解的完整 shift 邻域通过对每个新单 $o_i \in O$ 执行所有可能的 shift 操作构建而成。在构建 shift 邻域的过程中,一旦发现比原始解更优的邻域解,构建过程终止,并将该邻域解作为 shift 算子的输出解。shift 算子的详细过程如算法 6.3 所示。

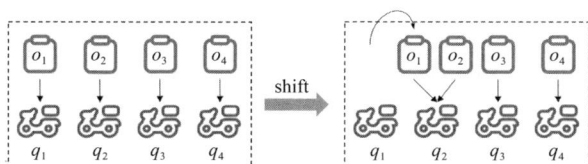

图 6-4　shift 操作示意图

算法 6.3　shift 算子

输入:解 S 和每个新单的候选骑手集合 $R^c = \{R_1^c, R_2^c, \cdots, R_n^c\}$

1:　令 $\tilde{S} \leftarrow S$

2:　**For** o_i **in** O:

3:　　记 $\tilde{q}$ 为 S 中新单 o_i 被指派的骑手

4:　　**For** q_j **in** $R_i^c \backslash \{\tilde{q}\}$:

5:　　　将新单 o_i 重新指派给骑手 q_j

6:　　　**If** S 优于 $\tilde{S}$:

7:　　　　**Return** S

8:　　　**End if**

9:　　　令 $S \leftarrow \tilde{S}$

10:　　**End for**

11:　**End for**

输出:新解 S

---

2)double-shift 算子

在 double-shift 邻域中,每个邻域解通过 double-shift 操作生成。一步 double-shift 操作包含两个 shift 操作并生成两个邻域解:①double-shift-cyc 操作,交换两个新单的被指派骑手;②double-shift-path 操作,将一个新单 o_i 指派给其指派成本最低的骑手 q_*,然后从其他骑手身上选择一单指派给 o_i 的原骑手。操作如图 6-5 所示。

一次 double-shift 操作包含了两个新单的重分配。一个解的完整 double-shift 邻域由遍历任意两个不同新单之间所有可能的 double-shift 操作构建而成。与 shift 算子类似,当构建 double-shift 邻域过程中产生比原始解更优的邻域解时,终止构建过程并将该邻域解作为 double-shift 算子的输出解。double-shift 算子的详细过程如算法 6.4 所示。

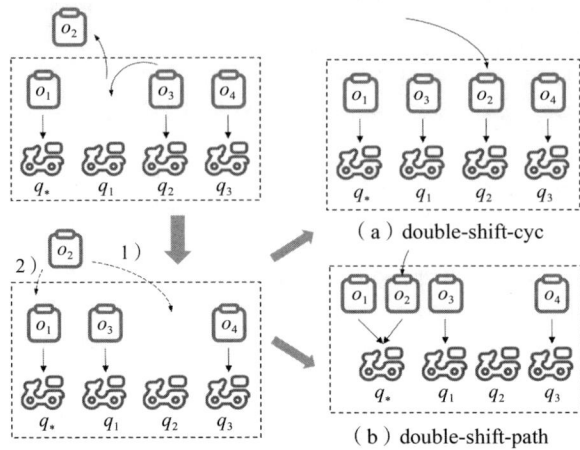

（a）double-shift-cyc

（b）double-shift-path

图 6-5 double-shift 操作示意图

算法 6.4 double-shift 算子

输入：解 $S = \{O_1^n, O_2^n, \cdots, O_m^n\}$，每个新单的候选骑手集合 $R^c = \{R_1^c, R_2^c, \cdots, R_n^c\}$，每个骑手的候选新单集合 $O^c = \{O_1^c, O_2^c, \cdots, O_m^c\}$

1： 随机产生一个新单顺序：$O \leftarrow \mathrm{shuffle}(O)$

2： 令 $\tilde{S} \leftarrow S$

3： **For** o_i **in** O：

4：   找到 S 中被指派新单 o_i 的骑手 q_j

5：   在 $R_i^c \backslash \{q_j\}$ 中找到对应最小指派成本 $C_{i,*}$ 的骑手 q_*

6：   **For** $o_{i'}$ **in** $O_j^c \backslash \{o_i\}$：

7：   找到 S 中被指派新单 $o_{i'}$ 的骑手 $q_{j'}$

8：   **If** $q_{j'} = q_j$：

9：   Continue

10：   **End if**

11：   在 S 中交换新单 o_i 和新单 $o_{i'}$ 的被指派骑手

12：   **If** S 优于 $\tilde{S}$：

13：   Return S

14：   **End if**

15：   **If** q_* 不存在或者 $q_* = q_{j'}$：

16：   Continue

17：   **End if**

18：   令 $S \leftarrow \tilde{S}$

19：   在 S 中将新单 o_i 指派给骑手 q_* 并将新单 $o_{i'}$ 指派给骑手 q_j

20：	**If** S 优于 $\widetilde{S}$：
21：	Return S
22：	**End if**
23：	令 $S \leftarrow \widetilde{S}$
24：	**End for**
25：	**End for**
输出：新解 S

3）long-chain 算子

首先定义若干构建 long-chain 需用到的概念：①根订单 $o_i \in O^r$，满足以下两个条件的订单可作为根订单，一是根订单所指派的骑手能够被指派给其他新单，二是根订单可以被指派给其他骑手；②触发骑手 q_t，即被指派根订单或者在上一次 double-shift 操作中触发订单所指派的骑手；③触发订单 o_t，除触发骑手身上订单和根订单外，对触发骑手指派成本最低的订单为触发订单。

在 long-chain 邻域中，每个邻域解在构建 long-chain 的过程中生成，如图 6-6 所示。一条 long-chain 从根订单开始，通过对触发骑手和触发订单执行 double-shift 操作进行扩展，若执行下一次 double-shift 操作的触发订单在之前已经触发过 double-shift 操作，则终止扩展。所有在构建 long-chain 过程中生成的解均为 long-chain 的邻域解。一个解的完整 long-chain 邻域通过遍历所有根订单构建而成。当构建过程中产生比原始解更优的邻域解时，停止构建 long-chain 邻域并将该邻域解作为 long-chain 算子的输出解。long-chain 算子的详细过程如算法 6.5 所示。

算法 6.5　long-chain 算子

输入：解 $S = \{O_1^n, O_2^n, \cdots, O_m^n\}$，每个新单的候选骑手集合 $R^c = \{R_1^c, R_2^c, \cdots, R_n^c\}$，每个骑手的候选新单集合 $O^c = \{O_1^c, O_2^c, \cdots, O_m^c\}$

1：	令 $O^r \leftarrow \varnothing$　// 初始化根订单集合
2：	**For** $j = 1$ **to** m：
3：	**If** $\lvert O_j^n \rvert < \lvert O_j^c \rvert$：　// 骑手 q_j 可被指派其他新单
4：	找到 $O_j^c \backslash O_j^n$ 中指派成本最低的新单 o_t
5：	**For** o_i **in** O_j^n：
6：	**If** $\lvert R_i^c \rvert > 1$：　// 新单 o_i 可指派给其他骑手
7：	令 $O^r \leftarrow O^r \cup \{o_i\}$，$B(o_i) \leftarrow o_t$
8：	**End if**
9：	**End for**

10:　　**End if**

11:　**End for**

12:　令 $\tilde{S} \leftarrow S$，并随机打乱序列 O^r：$O^r \leftarrow \text{shuffle}(O^r)$

13:　**For** o_i **in** O^r：

14:　　找到 S 中被指派新单 o_i 的骑手 q_j

15:　　找到 $R_i^c \backslash \{q_j\}$ 中对应最小指派成本 $C_{i,*}$ 的骑手 q_*

16:　　令 $o_t \leftarrow B(o_i)$，$O^s \leftarrow \varnothing$

17:　　**Do**

18:　　　令 $O^s \leftarrow O^s \cup \{o_t\}$

19:　　　找到 S 中被指派新单 o_t 的骑手 q_t，并将 o_t 指派给骑手 q_j

20:　　　令 $\dot{S} \leftarrow S$，并在 S 中将新单 o_i 指派给骑手 q_t　　// double-shift-cyc

21:　　　**If** S 优于 $\tilde{S}$：

22:　　　　**Return** S

23:　　　**End if**

24:　　　令 $S \leftarrow \dot{S}$，并在 S 中将新单 o_i 指派给骑手 q_*　　// double-shift-path

25:　　　**If** S 优于 $\tilde{S}$：

26:　　　　**Return** S

27:　　　**End if**

28:　　　令 $S \leftarrow \dot{S}$，$q_j \leftarrow q_t$，$o_t \leftarrow B(o_t)$

29:　　**Until** $o_t \in O^s$

30:　**End for**

输出：新解 S

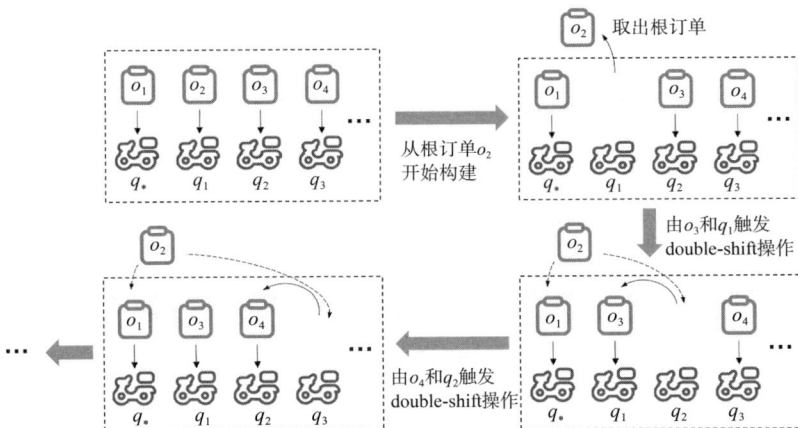

图 6-6　long-chain 算子示意图

2. 多邻域搜索

多邻域搜索采用 4.2.4 节中的 RGDH 生成初始解，通过贪婪指派算法执行上述邻域算子对初始解进行贪婪迭代搜索，最终输出的解作为专家解。详细过程如算法 6.6 所示。

算法 6.6　多邻域搜索

输入：RGDH 生成的初始解 S

1：　令 $S' \leftarrow S$

2：　令 $S \leftarrow shift(S)$

3：　**If** S 优于 S'

4：　　返回第 1 行

5：　**End if**

6：　令 $S' \leftarrow S$

7：　令 $S \leftarrow double\_shift(S)$

8：　**If** S 优于 S'

9：　　返回第 6 行

10：　**End if**

11：　令 $S \leftarrow long\_chain(S)$

输出：新解 $S = \{O_1^n, O_2^n, \cdots, O_m^n\}$

6.2.4　机器学习模型

在"离线学习＋在线预测"指派框架下，机器学习模型的作用是通过预测候选新单和关键骑手的匹配是否合理，辅助迭代指派算法进行派单决策。确定候选新单和关键骑手是否匹配合理可以转化为二元分类问题：对每个关键骑手 q_j，若某一候选新单 $o_i \in O_j^c$ 应该指派给该骑手，则标签为 1，否则标签为 0。转化为二元分类问题后，采用 2.3 节中的 XGBoost 模型求解该分类问题，数据集构建及模型训练方式的具体介绍如下。

1. 特征设计

特征主要分为全局特征与局部特征，如图 6-7 所示。全局特征为当前调度时刻下的整体信息，包括时空特征、骑手和订单数量特征、地理位置-ETA 相似度特征和指派成本特征；局部特征为所要考虑的关键骑手和候选新单之间的信息，包括候选新单和旧单数量特征、指派成本特征。上述特征的具体计算方式继承 5.2.3 节中的特征设计。

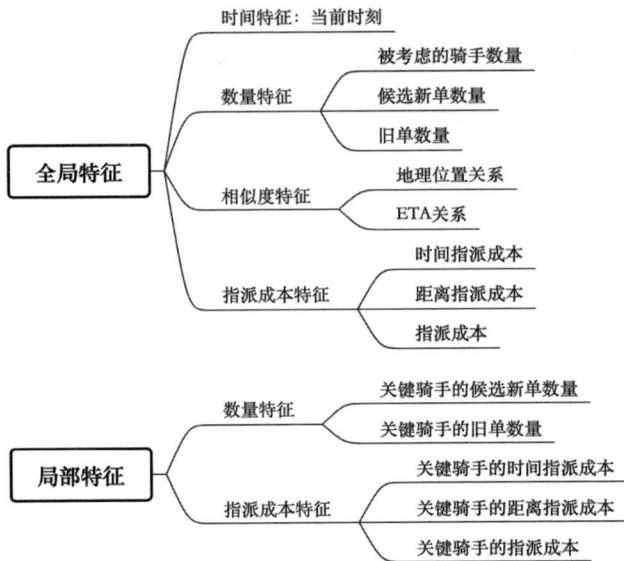

图 6-7　特征设计

2. 标签设定

标签设定指根据专家解将每条样本标定为正样本或者负样本。但是，专家解和需要标定的样本之间存在差异性。专家解记录的是全局指派结果，反映的是所有新单和所有骑手的指派关系，而在转化后的二分类问题中，一条样本对应的是一个关键骑手和一个候选新单之间是否匹配合理，反映的是一个关键骑手和一个候选新单之间的局部匹配关系。因此，设计如下步骤对专家解进行解构，从而实现标签设定。

步骤 1：采样状态

将机器学习模型嵌入多阶段迭代匹配算法中，对历史数据集进行求解。求解过程中，每当执行"基于机器学习模型预测的订单指派"环节时，对每对需预测匹配合适度的候选新单和关键骑手，计算图 6-7 中的特征作为状态，并形成一条样本。

步骤 2：产生专家解

对步骤 1 中的历史数据集，采用 6.2.3 节的多邻域搜索算法求解，并与步骤 1 中嵌入机器学习模型的多阶段迭代匹配算法生成的解进行对比，选择更优的解作为最终的专家解，以保证专家解质量不劣于机器学习模型辅助生成的解，从而引导模型尽可能往好的方向学习。

步骤 3：标定样本

对步骤 1 中的每一条样本，若其对应的候选新单在专家解中被指派给对应的关键骑手,则该样本设定为正样本,否则为负样本。

由于多阶段迭代匹配算法为序贯决策过程,当前轮次的订单指派结果会影响后续轮次的订单指派结果。考虑一种特殊情况,当机器学习模型做出错误决定时,即把一个在专家解中没有指派给关键骑手的候选新单指派给关键骑手,此时,无论其他候选新单和关键骑手之间如何匹配,很可能均难以还原专家解中的整体指派关系。从另一个角度看,当机器学习模型做出错误动作时,可能会遇到专家解没有遇到过的状态,此时,专家解的匹配关系不能用于指导模型学习。因此,在标定的过程中,若模型在某一轮次中做出错误的决策,则后续轮次的样本均被舍弃。

3. 训练方式

本章采用监督学习的方式训练机器学习模型实现模仿学习,该训练方式难以避免的一个问题是专家和模型采样到的状态分布不一致[2]。上述舍弃样本的方法可以缓解这个问题,但同时也大大减少了训练样本数量,可能导致训练不充分。为克服这个问题,采用数据集聚合(dataset aggregation,DAgger)算法[3]训练模型,该算法相比纯监督学习能够取得更好的训练效果[4]。DAgger 算法对机器学习模型进行迭代训练,每一次迭代,都会将模型以往所遇到的状态扩充到训练集中[5]。除增加训练样本数量的作用外,整合历史数据也能够起到纠正模型过去错误的效果。本章采用的 DAgger 算法细节如算法 6.7 所示。

算法 6.7　DAgger 算法

1：　初始化 $\pi_0 \leftarrow$ RGDH

2：　初始化 expert $\leftarrow$ 多邻域搜索

3：　初始化数据集 $D = \{(\text{state}(\pi_0), \text{action}(\text{expert}))\}$,由 π_0 遇到的状态和 expert 执行的动作构成

4：　采用 D 训练分类器 π_1

5：　**For** $d = 1$ **to** DT：

6：　　产生由 π_d 遇到的状态和 expert 执行的动作构成的数据集 $D_d = \{(\text{state}(\pi_d),$ $\text{action}(\text{expert}))\}$

7：　　合并数据集：$D \leftarrow D \cup D_d$

8：　　采用 D 训练分类器 π_d

9：　**End for**

10：　**Return** π_{DT}

6.3 离线数值实验

6.3.1 实验设置

1. 数据集说明及参数设置

由于全天订单主要集中在午高峰,为验证模型在大单量场景下的优化效果,选择美团配送平台上某城市上午 10 点到下午 2 点的数据生成数据集,调度时间窗设为 1 min。

计算目标函数所用的系数 θ、Θ、κ、σ、α 和 β 与 4.3.1 节设置一致。本章所提算法的 3 个主要参数根据预实验设置如下:①K,用于控制一个新单能够匹配的最大候选骑手数量。K 越大,多阶段迭代匹配的指派轮次越多,也越耗时;K 越小,算法的探索能力下降。因此,对 K 进行动态设置,第一个指派轮次的 K 设为 2,后续指派轮次的 K 设为 1。②Tr,用于筛选指派成本较小的候选骑手。Tr 的取值依赖于指派成本的量级,经预实验统计分析,同一个新单的候选骑手之间指派成本差异 Δ_{DC} 的量级约为 1,因此,折中取 Tr 为 $0.5 \times \Delta_{DC} = 0.5$。③DT,用于控制 DAgger 算法的迭代次数,本章设置 DT=5。

2. 对比算法

考虑到实际配送场景的复杂特性,现有针对即时配送问题的文献中的精确算法和元启发式算法难以直接套用,因此,选取文献中的代表性启发式算法及美团算法进行对比,三种对比算法具体如下。

(1) RGDH:4.2.4 节的基于后悔值的贪婪指派算法,由于已在美团推广应用,故可视作美团算法。

(2) 分配算法(assignment heuristic,AH):用于求解餐馆送餐问题(restaurant meal delivery problem[6]),该问题考虑将若干个未指派的订单分配给若干车辆进行配送,与本章研究问题接近,并且在方法选型上同样采用启发式算法,故将 AH 作为对比算法。

(3) 爬山算法(hill-climbing algorithm,HCA)[7]:用于求解打车平台的订单指派问题。尽管该问题与本章的问题背景不同,但问题设定类似,即考虑若干订单分配给若干司机,并且同为在线决策问题,故采用 HCA 作为对比算法。

尽管问题总体类似,但具体细节存在差异,因此无法直接套用 AH 和 HCA。在不改变原始算法机制的前提下,对两个对比算法进行一定程度的问题适配,使得二者能够适用于求解本章研究的即时配送订单指派问题,具体如下。

（1）在文献[6]中，AH 首先对 n 个新单产生 $n!$ 个新单序列，对每个序列，AH 依次将新单指派给指派成本最低的骑手，直到所有新单都被指派完毕。每个序列按照如上的指派方式都能产生一个完整的解，因此总共产生 $n!$ 个解，AH 选择目标函数值最小的解作为最终的指派方案。考虑到高时效性要求，无法一一评价所有解。因此，本节只采用一个序列用于生成指派解。由于指派解的质量与序列中的新单顺序息息相关，设计如下不同规则生成新单序列：

① Greedy rule：将新单按照指派成本升序排列。

② Maximum rule：将新单按照指派成本降序排列。

③ Regret rule：将新单按照后悔值降序排列。

④ Random rule：将新单随机排列。

结合上述排序规则，得到 AH 的 4 个变种算法为 gAH、mAH、rgAH 和 rdAH，为表述方便，记 4 个变种算法为 AHs。

（2）在文献[7]中，每个订单可以分配给多个司机，但一个司机一次只能被分配一个订单；对于即时配送订单指派问题，每个订单只能指派给一个骑手，但一个骑手可以被指派多个订单。根据对偶性，转换 HCA 中的订单和司机的关系使其适配即时配送订单指派问题，适配后的 HCA 步骤如下：首先，HCA 通过将每个新单指派给候选骑手产生初始解；其次，尝试将新单重新指派给其他候选骑手产生新解，若目标函数改善则接受新解，直到所有新单和骑手都被遍历为止。由于 HCA 的效果与初始解的质量息息相关，设计如下不同方法生成初始解：

① RGDH：4.2.4 节的基于后悔值的贪婪指派算法。

② IM-MIN：5.3.1 节中表现较优的对比算法。

③ IM-MAX：5.3.1 节中表现较优的对比算法。

④ IM-RD：5.3.1 节中表现较优的对比算法。

结合上述初始化方法，记得到 HCA 的 4 个变种算法分别为 rgHCA、gHCA、mHCA 和 rdHCA。为表述方便，记 4 个变种算法为 HCAs。此外，RGDH、IM-MIN、IM-MAX 和 IM-RD 本身也作为对比算法，记为 RGDHs。

为验证所提算法引入机器学习模型辅助决策的有效性，设计变种算法 nILIMA，nILIMA 的排序分不包含模型预测的匹配合适度，其余环节与所提算法相同。

3. 评价指标

从算法效果和算法效率两个方面验证算法有效性。

算法效果的评价指标选取如下：采用 4.3.1 节中单均配送成本 ADC 的 RPD 值作为评价优化效果的指标，采用 4.3.1 节中的超时率 DR 作为衡量用户体验的观测指标，采用如下的离线单均配送时长（offline average delivery time per order，

OADT）作为衡量配送效率的观测指标，则有

$$\mathrm{OADT} = \frac{1}{|O|} \sum_{o_i \in O} (\mathrm{DT}_i - \mathrm{RT}_i) \tag{6-2}$$

其中，O 为当前调度时刻下的所有订单；DT_i 为订单 o_i 送达用户的时刻；RT_i 为平台接收订单 o_i 的时刻。OADT 衡量服务一个订单的平均效率。

评价算法效率的指标为计算成本。离线实验在云服务器上的分布式计算环境下运行，并且不同服务器的运行环境不同，因此难以直接采用算法运行时间作为评价算法效率的指标。为此，定义与运行环境无关的指标评价算法效率。算法执行过程中的大部分时间用于计算指派成本，故采用指派成本的计算次数作为算法效率指标，具体为，记计算一个新单和一个骑手的指派成本为一次评价，定义计算成本为算法运行过程中所消耗的总评价次数。

6.3.2 算法优化效果及效率评估

为探究算法在不同新单数量下的统计结果，将数据集按新单数量分组，如图 6-8 所示，区间为新单数量的范围；比例为当前分组下的算例数量占所有算例的比例；分组规则为尽可能使得每一组的算例数量均匀分布。各算法 ADC 的 RPD 值对比结果见表 6-1。

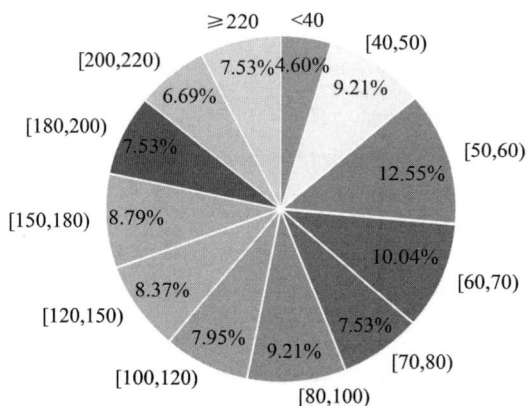

图 6-8　按新单数量分组的数据集分布

表 6-1　各算法 ADC 的 RPD 值对比结果

分组	1	2	3	4	5	6	7
n	<40	[40,50)	[50,60)	[60,70)	[70,80)	[80,100)	[100,120)
IM-MIN	13.494	12.739	12.583	13.101	14.582	14.852	17.789
IM-MAX	10.227	11.231	10.885	12.791	12.901	13.504	15.946

续表

分组	1	2	3	4	5	6	7
n	<40	[40,50)	[50,60)	[60,70)	[70,80)	[80,100)	[100,120)
IM-RD	12.061	13.097	12.256	12.149	13.428	14.261	16.172
RGDH	11.277	10.750	11.021	11.960	12.671	13.544	15.698
gAH	12.446	13.101	13.087	12.179	13.674	13.792	17.723
mAH	9.014	9.950	9.644	11.449	11.610	12.075	14.966
rdAH	10.647	10.859	10.265	12.225	11.919	12.078	16.541
rgAH	11.039	10.325	10.532	11.254	12.181	11.710	14.402
gHCA	12.762	12.684	12.515	12.735	13.859	14.165	17.041
mHCA	8.807	10.885	10.530	12.792	12.149	13.197	15.453
rdHCA	9.539	11.136	11.893	13.016	13.300	13.370	16.028
rgHCA	10.362	10.598	10.762	11.654	12.013	13.086	15.076
nILIMA	**5.964**	10.331	6.465	6.975	8.353	8.244	11.488
ILIMA	5.976	**8.886**	**5.928**	**6.261**	**6.846**	**7.166**	**9.437**

分组	8	9	10	11	12	平均
n	[120,150)	[150,180)	[180,200)	[200,220)	≥220	
IM-MIN	17.750	20.199	22.814	22.250	22.196	17.029
IM-MAX	17.393	19.275	21.610	21.829	20.272	15.655
IM-RD	18.279	19.470	22.397	20.613	21.030	16.268
RGDH	16.095	17.708	20.502	19.983	19.142	15.029
gAH	18.027	19.737	22.517	22.419	22.592	16.775
mAH	14.997	17.594	18.819	21.251	18.239	14.134
rdAH	16.885	18.887	20.414	20.684	20.544	15.162
rgAH	14.846	16.911	18.165	19.258	16.963	13.966
gHCA	17.815	20.388	21.594	22.561	22.216	16.695
mHCA	16.890	19.661	20.506	22.077	20.218	15.264
rdHCA	18.253	19.636	21.652	22.097	22.390	16.026
rgHCA	15.944	17.939	19.238	20.392	19.084	14.679
nILIMA	13.130	15.860	18.554	18.638	16.420	11.702
ILIMA	**11.987**	**14.819**	**16.691**	**16.357**	**14.957**	**10.443**

各算法对目标函数的优化效果如表 6-1 所示，表中标粗的值为当前分组下所有算法中的最好结果。由表 6-1 可见，本章所提算法的 PRD 值在各个分组下均优于 RGDHs、AHs 和 HCAs，表明本章所提算法在优化效果上优于三类对比算法。从总体上看，表 6-1 中的实验结果验证了本章所提算法在优化即时配送订单指派问题上的有效性。

表 6-1 中结果显示，本章所提算法在第 2～12 组的 RPD 值均优于未使用机器学习模型预测匹配合适度的 nILIMA，但在第一组新单数量小于 40 的情况下劣于 nILIMA，这是由以下两方面原因造成的：一方面是当新单数量较小时，优化的难度更低，因此，每个算法的 RPD 值均较小，表明每个算法与专家解的差距越小，这也意味着留给机器学习模型的优化裕量越小；另一方面是机器学习模型在决策的过程中无法完全准确预测新单和骑手的匹配合适度，会做出误判导致整体优化效果有所恶化，当误判带来的损失大于优化裕量时，所提算法的整体效果便劣于无模型预测的 nILIMA。尽管如此，二者在第一组上的 RPD 值相差不大，并且在其余分组下，本章所提算法均要明显优于 nILIMA，因此，上述实验结果及分析验证了本章所提机器学习模型辅助决策机制的有效性。

此外，表 6-1 中结果显示，尽管 nILIMA 的整体表现优于 RGDHs、AHs 和 HCAs，但随着问题规模的增大，nILIMA 与三类对比算法在 RPD 值上的差距越来越小，尤其是在第 10、11、12 组中，nILIMA 的 RPD 值几乎等同于 rgAH。但是，与 nILIMA 完全不同的是，本章所提算法在各个分组下相对其他对比算法都保持稳定的优势。上述结果和分析表明，在应对问题的大规模性的挑战中，本章所提算法具有一定的鲁棒性。

观测指标的实验结果如表 6-2 和表 6-3 所示，表中标粗的值为当前分组下所有算法中的最好结果。实验结果表明，本章所提算法和 nILIMA 在各个分组下均优于其他对比算法。对于 OADT 指标，尽管本章所提算法不如 nILIMA 取得最好结果的次数多，但本章所提算法在 12 个分组中的 7 个分组都取得了比 nILIMA 更优的结果，并且平均 RPD 值比 nILIMA 小。此外，本章所提算法在 DR 指标上取得了最多的最好结果次数。综合两个观测指标的实验结果表明，本章所提算法相比其他对比算法能够有效改善配送效率和用户体验。

表 6-2　各算法 OADT 的对比结果　　　　　　单位：min

分组	1	2	3	4	5	6	7
n	<40	$[40,50)$	$[50,60)$	$[60,70)$	$[70,80)$	$[80,100)$	$[100,120)$
IM-MIN	27.275	27.933	28.458	28.998	31.387	31.997	32.613
IM-MAX	27.282	27.941	28.466	29.007	31.391	32.010	32.618
IM-RD	27.276	27.935	28.461	29.002	31.387	32.000	32.618

续表

分组	1	2	3	4	5	6	7
n	<40	$[40,50)$	$[50,60)$	$[60,70)$	$[70,80)$	$[80,100)$	$[100,120)$
RGDH	27.285	27.935	28.463	29.005	31.388	32.002	32.616
gAH	27.257	27.864	28.418	29.105	31.021	31.966	**32.488**
mAH	27.267	27.872	28.429	29.109	31.023	31.978	32.501
rdAH	27.265	27.866	28.418	29.108	31.022	31.973	32.495
rgAH	27.271	27.868	28.424	29.108	31.024	31.973	32.499
gHCA	27.256	27.862	28.420	29.102	31.018	31.964	32.494
mHCA	27.263	27.873	28.428	29.108	31.023	31.976	32.498
rdHCA	27.252	27.866	28.426	29.106	31.020	31.972	32.496
rgHCA	27.267	27.866	28.424	29.107	31.019	31.969	32.497
nILIMA	27.159	**27.678**	28.152	**29.058**	**30.443**	**31.644**	33.424
ILIMA	**27.147**	27.685	**28.148**	29.060	30.444	31.646	33.420

分组	8	9	10	11	12	平均
n	$[120,150)$	$[150,180)$	$[180,200)$	$[200,220)$	$\geqslant 220$	
IM-MIN	35.735	**35.415**	34.294	35.602	**34.406**	32.009
IM-MAX	35.750	35.432	34.315	35.615	34.429	32.021
IM-RD	35.742	35.424	34.303	35.607	34.412	32.014
RGDH	35.745	35.418	34.297	35.610	34.411	32.015
gAH	35.730	35.554	34.213	35.469	34.413	31.958
mAH	35.745	35.573	34.239	35.494	34.441	31.973
rdAH	35.737	35.562	34.222	35.475	34.428	31.964
rgAH	35.740	35.564	34.224	35.480	34.420	31.966
gHCA	35.731	35.555	34.217	35.469	34.416	31.959
mHCA	35.744	35.571	34.239	35.484	34.439	31.971
rdHCA	35.736	35.560	34.228	35.479	34.420	31.963
rgHCA	35.740	35.560	34.219	35.476	34.420	31.964
nILIMA	34.154	35.928	**33.420**	34.943	34.502	31.709
ILIMA	**34.152**	35.925	33.431	**34.934**	34.494	**31.707**

表 6-3 各算法 DR 的对比结果 单位：%

分组	1	2	3	4	5	6	7
n	<40	[40,50)	[50,60)	[60,70)	[70,80)	[80,100)	[100,120)
IM-MIN	**12.850**	15.675	19.189	**18.929**	25.088	25.503	26.262
IM-MAX	12.976	15.680	19.209	18.943	25.085	25.524	26.238
IM-RD	12.865	15.669	19.187	18.932	25.089	25.504	26.254
RGDH	12.904	15.639	19.195	18.932	25.083	25.488	26.249
gAH	13.051	15.435	18.804	19.518	24.063	25.577	26.077
mAH	13.190	15.428	18.826	19.521	24.048	25.584	**26.049**
rdAH	13.054	15.451	18.802	19.511	24.048	25.595	26.076
rgAH	13.111	15.410	18.819	19.508	24.068	25.566	26.071
gHCA	13.055	15.439	18.811	19.511	24.063	25.578	26.085
mHCA	13.212	15.449	18.839	19.513	24.059	25.591	26.061
rdHCA	13.112	15.429	18.813	19.516	24.044	25.596	26.079
rgHCA	13.134	15.402	18.827	19.499	24.059	25.560	26.073
nILIMA	12.935	15.132	17.814	19.314	22.436	**24.741**	28.211
ILIMA	12.926	**15.113**	**17.808**	19.339	**22.421**	24.751	28.240

分组	8	9	10	11	12	平均
n	[120,150)	[150,180)	[180,200)	[200,220)	≥220	
IM-MIN	32.724	**31.218**	27.213	30.222	26.244	24.260
IM-MAX	32.768	31.291	27.275	30.257	26.273	24.293
IM-RD	32.761	31.246	27.261	30.220	26.236	24.269
RGDH	32.734	31.225	27.224	30.236	26.220	24.261
gAH	32.752	31.607	27.519	29.651	26.233	24.191
mAH	32.782	31.657	27.546	29.765	26.261	24.221
rdAH	32.758	31.613	27.500	29.690	26.249	24.196
rgAH	32.760	31.623	27.485	29.714	**26.187**	24.194
gHCA	32.760	31.594	27.510	29.694	26.245	24.195
mHCA	32.800	31.674	27.570	29.741	26.273	24.232
rdHCA	32.768	31.632	27.528	29.720	26.224	24.205

分组	8	9	10	11	12	平均
n	$[120,150)$	$[150,180)$	$[180,200)$	$[200,220)$	$\geqslant 220$	
rgHCA	32.765	31.623	27.485	29.727	26.219	24.198
nILIMA	28.973	32.274	26.023	28.305	26.813	23.581
ILIMA	**28.971**	32.251	**26.002**	**28.284**	26.792	**23.575**

算法运行效率的实验结果如表 6-4 所示，其中标粗数据为当前分组下所有算法中的最好结果。总体上看，RGDHs 消耗了最少的评价次数。根据 6.2.2 节中的分析，多阶段迭代匹配的算法环节多于迭代匹配，因此所提算法在运行效率方面劣于 RGDHs。尽管如此，本章所提算法的计算成本优于其他对比算法，并且，本章所提算法与 RGDHs 之间的差距明显小于其他对比算法与 RGDHs 之间的差距。因此，上述实验结果及分析表明，相比 nILIMA、AHs 和 HCAs，本章所提算法在运行效率上具有优越性。

表 6-4　各算法运行效率的对比结果

分组	1	2	3	4	5	6	7
n	<40	$[40,50)$	$[50,60)$	$[60,70)$	$[70,80)$	$[80,100)$	$[100,120)$
IM-MIN	442.5	579.0	**860.3**	1 074.7	1 512.1	2 602.2	4 449.2
IM-MAX	443.0	**577.1**	862.4	**1 071.5**	1 512.7	2 606.2	4 439.7
IM-RD	**442.2**	575.9	859.9	1 072.4	**1 509.2**	2 601.1	4 445.7
RGDH	442.5	578.4	862.1	1 073.2	1 509.6	**2 599.3**	**4 436.1**
gAH	1 480.8	1 994.5	2 422.8	3 574.7	4 584.2	6 636.5	10 465.5
mAH	1 470.9	1 987.8	2 422.6	3 570.2	4 582.4	6 628.7	10 455.5
rdAH	1 470.9	1 989.9	2 422.0	3 572.4	4 584.2	6 631.0	10 456.4
rgAH	1 477.4	1 994.6	2 423.1	3 575.4	4 589.7	6 628.6	10 467.1
gHCA	2 091.8	2 886.1	3 714.3	4 545.6	5 656.7	7 467.2	10 573.7
mHCA	2 090.8	2 879.5	3 713.2	4 543.4	5 653.7	7 469.8	10 561.5
rdHCA	2 089.7	2 882.0	3 713.8	4 543.3	5 655.8	7 460.5	10 553.0
rgHCA	2 090.0	2 882.4	3 713.1	4 544.7	5 650.5	7 460.5	10 557.4
nILIMA	1 135.4	1 553.3	2 002.8	2 838.7	3 595.5	5 134.0	7 675.6
ILIMA	652.0	876.2	1 287.8	1 837.4	2 563.9	3 802.5	5 875.3

续表

分组	8	9	10	11	12	平均
n	[120,150)	[150,180)	[180,200)	[200,220)	≥220	
IM-MIN	7 301.9	12 359.7	18 074.2	21 753.3	29 406.0	8 367.9
IM-MAX	7 293.9	12 399.1	18 062.8	21 747.0	29 354.6	8 364.2
IM-RD	**7 284.1**	12 361.5	**18 028.8**	**21 708.4**	**29 290.5**	**8 348.3**
RGDH	7 293.5	**12 339.1**	18 047.1	21 731.4	29 302.4	8 351.2
gAH	15 180.6	23 655.3	32 911.2	39 049.0	51 294.9	16 104.2
mAH	15 153.1	23 626.1	32 902.7	39 035.8	51 268.2	16 092.0
rdAH	15 157.9	23 626.7	32 908.9	39 056.9	51 285.4	16 096.9
rgAH	15 172.3	23 629.2	32 879.7	39 060.9	51 280.3	16 098.2
gHCA	14 469.8	21 088.0	27 961.3	33 171.4	42 720.9	14 695.6
mHCA	14 445.1	21 148.8	27 906.8	33 190.7	42 652.1	14 688.0
rdHCA	14 462.0	21 086.2	27 908.5	33 184.8	42 602.7	14 678.5
rgHCA	14 449.6	21 079.1	27 883.0	33 167.9	42 609.8	14 674.0
nILIMA	12 274.6	18 950.2	26 428.3	32 077.0	43 487.7	13 096.1
ILIMA	9 929.9	15 476.6	23 014.5	27 577.9	38 128.5	10 918.5

此外,在表6-4中值得注意的是,未采用机器学习模型预测匹配合适度的nILIMA消耗的评价次数显著多于本章所提算法,尤其是在第12组中,nILIMA消耗的评价次数甚至超过了几类算法中最耗时的HCAs。原因分析如下:随着问题规模增大,求解难度也相应增加,对于nILIMA而言,此时辨别每个新单的合适骑手也变得更加困难,因此迭代过程中会产生更多的多对一最佳匹配,进而需要消耗更多评价次数;另外,问题规模增大也导致了关键骑手数量的增加,每轮指派中只进行一对一指派,而nILIMA要消耗更多的指派轮次才能把所有新单指派出去,最终导致了评价次数显著上升。与此同时,ILIMA相比nILIMA显著降低了计算耗时,表明引入机器学习模型有助于指派算法辨别合适的新单骑手匹配关系,从而减少了指派轮次和评价次数。

综上所述,以上实验结果和分析验证了本章所提算法在求解大单量场景即时配送订单指派问题的高效性。

6.4 在线 A/B 测试

6.4.1 实验设置

在线 A/B 测试的设置与 5.4.1 节保持一致,在观测指标上筛选具有代表性的指标。在配送效率方面,选取归一化路程和单均配送时长;在用户体验方面,选取 5 分钟准时率、15 分钟超时率和超 55 分钟送达率。在柳州和淄博两个城市开展实验,每个城市分为实验组和对照组,实验组部署本章所设计的 ILIMA,对照组部署 4.2.4 节已在全国推广的 RGDH。

6.4.2 应用效果

在线 A/B 测试的结果如表 6-5 和表 6-6 所示,对于两个实验城市,实验区域的大部分观测指标有所改善(表中标粗数据),表明本章所设计的 ILIMA 相比 RGDH 能够更有效地提升配送效率和用户体验,验证了"离线学习＋在线决策"指派框架的有效性和实际应用价值,该方法已在美团平台上线并在全国成功推广应用。

表 6-5 城市 1 的在线 A/B 测试结果

观测指标	对照日期			实验日期			Δ_{real}
	对照区域	实验区域	内在差异	对照区域	实验区域	实验差异	
归一化路程	0.992 5	0.990 7	−0.001 8	1.000 5	1.002 1	0.001 6	0.003 4
单均配送时长/min	32.527 6	32.712 5	0.184 9	32.278 9	32.200 7	−0.078 2	**−0.263 1**
5 分钟准时率/%	91.48	90.82	−0.66	91.31	91.14	−0.17	**0.16**
超 55 分钟送达率/%	5.42	5.33	−0.09	5.06	4.73	−0.33	**−0.24**
15 分钟超时率/%	0.64	0.73	0.09	0.61	0.64	0.03	**−0.06**

表 6-6 城市 2 的在线 A/B 测试结果

观测指标	对照日期			实验日期			Δ_{real}
	对照区域	实验区域	内在差异	对照区域	实验区域	实验差异	
归一化路程	1.037 8	0.951 3	−0.086 4	1.042 8	0.955	−0.087 8	**−0.001 4**
单均配送时长/min	27.694 8	26.495 7	−1.199 2	27.941 3	26.444 1	−1.497 2	**−0.298 1**

续表

观测指标	对照日期			实验日期			Δ_{real}
	对照区域	实验区域	内在差异	对照区域	实验区域	实验差异	
5 分钟准时率/%	96.32	96.61	0.29	95.81	96.31	0.50	**0.21**
超 55 分钟送达率/%	2.36	1.55	−0.81	2.85	1.97	−0.88	**−0.07**
15 分钟超时率/%	0.20	0.15	−0.05	0.26	0.18	−0.08	**−0.04**

参考文献

[1] YAGIURA M，IBARAKI T，GLOVER F. An ejection chain approach for the generalized assignment problem[J]. INFORMS journal on computing：2004，16(2)：133-151.

[2] HE H，III H D，EISNER J. Imitation learning by coaching[C]. Neural Information Processing Systems，Lake Tahoe，2012，2：3149-3157.

[3] ROSS S，GORDON G J，BAGNELL J A. A reduction of imitation learning and structured prediction to no-regret online learning[C]. The 14th International Conference on Artificial Intelligence and Statistics，2011：15.

[4] BAGNELL J A. An invitation to imitation[D]. Pittsburgh：Carnegie Mellon University，2015.

[5] ATTIA A，DAYAN S. Global overview of imitation learning[EB/OL].［2018-01-19］. https://arxiv. org/pdf/1801.06503.

[6] ULMER M W，THOMAS B W，CAMPBELL A M，et al. The restaurant meal delivery problem：dynamic pickup and delivery with deadlines and random ready times［J］. Transportation science，2021，55(1)：75-100.

[7] ZHANG L，HU T，MIN Y，et al. A taxi order dispatch model based on combinatorial optimization[C]. The 23rd ACM SIGKDD International Conference on Knowledge Discovery and Data Mining，Halifax，2017：2151-2159.

第7章

基于贪婪迭代与快速评价的随机订单指派

7.1 引言

第 4～6 章的研究针对确定性订单指派问题,本章考虑引入不确定因素,将商家的出餐时间建模为分布已知的随机数,进而针对随机出餐时间下的订单指派问题开展研究。随机出餐时间直接影响骑手路径的取送顺序,因此本章也相应地建立了随机路径规划问题,并设计了路径规划算法。针对订单指派和路径规划问题的不同特性,分别设计针对性的搜索算子提高总体求解质量与效率。为缓解问题随机性带来计算量剧增的难题,本章基于数学分析和机器学习技术设计多种加速策略,并提出多种协同机制提升算法性能,从而实现对随机订单指派问题的高效求解。

7.2 问题建模

7.2.1 符号定义

本章数学符号含义如表 7-1 所示。

表 7-1　数学符号及其含义

符号	符号含义
T	当前调度时刻
n	新单数量
n°	旧单数量
m	骑手数量
i	订单索引号,$i \in I = \{1, 2, \cdots, n+n^\circ\}$
j	骑手索引号,$j \in J = \{1, 2, \cdots, m\}$
Q	骑手集合,$Q = \{q_1, q_2, \cdots, q_m\}$
O	新单集合,$O = \{o_1, o_2, \cdots, o_n\}$

符号	符号含义
O°	旧单集合，$O^\circ = \{o_{n+1}, o_{n+2}, \cdots, o_{n+n^\circ}\}$
O_j°	骑手 q_j 待配送的旧单集合，$O_j^\circ \subseteq O^\circ$
H	骑手当前所在位置对应节点的集合，$H = \{h_1, h_2, \cdots, h_m\}$
P	取点集合 $P = \{p_i \mid o_i \in O \cup O^\circ\}$
S	送点集合 $S = \{s_i \mid o_i \in O \cup O^\circ\}$
V	所有点构成的集合，$V = H \cup P \cup S$
l	节点索引，$l \in V$
$d(l_1, l_2)$	点 l_1 与点 l_2 之间的距离
$t^{ETA}(l)$	送点 l 的预计送达时刻，$l \in S$
$\widehat{t^p}(l)$	取点 l 的随机出餐时间，$l \in P$
v_j	骑手 q_j 的平均行驶速度
γ	风险容忍阈值
O_j^n	决策变量，指派给 q_j 的新单集合，$O_j^n \subseteq O$
O_j	中间变量，骑手 q_j 的待配送订单集合，$O_j = O_j^\circ \cup O_j^n$
R_j	中间变量，骑手 q_j 配送订单集合 O_j 的路径，$R_j = \{r_j(0), r_j(1), \cdots, r_j(N_j)\}$，$N_j = \|R_j\| - 1$
$\widehat{t^l}(j, l)$	中间变量，骑手 q_j 离开点 l 的时刻
$\widehat{t^a}(j, l)$	中间变量，骑手 q_j 到达点 l 的时刻
$\widehat{t^o}(j, l)$	中间变量，骑手 q_j 到达送点 l 的随机超时时长
$\widehat{t^w}(j, l)$	中间变量，骑手 q_j 在取点 l 的随机等餐时长
$t^v(j)$	中间变量，骑手 q_j 的行驶时长
$\widehat{t^w}(j)$	中间变量，骑手 q_j 的总随机等餐时长
$\widehat{t^o}(j)$	中间变量，骑手 q_j 的总随机超时时长
T_j	中间变量，骑手 q_j 的总时间成本
TT	目标函数，总配送时间（total time，TT）

7.2.2 目标函数建模

除出餐时间为随机变量外，问题的其他基本约束与第 4～6 章基本相同。由于考虑随机出餐时间，本章对目标函数进行重构，在超时时长和路径总长的基础上新增对等餐时长的考量,目标函数设为最小化总时间(total time,TT)。

$$\min \mathrm{TT} = \sum_{r_j \in R} T_j \tag{7-1}$$

$$T_j = t^v(j) + \mathrm{CVaR}_\gamma(\widehat{t^w}(j)) + \mathrm{CVaR}_\gamma(\widehat{t^o}(j)), \quad j = 1, 2, \cdots, m \tag{7-2}$$

其中,T_j 为骑手 q_j 的总时间成本。式(7-2)中,T_j 由行驶时长 $t^v(j)$,随机等餐时长 $\widehat{t^w}(j)$ 和随机超时时长 $\widehat{t^o}(j)$ 构成。优化行驶时长可以减少骑手绕行,提高配送效率与骑手体验;优化等餐时长可以提高配送效率,并且优化商家和骑手的体验;优化超时时长则可以提高用户满意度。本章采用条件风险价值(conditional value at risk,CVaR)来衡量随机变量带来的风险,从而获得鲁棒的解决方案。CVaR 是风险衡量的常用指标,由 Rockafeuar 和 Uryasev 等于 1997 年提出,相较于风险价值(value at risk,VaR)性能更优[1]。经典鲁棒性指标如极小-极大准则或极小-极大后悔准则等[2]往往过于保守,仅关注最坏情况的优化,可能造成整体效益恶化,因此难以实际应用,而 CVaR 则可以根据业务需求调整风险容忍度。CVaR 定义如下。

$$\mathrm{VaR}_\gamma(X) = \min\{t \mid f(X \leqslant t) \geqslant \gamma\} \tag{7-3}$$

$$\mathrm{CVaR}_\gamma(X) = \frac{1}{1-\gamma} \int_\gamma^1 \mathrm{VaR}_\alpha(X) \, \mathrm{d}\alpha \tag{7-4}$$

其中,X 为随机变量,对应的累积分布函数为 $f(X)$;γ 是置信度。如图 7-1 所示,VaR 表示给定 γ 的最小损失,CVaR 则表示给定 γ 后超过 VaR 部分的期望损失。

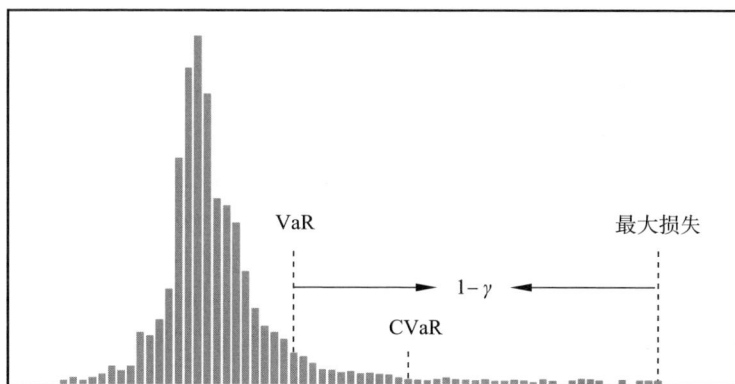

图 7-1　CVaR 和 VaR 示意图

给定骑手 q_j 及待配送订单集合 O_j,记通过路径规划得到的路径为 $R_j = \{r_j(0), r_j(1), \cdots, r_j(N_j)\}$,$N_j$ 为订单节点数,$r_j(0)$ 为骑手当前位置 h_j。行驶时长 $t^v(j)$,随机等餐时长 $\widehat{t^w}(j)$ 和随机超时时长 $\widehat{t^o}(j)$ 的计算方式如下:

$$t^{\text{v}}(j) = \sum_{l=1}^{N_j} \text{d}(r_j(l-1), r_j(l)) / v_j \tag{7-5}$$

$$\widehat{t^{\text{a}}}(j, 0) = \widehat{t^{\text{l}}}(j, 0) = T \tag{7-6}$$

$$\widehat{t^{\text{a}}}(j, l) = \widehat{t^{\text{l}}}(j, l-1) + \frac{\text{d}(r_j(l-1), r_j(l))}{v_j}, \quad \forall 1 \leqslant l \leqslant N_j \tag{7-7}$$

$$\widehat{t^{\text{l}}}(j, l) = \begin{cases} \max(\widehat{t^{\text{p}}}(r_j(l)), \widehat{t^{\text{a}}}(j, l)), & \forall 1 \leqslant l \leqslant N_j, r_j(l) \in P \\ \widehat{t^{\text{a}}}(j, l), & \forall 1 \leqslant l \leqslant N_j, r_j(l) \in S \end{cases} \tag{7-8}$$

$$\widehat{t^{\text{o}}}(j, l) = \max(0, t^{\text{ETA}}(r_j(l)) - \widehat{t^{\text{a}}}(j, l)), \quad \forall 1 \leqslant l \leqslant N_j, r_j(l) \in S \tag{7-9}$$

$$\widehat{t^{\text{w}}}(j, l) = \max(0, \widehat{t^{\text{p}}}(r_j(l)) - \widehat{t^{\text{a}}}(j, l)), \quad \forall 1 \leqslant l \leqslant N_j, r_j(l) \in P \tag{7-10}$$

$$\widehat{t^{\text{w}}}(j) = \sum_{r_j(l) \in P} \widehat{t^{\text{w}}}(j, l) \tag{7-11}$$

$$\widehat{t^{\text{o}}}(j) = \sum_{r_j(l) \in S} \widehat{t^{\text{o}}}(j, l) \tag{7-12}$$

其中,式(7-5)表示 q_j 的行驶时长 $t^{\text{v}}(j)$ 为路径 R_j 的总路程除以骑手的平均行驶速度;式(7-6)表示 q_j 在节点 $r_j(0)$ 到达时间 $\widehat{t^{\text{a}}}(j, 0)$ 和离开时间 $\widehat{t^{\text{l}}}(j, 0)$ 都为当前调度时刻 T;式(7-7)表示节点 $r_j(l)$ 的到达时间为上一节点的离开时间加上两个节点间的行驶时长;式(7-8)表示当节点 $r_j(l)$ 为取点时,其离开时间为随机出餐时间和到达时间的最大值,当节点 $r_j(l)$ 为送点时,其离开时间等于到达时间;式(7-9)表示送点的超时时长为订单送达时间超出预计送达时刻的差值;式(7-10)表示取点的等餐时长是出餐时间与到达时间之差;式(7-11)~式(7-12)表示 $\widehat{t^{\text{w}}}(j)$ 和 $\widehat{t^{\text{o}}}(j)$ 分别为 $\widehat{t^{\text{w}}}(j, l)$ 和 $\widehat{t^{\text{o}}}(j, l)$ 之和。

7.3 算法设计

针对订单指派问题,本章提出一种带过滤的贪婪迭代算法(filtration-fused iterated greedy search,FIG)。FIG 通过两阶段过滤削减匹配空间,提高搜索效率,并通过 IG 算法保证搜索质量。针对路径规划问题,本章提出一种混合算法(hybrid algorithm,HA)。HA 通过协同融合精确算法和贪婪迭代算法,提高算法性能,并基于数学分析和机器学习技术提出多种加速策略,缓解随机变量带来的计算量剧增问题。本节将对 FIG、HA 进行具体介绍。

7.3.1　带过滤的贪婪迭代算法

FIG 的流程如图 7-2 所示,包括两阶段过滤、初始化、随机破坏、贪婪重构和局部增强搜索等环节,主要流程为:通过两阶段过滤缩减可选择的骑手范围,削减 IG 算法的搜索空间;通过初始化方法生成具有一定质量的初始指派方案;通过随机破坏、贪婪重构和局部增强搜索算子迭代改进指派方案的质量,直到满足终止准则。

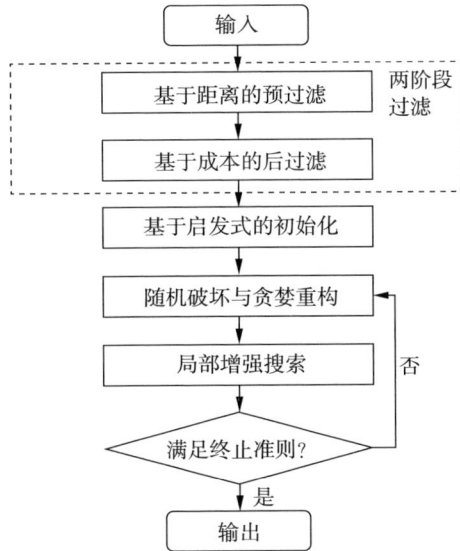

图 7-2　FIG 流程图

1. 两阶段过滤

第一阶段为基于距离的预过滤。对于每个新单 o_i,依据每个可行骑手(即满足容量和单量约束的骑手)与 o_i 取点的距离,对骑手升序排序。选择最近的前 f_1 名可行骑手构成订单 o_i 的初步候选骑手集合。由于筛选的可行骑手数量与问题规模有关,f_1 设为 $f_1 = \text{mul} \times \dfrac{m}{n}$,其中,mul 为给定参数。

第二阶段为基于成本的后过滤。对于每个新单 o_i,计算将其分配给每个初步候选骑手的总时间成本 T_j,选择 T_j 最低的前 f_2 名骑手构成最终候选骑手集合 Q_i^c。后续的各操作算子只针对每个新单及其最终候选骑手。

通过上述过滤方式,新单和骑手的匹配空间可从 $O(m^n)$ 降低至 $O(f_2^n)$。

2. 初始化

为生成一定质量的初始匹配方案,提出如下改进的 NEH,记为 aNEH,其步骤如下。

步骤 1：令初始解 A 为 $\varnothing$。按紧迫程度对 n 个新单升序排列，记排序后的订单集合为 $O' = \{o_{(1)}, o_{(2)}, \cdots, o_{(n)}\}$。订单 o_i 的紧迫程度定义为 $t^{ETA}(s_i) - d(p_i, s_i)/\bar{v}_i$，其中 $\bar{v}_i$ 为 Q_i^c 中所有骑手的平均速度。令 $i=1$。

步骤 2：将新单 $o_{(i)}$ 临时分配给 Q_i^c 中每个骑手 q_j，采用 HA 获取骑手的新路径，并根据式(7-2)计算新路径对应的总时间成本 T_j。记总时间成本最小的骑手的索引为 j^*，将订单骑手匹配对 $<o_{(i)}, q_{j^*}>$ 添加至 A，令 $O_{j^*}^n = O_{j^*}^n \bigcup \{o_{(i)}\}$。

步骤 3：如果 $i < n$，$i = i+1$，跳转至步骤 3，否则输出 A。

3. 随机破坏与贪婪重构

对可行解的破坏和重构是 IG 的两个核心环节。在本节中，破坏阶段将随机删除 A 中 $\alpha_F(\alpha_F < n)$ 个订单骑手匹配对，记删除后的 A 为 A'。对于每个被删除的匹配对 $(o_{i'}, q_{j'})$，令 $O_{j'}^n = O_{j'}^n \setminus \{o_{i'}\}$，随后采用 HA 更新 $q_{j'}$ 在 $O_{j'}^n$ 下的新路径，基于新路径更新总时间成本 $T_{j'}$，进而更新 A' 的目标函数值 TT。

在重构阶段中，对每个被删除匹配对 $(o_{i'}, q_{j'})$ 中的订单 $o_{i'}$，将 $o_{i'}$ 临时分配给 Q_i^c 中每个骑手 q_j，采用 HA 获取骑手的新路径，并根据式(7-2)计算新路径对应的总时间成本 T_j。记总时间成本最小的骑手的索引为 j^*，将订单骑手匹配对 $<o_{i'}, q_{j^*}>$ 添加至 A'，并令 $O_{j^*}^n = O_{j^*}^n \bigcup \{o_{i'}\}$。重复上述步骤直到所有新单都被指派。

4. 局部增强搜索

为进一步提高算法的局部开发能力，设计基于关键骑手的局部增强搜索。定义关键骑手 q_* 为具有最大时间增量 $\delta T_j = T_j - T_j^o$ 的骑手，其中 T_j^o 为骑手 q_j 旧路径(采用 HA 获取)对应的总时间成本。若骑手没有被分配新单，则增量 $\delta T_j = 0$。而 δT_j 过大，说明骑手 q_j 可能被分配不合适的新单，或被分配过多新单，具有较大配送负担和超时风险，因此考虑重新分配此类骑手的新单。局部增强搜索具体流程如算法 7.1 所示。

算法 7.1　局部增强搜索

输入：分配方案 A 及目标值 TT

1：　　初始化 $q_* \leftarrow q_0, \delta T_* \leftarrow 0, A' \leftarrow A, TT' \leftarrow TT$

2：　　**For** $j = 1$ **to** m:

3：　　　　$\delta T_j = T_j - T_j^o$

4：　　　　**If** $\delta T_j > \delta T_*$:

5：　　　　　　$\delta T_* \leftarrow \delta T_j, q_* \leftarrow q_j$

6：　　　**End if**

7：　　**End for**

8：　　从 A' 中移除 (o_i, q_*)，$\forall o_i \in O^n_*$　　// O^n_* 为分配给 q_* 的新单集合

9：　　令 $TT' \leftarrow TT - \delta T_*$，$T_* \leftarrow T^\circ_*$

10：　**For** o_i **in** O_*：

11：　　　$q_{j'} \leftarrow q_*$，$\delta T' \leftarrow M$　　// M 为一个大数

12：　　　**For** q_j **in** Q^c_i：

13：　　　　将 o_i 临时分配给 q_j，采用 HA 获取 q_j 新路径

14：　　　　计算新路径对应的总时间成本 T'_j

15：　　　　$\delta T'_j = T'_j - T_j$

16：　　　　**If** $\delta T'_j < \delta T'$：

17：　　　　　$q_{j'} \leftarrow q_j$，$\delta T' \leftarrow \delta T'_j$

18：　　　　**End if**

19：　　　**End for**

20：　　将 $(o_i, q_{j'})$ 添加至 A'，令 $TT' \leftarrow TT' + \delta T'$，$O^n_{j'} = O^n_{j'} \bigcup \{o_i\}$

21：　**End for**

22：　$A \leftarrow A'$，$TT \leftarrow TT'$

输出：更新后的分配方案 A 及目标值 TT

7.3.2　混合路径规划算法

　　随机出餐时间下的路径规划问题存在以下特性：①问题规模相对较小。由于存在容量约束，每个骑手的背单量一般不会超过 12 单，即路径中最多存在 25 个节点。②出餐时间存在随机性。随机出餐时间的分布根据实际历史数据拟合而成，具有长尾、多峰特性。③时效性要求极高。FIG 的优化过程中需频繁调用路径规划模块进行目标函数的评价，因此路径规划需要达到秒级决策。尽管可以直接采用第 3 章的深度学习模型进行求解，但该方法在优化质量上仍有一定提升空间；而直接采用基于场景采样的精确方法能够保证求解质量，但同时将增加巨额计算量，难以满足高时效性要求。

　　为平衡求解质量和耗时，本节通过协同融合精确算法和元启发式算法，分别应对不同问题规模下的随机路径规划问题。具体而言，当订单数较少时，设计一种标签算法（labeling algorithm，LA）快速找到最优解，满足高时效要求的同时保证求解质量；当订单数较多时，设计一种基于多操作协同的贪婪迭代方法（cooperative IG，CIG），在可接受计算时间内得到满意解。在不同问题规模下切换使用两种方法，能够充分发挥二者的优势，实现任意问题规模下高质量路径快速生成。

　　为应对出餐时间的随机性，本节通过采样的方式评价路径质量。但是，借助诸

如蒙特卡洛方法进行高精度评价时,需要大量采样次数[6],难以满足高时效性要求。因此,本节基于数学分析和机器学习技术设计多种快速评价策略,缓解场景采样导致的计算量剧增问题。一方面,通过存储中间信息及引入代理模型,本节提高 HA 在评价层面的效率;另一方面,通过分析 LA 和 CIG 的复杂度,本节设计自适应选择机制来选择计算量更小的方法,提高 HA 在寻优层面的效率。

以下详细介绍 HA 的核心环节,包括 LA、CIG、自适应选择机制和快速评价机制。

1. 标签算法

LA 是一种广泛用于 PDP 和 VRP 的精确方法[7]。其主要思想为采用扩展函数枚举寻优,其间通过支配关系除去部分搜索空间,提高算法性能。下面先介绍 LA 涉及的概念。

(1)局部路径 PR_e:可行但不一定完整的路径。"可行"表示路径满足取送顺序约束,"不一定完整"表示路径总节点数可能小于 $1+N_j$。e 为路径索引,用于区分不同的局部路径。

(2)标签 L_e:用于表征 PR_e 的属性,$L_e=\{lp_e,RC_e,Un_e,T_{j,e},RM_e\}$。其中,$lp_e$ 为 PR_e 中最后访问的节点;$RC_e\subseteq O_j$ 为已取餐订单集合;Un_e 为 PR_e 的不可拓展节点,包含 PR_e 中的节点及未取餐订单的送点;$T_{j,e}$ 为 RC_e 对应的总时间成本;RM_e 为 PR_e 中未出现过的节点集合。

以图 7-3 举例,$O_j-\{o_1,o_2,o_3\}$,其中 o_1 为已取餐订单,o_2 和 o_3 为未取餐订单。一个可行的局部路径为 $PR_e=\{h_j,p_2,s_1\}$,即 q_j 从当前位置 h_j 出发,先访问 o_2 的取点,再访问 o_1 的送点,则对应的标签中 $lp_e=s_1$,$RC_e=\{o_2\}$,$Un_e=\{p_2,s_1,s_3\}$,$RM_e=\{s_2,p_3,s_3\}$。以 3 次采样为例,若给定 $\gamma=1/3$,则 $t^v(j)=10$ min,$\widehat{t^w}(j)$ 排序后为 $\{0,6,9\}$,$\widehat{t^o}(j)$ 排序后为 $\{0,1,4\}$,则 $T_{j,e}=10+9+4=23$。

LA 的核心在于支配条件和扩展函数的设置,本节设定如下。

(1)支配条件:给定两个标签 $L_1=\{lp_1,RC_1,Un_1,T_{j,1},RM_1\}$,$L_2=\{lp_2,RC_2,Un_2,T_{j,2},RM_2\}$,当 $lp_1=lp_2$,$RC_1\in RC_2$,$Un_1\in Un_2$,$T_{j,1}<T_{j,2}$,$RM_1\in RM_2$ 时,可认为 L_1 支配 L_2,定义为 $L_1\prec L_2$。

(2)扩展函数:当 $lp_2\in RM_1$ 且 $lp_2\notin Un_1$ 时,$L_1=\{lp_1,RC_1,Un_1,T_{j,1},RM_1\}$ 可被扩展为 $L_2=\{lp_2,RC_2,Un_2,T_{j,2},RM_2\}$。记 lp_2 对应的订单为 o_{x_2},PR_1 中的订单节点数为 N_j^1,则有

$$RC_2=\begin{cases}RC_1\bigcup\{o_{x_2}\}, & lp_2\in P\\ RC_1\backslash\{o_{x_2}\}, & lp_2\in S\end{cases} \tag{7-13}$$

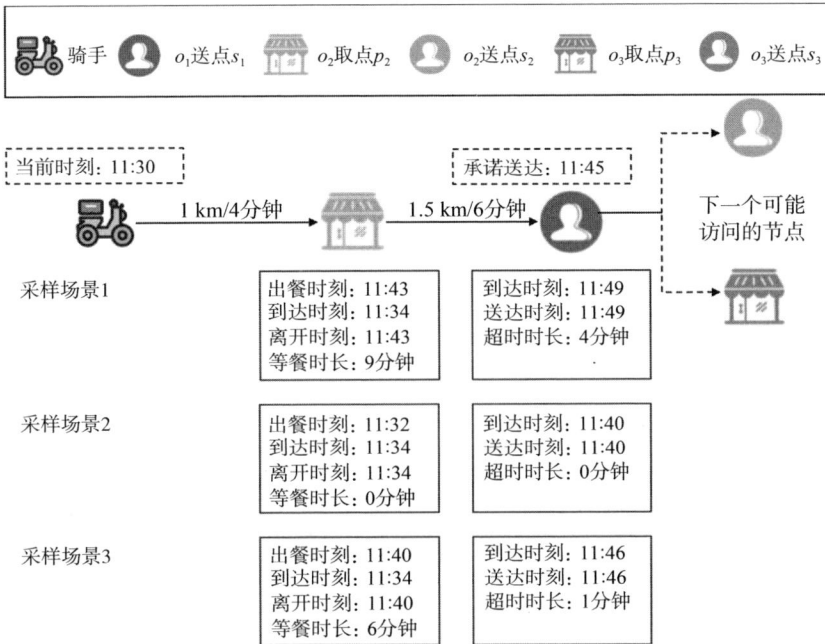

图 7-3　可行路径示例

$$\mathrm{Un}_2 = \begin{cases} \mathrm{Un}_1 \bigcup \{\mathrm{lp}_2\} \setminus \{s_{x_2}\}, & \mathrm{lp}_2 \in P \\ \mathrm{Un}_1 \bigcup \{\mathrm{lp}_2\}, & \mathrm{lp}_2 \in S \end{cases} \tag{7-14}$$

$$T_{j,2} = T_{j,1} + \mathrm{d}(\mathrm{lp}_1, \mathrm{lp}_2)/v_j + \mathrm{CVaR}(\widehat{t^{\mathrm{w}}}(j, N_j^1 + 1)) + $$
$$\mathrm{CVaR}(\widehat{t^{\mathrm{o}}}(j, N_j^1 + 1)) \tag{7-15}$$

$$\mathrm{RM}_2 = \mathrm{RM}_1 \setminus \{\mathrm{lp}_2\} \tag{7-16}$$

　　LA 主要流程如下：从 $\mathrm{PR}_0 = \{h_j\}$ 开始，通过扩展函数来扩展当前局部路径构建新的标签和路径。若存在局部路径被其他路径支配，则不再对该路径进行扩展；若路径中包含所有节点，则认为构建一条完整的可行路径。当所有非支配标签都被找到时，算法终止。其伪代码如算法 7.2 所示。

算法 7.2　标签算法

输入：骑手及待配送订单信息

1： $\Omega \leftarrow \varnothing$ 　//Ω 为旧的非支配标签

2： $\Omega' \leftarrow \varnothing$ 　//Ω' 为新生成的非支配标签

3： $\Omega_f \leftarrow \varnothing$ 　//Ω_f 为结构最优的非支配标签

4： 初始化 $\mathrm{L}_0 \leftarrow \{\mathrm{lp}_0, \mathrm{RC}_0, \mathrm{Un}_0, T_{j,0}, \mathrm{RM}_0\}, e \leftarrow 1$

5： **For** $i=1$ **to** N_j:

6：   **If** i **in** RM_0 且 $i \notin \mathrm{Un}_0$:

7：   对节点 i 通过扩展函数将 L_0 扩展至 L_e

8： $e \leftarrow e+1$, $\Omega \leftarrow \Omega \cup \{L_e\}$

9：   **End if**

10： **End for**

11： $\Omega_f \leftarrow \Omega$

12： **While** $\Omega \neq \varnothing$:

13：   **For** L_f **in** Ω:

14：   **For** k **in** RM_0:

15：   **If** $k \notin \mathrm{Un}_0$:

16：   对节点 k 通过扩展函数将 L_f 扩展至 L_e

17：   **If** L_e 没被 Ω 和 Ω_f 中的标签支配:

18：   **For** $L_s \in \Omega_f$ 且 $L_e \prec L_s$:

19： $\Omega' \leftarrow \Omega' \setminus \{L_s\}$

20：   **If** $L_s \in \Omega$:

21： $\Omega \leftarrow \Omega \setminus \{L_s\}$

22：   **End if**

23：   **End for**

24：   **For** $L_s \in \Omega'$ 且 $L_e \prec L_s$:

25： $\Omega' \leftarrow \Omega' \setminus \{L_s\}$

26：   **End for**

27： $\Omega' \leftarrow \Omega' \cup \{L_e\}$

28：   **End if**

29： $e \leftarrow e+1$

30：   **End if**

31：   **End for**

32：   **End for**

33： $\Omega \leftarrow \Omega'$, $\Omega_f \leftarrow \Omega_f \cup \Omega'$, $\Omega' \leftarrow \varnothing$

34： **End while**

35： 删除 Ω_f 中 $\mathrm{RM} \neq \varnothing$ 的标签

36： 按 T_j 对 Ω_f 中的标签进行升序排序

输出：Ω_f 中的第一个标签

2. 基于多操作协同的贪婪迭代方法

鉴于 IG 简单高效,本节依然采用 IG 来求解较大规模的随机路径规划问题。

其主要步骤包括初始化、协同破坏和贪婪重构，终止准则为最大迭代次数 $g_{\max}$。

1）初始化

采用 3.3.1 节的初始化算法，不同的是，采用总时间成本 T_j 评价路径序列质量。记生成的初始路径为 Π_0。

2）协同破坏

设计多种基于关键订单信息的破坏算子，具体如下。

（1）MaxO：选择超时时长最大的订单，从 Π_0 中删除对应的取送点。

（2）MaxW：选择等餐时长最大的订单，从 Π_0 中删除对应的取送点。

（3）MaxD：选择路径中最长片段两端的订单，从 Π_0 中删除对应的取送点。

（4）Rand：随机选择 α_C 个订单，从 Π_0 中删除对应的取送点。

若路径质量在上一次迭代中有所改进，则从上述 4 种破坏算子中随机选择；否则，说明当前已陷入局部极小，此时选择执行 Rand 算子，以探索新的路径结构。记破坏后的路径序列为 Π_R。

3）贪婪重构

在重构阶段中，被删除的订单取送点将被依次插入 Π_R 中使 T_j 最小的位置。

3. 自适应选择机制

对于求解随机路径规划问题，LA 和 CIG 各有优势，为充分发挥二者优势，如何协同融合两种算法是关键所在。为此，本节设计一种自适应选择机制，首先分析两个算法在不同算例规模下的计算量，然后选择计算量更少的算法。算法运行时间大部分花在目标函数的评价上，因此采用评价次数近似作为算法的计算量，具体分析如下。

1）CIG 的评价次数分析

CIG 的评价次数与新生成的路径数量成正比，以下分别从初始化和搜索阶段进行分析。

（1）初始化阶段。记 O_j 中未取餐订单数为 n_1，已取餐订单数为 n_2。不失一般性，可先分配未取餐订单。在分配第 i（$i \leqslant n_1$）个订单时，序列 Π_0 中有 $2(i-1)+1 = 2i-1$ 个位置可供其取点进行选择。如果该取点被插入倒数第 k 个位置，则相应的送点将有 k 个可选择插入的位置，如图 7-4 所示。因此，所有未取餐订单所消耗的评价次数为 $\sum_{i=1}^{n_1} \sum_{k=1}^{2i-1} k$。对于已取餐订单，即 $n_1 < i \leqslant n_1 + n_2$，每个送点有 $2n_1 + 2(i-1)+1 = 2n_1 + 2i-1$ 个位置可选择。综上可知，初始化环节所消耗的总评价次数为 $\sum_{i=1}^{n_1} \sum_{k=1}^{2i-1} k + \sum_{i=1}^{n_2} \sum_{k=1}^{2n_1+2i-1} k$。

（2）迭代搜索阶段。可以推导出一次迭代所需的评价次数为 $\sum_{i=1}^{k_1} \sum_{k=1}^{q+2i-1} k +$

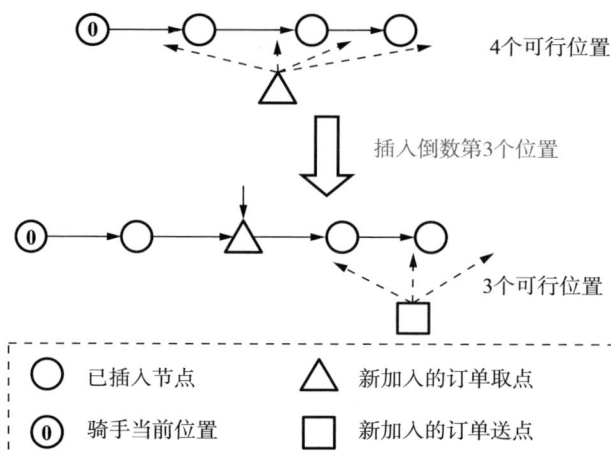

图 7-4　初始化阶段评价次数计算示意图

$\sum_{i=1}^{k_2}(q+2k_1+i)$，其中 k_1,k_2 分别表示被选择删除的未取餐订单和已取餐订单数量；$q=2(n_1-k_1)+(n_2-k_2)$。

综合上述两个阶段的分析结果，CIG 的评价次数计算如下：

$$E_{\mathrm{CIG}}=\sum_{i=1}^{n_1}\sum_{k=1}^{2i-1}k+\sum_{i=1}^{n_2}\sum_{k=1}^{2n_1+2i-1}k+g_{\max}\left(\sum_{i=1}^{k_1}\sum_{k=1}^{q+2i-1}k+\sum_{i=1}^{k_2}(q+2k_1+i)\right) \quad (7\text{-}17)$$

2）LA 的评价次数分析

LA 的评价次数与扩展次数正相关。在每次扩展后，LA 需要计算扩展的新路径和旧路径之间的目标增量 δT_j。δT_j 的计算涉及两个节点：新增的路径节点和旧路径的最后一个节点。也就是说，LA 扩展一次相当于评价 $1/N_j$ 条完整的路径，而 CIG 的每次评价都涵盖所有路径节点。因此为公平比较，LA 的评价次数被定义为扩展次数除以 N_j。其中局部路径的扩展次数和上一次迭代中非支配标签数及每个非支配标签的可扩展节点数有关。

（1）非支配标签数。用 R_{abc} 表示路径内有 a 个取点，b 个未取餐订单送点和 c 个已取餐订单送点的非支配标签个数。根据支配函数，无论中间的路径顺序如何变化，所有 lp 与 RM 相同的标签中只会存在一个非支配标签。因此，可以根据 lp 类型对非支配标签进行分类，从而计算 R_{abc}。

① 当局部路径最后一个节点为已取餐订单送点时，该问题转化为如下的组合问题：从 n_1 个未取餐订单中选取 a 个，从这 a 个订单中选取 b 个送点，从 n_2 个已取餐订单中选择 1 个送点作为最后一个节点，再从剩余 n_2-1 个订单中选取 $c-1$ 个送点，共有多少种组合方式。可计算得到 $R_{abc,1}=C_{n_1}^a\times C_a^b\times n_2\times C_{n_2-1}^{c-1}$，由于

$n \, C_m^n = m \, C_{m-1}^{n-1}$，因此 $R_{abc,1} = c \, C_{n_1}^a \, C_a^b \, C_{n_2}^c$。

② 当局部路径最后一个节点为未取餐订单取点时，该问题转化为如下的组合问题：从 n_1 个未取餐订单中选择 1 个取点作为最后一个节点，从剩余的 $n_1 - 1$ 个订单中选取 $a - 1$ 个订单取点，并选择可行的 b 个送点，最后从 n_2 个已取餐订单中选择 c 个送点，共有多少种组合方式。可计算得到 $R_{abc,2} = n_1 \, C_{n_1-1}^{a-1} \, C_a^b \, C_{n_2}^c = a \, C_{n_1}^a \, C_a^b \, C_{n_2}^c$。

③ 当局部路径最后一个节点为未取餐订单送点时，该问题转化为如下的组合问题：从 n_1 个未取餐订单中选择 a 个订单取点，从这 a 个订单中选取 1 个送点作为最后一个节点，从剩余的 $a - 1$ 个订单中选择 $b - 1$ 个送点，最后从 n_2 个已取餐订单中选择 c 个送点，共有多少种组合方式。可计算得到 $R_{abc,3} = b \, C_{n_1}^a \, C_a^b \, C_{n_2}^c$。

综上可知，$R_{abc} = R_{abc,1} + R_{abc,2} + R_{abc,3}$。通过组合数性质，可推导得 $R_{abc} = (a + c) \, C_{n_1}^a \, C_a^b \, C_{n_2}^c$。

（2）可扩展节点数。计算标签的可扩展节点数，同样可以根据可供选择的节点类型分为三类讨论：①所选节点为取点，有 $n_1 - a$ 种可能；②所选节点为未取餐送点，有 $a - b$ 种可能；③所选节点为已取餐送点，有 $n_2 - c$ 种可能。

综上可知，对于路径节点包含 a 个取点，b 个未取餐订单送点和 c 个已取餐订单送点的特定标签而言，共有 $(n_1 - a) + (a - b) + (n_2 - c) = n_1 + n_2 - b - c$ 个可扩展的新标签。因此，LA 的评价次数计算如下。

$$E_{\mathrm{LA}} = \sum_{i=1}^{2n_1+n_2} \sum_{a=0}^{\min(i,n_1)} \sum_{b=0,\,c=i-a-b}^{a} R_{abc}(n_1 + n_2 - i + a)/N_j \tag{7-18}$$

对于不同规模的 SRPP，可根据式（7-17）与式（7-18）计算 E_{CIG} 和 E_{LA}，并选择评价次数更少的方法，从而减少总体计算量。此外，由于路径规划的规模组合有限，各算法在不同规模下的评价次数可预先计算并存储，从而避免实际选择算法时重复计算评价次数，进一步节省计算时间，并实现自适应选择。

4. 快速评价机制

如前文所述，通过蒙特卡洛方法采样的方式进行高精度评价非常耗时，难以满足高时效性要求，因此需要加速评价。加速评价方法的研究大致分为两类：一是存储中间计算过程，目的是牺牲空间换取时间（trading space for time，TST）[8]；二是基于代理模型进行近似计算，目的是牺牲精度换取时间（trading accuracy for time，TAT）[9]。本节根据 LA 和 CIG 的特点，分别提出协同融合两类方式的快速评价机制。

对于 LA，设计 TAT 与 TST 协同的方法进行加速评价。具体而言，对于每个标签 L_e，通过小规模采样获得近似计算结果。预先模拟路径评价精度和采样次数的关系，通过边际效益确定拐点作为小规模采样次数。存储每次采样得到的 $T'_{j,e}$，

从而构建长度为 τ 的目标向量 $\boldsymbol{T}'_{j,e}$，其中 τ 为采样次数。在每次扩展时，无须对整个局部路径进行评价，只需计算新增节点的目标增量即可。举例来说，若 L_2 是由 L_1 扩展而来，则 $T'_{j,2}(i)=T'_{j,1}(i)+\delta T_j(i),i=1,2,\cdots,\tau$，其中 $\delta T_j(i)$ 是对应的目标增量。总体上看，通过小规模采样方法实现 TAT 可以快速获得近似目标值，而 TST 则可以避免重复计算，加快评价速度。

对于 CIG，设计了基于 TAT 和 XGBoost 模型的加速评价方法。CIG 的邻域结构相对复杂，迭代过程中会产生许多不同的路径，此时 TST 方式需要牺牲大量存储空间，查询效率也相对较低，因此针对 CIG 采用 TAT 方式。具体而言，给定一条路径的信息，利用 XGBoost 模型预测其目标函数值。该过程可以被抽象为一个回归问题，关键在于提取有效特征。在本节中，设计三类特征：基础信息特征、分布统计特征和基线特征，如表 7-2 所示。

表 7-2　XGBoost 模型的特征分类

类别	特征
基础信息特征	$v_j,N_j,n_1,n_2,$ 承诺送达时间统计值
分布统计特征	未取餐订单出餐时间所有十分位点统计值
	第一个未取餐订单所有十分位点
	前 $\min(n_1,3)$ 个未取餐订单出餐时间所有十分位点统计值
基线特征	期望场景下的路径总时间成本 $T_j(1)$
	风险场景下的路径总时间成本 $T_j(2)$

在三类特征中，基础信息特征为构建随机路径规划的基本问题信息，包括骑手平均行驶速度 v_j、路径节点数 N_j、未取餐订单数 n_1、预计送达时刻统计值等。分布统计特征为所有未取餐订单出餐时间分布的统计值，其中统计值包括分布在各分位点的出餐时间总和、均值、方差、中位数、最大值和最小值等。基线特征则是期望场景与风险场景下的路径总时间成本 T_j，下面具体介绍计算方式。

将式(7-8)与式(7-10)中的随机出餐时间 $\widehat{t}^{\mathrm{p}}(l)$ 根据期望场景或风险场景进行替换：对于期望场景，随机出餐时间 $\widehat{t}^{\mathrm{p}}(l)$ 替换为期望出餐时间 $E(\widehat{t}^{\mathrm{p}}(l))$，即出餐时间分布的期望值；对于风险场景，随机出餐时间 $\widehat{t}^{\mathrm{p}}(l)$ 替换为风险出餐时间 $t^{\mathrm{p}}(l,\gamma^{1/n_1})$，即出餐时间的 γ^{1/n_1} 分位点 $P_t^{-1}(\gamma^{1/n_1})$，其中，P_t 为随机出餐时间的累积分布函数。

通过上述替换，所有时间相关的变量都将转变为确定值，此时可根据替换后的式(7-5)～式(7-12)计算确定条件下的行驶时长 $t^{\mathrm{v}}(j)$、等餐时长 $t^{\mathrm{w}}(j)$ 和超时时长 $t^{\circ}(j)$，进而计算 T_j 如下。

$$T_j = t^{\mathrm{v}}(j) + t^{\mathrm{w}}(j) + t^{\mathrm{o}}(j) \tag{7-19}$$

值得说明的是，风险场景下目标值是 VaR 指标下目标函数值的上界（证明如下），因此该特征能够有效辅助模型预测目标函数值。

定理：风险场景下目标值是 VaR 指标下目标函数值的上界，即

$$\mathrm{VaR}_{\gamma}(f(\widehat{t^{\mathrm{p}}})) \leqslant f(t^{\mathrm{p}}(\gamma^{\frac{1}{n_1}})) \tag{7-20}$$

其中，$\widehat{t^{\mathrm{p}}} = \{t^{\mathrm{p}}(1), t^{\mathrm{p}}(2), \cdots, t^{\mathrm{p}}(n_1)\}$ 为给定路径内所有取点的随机出餐时间向量；$t^{\mathrm{p}}(\gamma^{\frac{1}{n_1}}) = \{t^{\mathrm{p}}(1, \gamma^{\frac{1}{n_1}}), t^{\mathrm{p}}(2, \gamma^{\frac{1}{n_1}}), \cdots, t^{\mathrm{p}}(n_1, \gamma^{\frac{1}{n_1}})\}$ 为所有取点的风险出餐时间构成的向量，$f(t^{\mathrm{p}})$ 为任一出餐时间向量 t^{p} 和目标函数值 T_j 之间的映射函数。

证明：出餐时间 t^{p} 是有限的且离散的，因此 $f(t^{\mathrm{p}})$ 也为有限且离散的。当 $t^{\mathrm{p}}(i)(i=1,2,\cdots,n_1, i \neq i^*)$ 为常数时，$f(t^{\mathrm{p}})$ 随 $t^{\mathrm{p}}(i^*)$ 单调递增，其中 $t^{\mathrm{p}}(i^*)$ 是取点 $r_j(i^*)$ 的确定出餐时间。这是由于当路径固定不变时，路径的旅行距离为确定值，但等餐时长和超时时长则会随着出餐时间的增加而增加或保持不变。因此，当 $t^{\mathrm{p}} \leqslant t^{\mathrm{p}^*}$，即 $t^{\mathrm{p}}(i) \leqslant t^{\mathrm{p}^*}(i)$，$\forall i=1,2,\cdots,n_1$ 时，$f(t^{\mathrm{p}}) \leqslant f(t^{\mathrm{p}^*})$。此外，由于 $f(t^{\mathrm{p}})$ 不是严格单调递增，可能存在一个不小于 t^{p^*} 的 t^{p}，满足 $f(t^{\mathrm{p}}) \leqslant f(t^{\mathrm{p}^*})$。进而，$P_t(f(t^{\mathrm{p}}) \leqslant f(t^{\mathrm{p}^*})) \geqslant P_t(t^{\mathrm{p}} \leqslant t^{\mathrm{p}^*})$。对于 $t^{\mathrm{p}^*} = (t^{\mathrm{p}}(1, \gamma^{\frac{1}{n_1}}) \mid i=1,2,\cdots,n_1)$，由于各个订单出餐时间相互独立，可以得出 $P_t(t^{\mathrm{p}} \leqslant t^{\mathrm{p}^*}) = \prod_{i=1}^{n_1} P_t(t^{\mathrm{p}}(i)) = \prod_{i=1}^{n_1} \gamma^{\frac{1}{n_1}} = \gamma$。根据式（7-3），VaR 可以表达为 $\mathrm{VaR}_{\gamma}(f(\widehat{t^{\mathrm{p}}})) = \min\{f(\bar{t}^{\mathrm{p}}) \mid P_t(f(t^{\mathrm{p}}) \leqslant f(\bar{t}^{\mathrm{p}})) \geqslant \gamma\}$。因此 $\mathrm{VaR}_{\gamma}(f(\widehat{t^{\mathrm{p}}})) = f(\bar{t}^{\mathrm{p}}) \leqslant f(t^{\mathrm{p}^*})$。 ∎

5. 混合算法整体流程

HA 算法整体流程如图 7-5 所示。输入骑手和订单信息后，算法通过自适应选择机制根据问题规模对应的不同算法计算量自适应地选取 LA 或 CIG 来求解问题。若选择 LA，则通过初始化、标签扩展和支配等环节寻优，直到找到所有非支配局部路径为止，其间采用基于 TST 和 TAT 的协同快速评价机制加速 LA 评价；若选择 CIG，则通过初始化、协同破坏和贪婪重构等环节进行迭代寻优，直到达到一定迭代次数为止，其间采用基于 TAT 和 XGBoost 代理模型的快速评价机制加速 CIG 评价。算法终止后，输出当前寻得的最优路径和骑手的总时间成本 T_j。

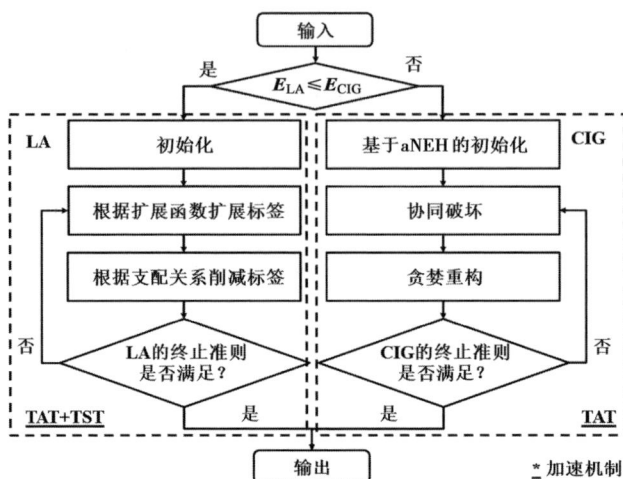

图 7-5　HA 算法流程图

7.4 离线数值实验

本节从多角度验证所提算法的有效性,包括 XGBoost 预测的准确性,算法各个环节的有效性,算法运行的高效性,以及与现有算法之间的性能对比。

7.4.1 实验设置

本节采用的测试实例均采集于 2020 年美团配送平台在北京、深圳等多个城市多个时间段的真实配送数据。除模型采用 Tensorflow 在 Python 环境下训练外,其余算法部分均采用 JAVA SE8 语言编程,实验环境为 MacBook Pro @ 2.2 GHz /16 GB RAM,操作系统为 MacOS。

1. 模型预测效果实验设计

为验证 XGBoost 代理模型的有效性,从历史配送数据中生成 363 217 条路径数据进行数值实验,对比 XGBoost 和蒙特卡洛方法采样之间的精度和耗时情况。为验证基线特征的有效性,对比有基线特征的模型(记作 XGB)和无基线特征的模型(记作 XGB_nB)。采用 CPU 流逝时间(单位:ms)作为评价计算耗时的指标,流逝时间越短,则评价速度越快。采用平均误差(mean error,ME)和平均绝对误差(mean absolute error,MAE)作为评价预测精度的指标,即

$$\mathrm{ME} = \frac{1}{n_s} \sum_{i=1}^{n_s} (y_i - \hat{y}_i) \tag{7-21}$$

$$\text{MAE} = \frac{1}{n_s} \sum_{i=1}^{n_s} |y_i - \hat{y}_i| \tag{7-22}$$

其中，n_s 为样本数；y_i 是真值，本节设置为十万次采样下的目标函数值期望，以保证 XGBoost 模型的学习精度。MAE 越小或 ME 的绝对值越小，说明方法评价结果越准确。

2. 算法优化效果实验设计

为验证所提算法的有效性，从历史配送数据中生成 150 个实例，按新单数量 n 和骑手数量 m 进行分组，不同规模的样本比例如图 7-6 所示。其中前 4 组为小规模算例，$n \in (0, 35], m < 100$；剩余 7 组为大规模算例，$n \in [80, 500], 100 < m < 1\,300$。各个未取餐订单的随机出餐时间分布根据历史数据估计得到。

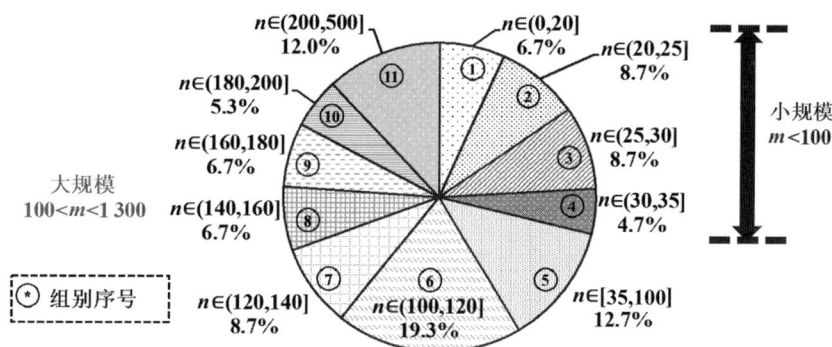

图 7-6　算例分布情况

为公平对比算法性能，所有对比算法的终止准则设为运行相同的时间 $T_{\max} = \min(\sqrt{nm}/3, 30)$ 秒。根据工程经验，CVaR 的置信度 γ 设为 80%。

采用第 3 章中的 RPD 评估算法的优化效果。RPD 越小，说明算法的优化效果越好。由于问题存在随机性，目标函数值是通过不同的近似评价方法评估得到的，难以直接进行比较。为保证对比结果的可信度，对每种算法得到的最优解重新进行十万次采样评价，取其均值作为最终的目标函数值。

3. 参数设置

FIG 和 HA 共包含 5 个关键参数，其中 FIG 涉及过滤系数 mul、候选骑手个数 f_2 及订单破坏数量 α_F，HA 涉及订单破坏数量 α_C 和最大迭代次数 $g_{\max}$。采用实验设计（design of experiments，DOE）分析讨论 5 个参数对算法性能的影响。各参数选取 4 个水平，取值情况如表 7-3 所示。选取正交表 $L_{16}(4^5)$，包括 16 个不同的参数组合（mul，f_2，α_F，α_C，$g_{\max}$）的组合。采用算例 $n = 143, m = 1\,107$ 进行测试，每个参数组合

$(\text{mul}, f_2, \alpha_F, \alpha_C, g_{\max})$ 独立运行 10 次,计算每个组合的平均 RPD 值作为响应值 (response value, RV)。RV 值越低,该参数组合的性能越好,正交数组和 RV 值如表 7-4 所示。

表 7-3 参数水平表

参数	水平			
	1	2	3	4
mul	5	20	35	50
f_2	5	10	15	20
α_F	1	2	3	4
α_C	1	2	3	4
$g_{\max}$	5	10	15	20

表 7-4 参数正交表和响应值

实验编号	参数水平					RV
	mul	α_F	α_C	$g_{\max}$	f_2	
1	1	1	1	1	1	1 000 326.44
2	1	2	2	2	2	997 491.05
3	1	3	3	3	3	995 823.22
4	1	4	4	4	4	996 618.06
5	2	1	2	3	4	995 035.66
6	2	2	1	4	3	997 359.56
7	2	3	4	1	2	995 098.65
8	2	4	3	2	1	993 912.05
9	3	1	3	4	2	997 572.42
10	3	2	4	3	1	998 372.42
11	3	3	1	2	4	998 587.69
12	3	4	2	1	3	999 157.32
13	4	1	4	2	3	1 001 605.09
14	4	2	3	1	4	1 000 031.01
15	4	3	2	4	1	997 992.94
16	4	4	1	3	2	999 863.99

此外,RV 值和各参数的显著性如表 7-5 所示,delta 表示平均 RV 值在不同水平上的最大差异,值越大则参数对算法影响越大。由表 7-5 可见,mul 影响最大,mul 太小会导致算法不能充分探索搜索空间,而 mul 太大则会导致过滤筛选的骑手过多,增加算法耗时,降低搜索效率。其次是 f_2,与 mul 类似,f_2 同样通过影响搜索空间的大小,影响搜索效率。FIG 和 CIG 的订单破坏数量,α_F 和 α_C 分别排在第三和第四。合适的破坏数量可以保证 FIG 和 CIG 进行充分的局部搜索。g_{max} 影响最小,g_{max} 太小可能导致 CIG 输出时未收敛,g_{max} 太大则会导致 CIG 所需计算时间过长。根据以上实验结果,推荐的参数选取为 $mul = 20$,$f_2 = 15$,$\alpha_F = 3$,$\alpha_C = 3$,$g_{max} = 10$。

表 7-5　参数各水平平均响应值

水平	mul	α_F	α_C	g_{max}	f_2
1	997 565	998 635	999 034	998 653	997 651
2	995 351	998 314	997 419	997 899	997 507
3	998 422	996 876	996 835	997 274	998 486
4	999 873	997 388	997 924	997 386	997 568
delta	4 522	1 759	2 200	1 380	980
rank	1	3	2	4	5

7.4.2　自环节有效性验证

1. 模型预测效果

XGBoost 模型和不同采样次数下的蒙特卡洛方法采样的对比结果如表 7-6 所示。由表 7-6 可见,蒙特卡洛方法采样次数越多,评价结果越准确,但同时运行时间也会成倍增长,而 XGB 可以在较短的时间内获得较为准确的评价结果。此外,XGB 在仅比 XGB_nB 多花费 0.09 ms 的基础上,达到远优于 XGB_nB 的预测准确度,表明基线特征能有效提升模型的预测表现。实验结果验证了所提基于 XGBoost 的代理模型评价方法能够有效平衡计算精度和耗时。

表 7-6　XGBoost 模型与蒙特卡洛方法采样的对比结果

采样次数	ME	MAE	运行时间/ms
100 000	0.00	0.00	637.93
10 000	0.03	6.74	85.37

续表

采样次数	ME	MAE	运行时间/ms
1 000	0.72	20.39	6.02
100	181.67	181.67	0.84
10	480.58	480.58	0.11
XGB	−9.3	41.87	0.25
XGB_nB	199.69	211.62	0.16

2. 算法优化效果

为验证过滤机制、局部增强搜索及多算法协同机制等环节的有效性,设置消融实验为:记 FIG 与 HA 的协同融合算法为 FHA,记无两阶段过滤的 FHA 为 C_nF,记无局部增强搜索的 FHA 为 C_nLI。LA 求解中等或大规模随机路径规划问题太耗时,无法比较仅采用 LA 的 FHA,因此考虑与仅采用 CIG 求解随机路径规划的 FHA 进行对比,记为 C_nLA。此外,对数值结果进行 95% 置信区间的非参数检验(Kruskal-Wallis 检验)。若 p 值小于 0.05,说明两种算法的实验结果具有显著差异。

实验结果如图 7-7 所示,每个分组结果附近的四角星代表 FHA 和相应算法的 p 值是否小于 0.05。若是,则用星表示,否则用叉表示。由图 7-7 可见,FHA 在所有分组上都表现最优,验证了所设计算法的优越性。此外,C_nF 表现远差于其他算法,验证了过滤机制的有效性。因此,在解决具有高时效性要求的大规模调度问题时,削减无效搜索空间具有重要意义,能够提高算法效率,显著改进算法性能。C_nLA 差于 FHA,也验证了协同融合 LA 和 CIG 有利于解决随机路径规划问题。但有些分组中 p 值大于 0.05,这可能是因为在这些实例中,随机路径规划问题的订单数相对较多,故 FHA 选择 LA 的频率较低。此外,FHA 明显优于 C_nLI,验证了局部增强搜索能够提升算法优化性能。

此外,统计 FIG 中各个算法环节耗时情况如表 7-7 所示。由表 7-7 可见,过滤和局部增强搜索环节平均占用 20% 不到的时间,表明这些算子可以通过消耗较少的运行时间来显著提高 FIG 性能。

表 7-7　FIG 各环节的耗时占比

算法环节	过滤	局部增强	其他操作
耗时占比/%	17.59	18.12	64.29

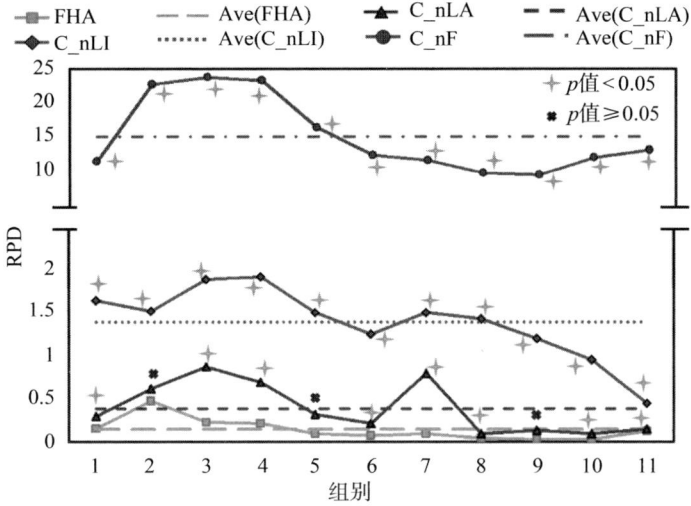

图 7-7　算法自环节对比结果

图 7-8 呈现 LA 和 CIG 在求解不同订单数量下随机路径规划问题所消耗的平均时间,分别记作 t_{LA} 和 t_{CIG}。LA 处理较大规模随机路径规划问题时过于耗时,因此本节用对数函数来处理原始实验结果。横坐标为随机路径规划问题的订单数量;纵坐标为 $\log(t_{CIG}/t_{LA})$。若 $t_{CIG} \geqslant t_{LA}$,则 $\log(t_{CIG}/t_{LA}) \geqslant 0$,否则 $\log(t_{CIG}/t_{LA}) < 0$。柱状图上的数值 x 表示 t_{CIG} 是 t_{LA} 的 10^x 倍。由图 7-8 可见,当路径内订单数量不超过 4 个时,LA 的平均耗时少于 CIG。而当路径内订单数量大于 4 时,CIG 的耗时更低,且耗时差距随着订单数变多越发明显,表明了自适应选择策略的必要性。

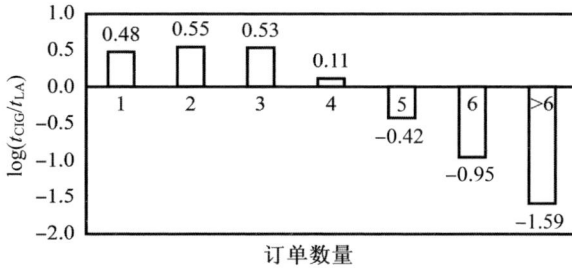

图 7-8　CIG 和 LA 在不同订单规模下的耗时比较

7.4.3　算法优化效果评估

为验证 FHA 的有效性,将求解即时配送问题的 ALNS[10] 和遗传算法(genetic

algorithm，GA)[11]适配至随机出餐时间的订单指派问题中。算法参数参照文献
[10]和文献[11]进行设置。GA 中种群大小设为 20，交叉概率和变异概率分别设
置为 0.9 和 0.2；ALNS 中阈值参数 $w=0.1$，温度更新参数 $c=0.99$，最高温度
$T_{max}=25$，分数更新参数 $(\sigma_1,\sigma_2,\sigma_3)=(15,10,5)$。此外，由于这两种算法主要应
用于中等规模算例，难以直接用于在线调度。因此，为进行公平比较，在这两个算
法中同样引入了过滤机制和基于 XGBoost 的快速评价机制。

  由图 7-9 可知，FHA 在各个分组中都显著优于 ALNS 和 GA，验证了 FHA 的
优越性。原因在于，GA 中多数算子都为随机算子，而 FHA 则设计多种基于问题
性质的搜索算子，如局部增强搜索和基于关键订单的协同破坏算子等，相较于随机
搜索，这些问题驱动的算子能够指导算法搜索方向，提高算法优化能力。而 ALNS
主要集中于求解订单指派问题，对于路径规划问题则是通过对多种简单启发式方
法进行求解，因此，解的质量仍存在一定优化空间。此外，文献[10]的目标函数为
最小化所选车辆的数量，算法中部分操作是针对如何减少车辆数量而设计的。尽
管本节在复现算法时将数量相关的算子转化为时间相关的算子，但依然难以完全
适配本章研究问题。这再次说明了利用问题性质设计优化算法的重要性，利用问
题性质设计优化算法能够指导算法搜索方向，有效减少搜索的随机性，提高搜索效
率与优化效果。

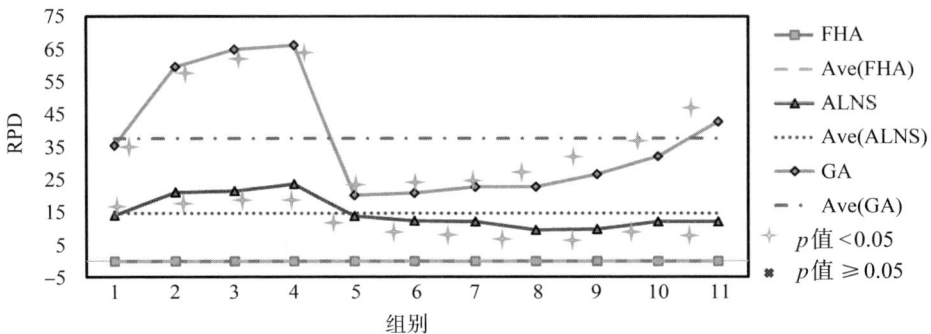

图 7-9　FHA 与 ALNS、GA 的 RPD 指标比较

参考文献

[1] BRESLOW N. A generalized Kruskal-Wallis test for comparing K samples subject to unequal patterns of censorship[J]. Biometrika，1970，57(3)：579-594.

[2] AISSI H，BAZGAN C，VANDERPOOTEN D. Min-max and min-max regret versions of combinatorial optimization problems：a survey[J]. European journal of operational research，2009，197(2)：427-438.

[3] NAWAZ M, ENSCORE JR E E, HAM I. A heuristic algorithm for the m-machine, n-job flow-shop sequencing problem[J]. Omega, 1983, 11(1): 91-95.

[4] RUIZ R, STÜTZLE T. A simple and effective iterated greedy algorithm for the permutation flowshop scheduling problem[J]. European journal of operational research, 2007, 177(3): 2033-2049.

[5] FERNANDEZ-VIAGAS V, RUIZ R, FRAMINAN J M. A new vision of approximate methods for the permutation flowshop to minimise makespan: state-of-the-art and computational evaluation[J]. European journal of operational research, 2017, 257(3): 707-721.

[6] KUSHNER H J, CLARK D S. Stochastic approximation methods for constrained and unconstrained systems[M]. New York: Springer, 2012.

[7] SADYKOV R, UCHOA E, PESSOA A. A bucket graph-based labeling algorithm with application to vehicle routing[J]. Transportation science, 2021, 55(1): 4-28.

[8] QIAN B, WANG L, HU R, et al. A DE-based approach to no-wait flow-shop scheduling [J]. Computers & industrial engineering, 2009, 57(3): 787-805.

[9] JIN Y. Surrogate-assisted evolutionary computation: recent advances and future challenges [J]. Swarm and evolutionary computation, 2011, 1(2): 61-70.

[10] LIU Y, GUO B, CHEN C, et al. FooDNet: toward an optimized food delivery network based on spatial crowdsourcing[J]. IEEE transactions on mobile computing, 2018, 18(6): 1288-1301.

[11] LU Y, WU Y, ZHOU Y. Order assignment and routing for online food delivery: two meta-heuristic methods[C]. The 2017 International Conference on Intelligent Systems, Metaheuristics & Swarm Intelligence, Shanghai, 2017.

第 8 章

基于弱监督学习与自适应平衡策略的不确定订单指派

8.1 引言

第 7 章工作主要聚焦于出餐时间这一微观不确定因素,并且研究单个时间片下订单指派问题的目标优化。本章着眼于供需关系这一宏观不确定因素对优化决策的影响,研究如何在连续时间片下平衡订单指派问题的多个冲突目标,该问题可描述为供需关系不确定的订单指派问题(on-demand order dispatching problem with uncertain supply and demand level,OODPUSDL)。

供需关系是影响平台派单决策的关键信息。在实际配送场景中,订单的时空分布具有不均匀性与强不确定性,通常午晚高峰期会在某些热点商圈出现爆发式增长,而闲时段则零散出现在任意地点。一旦区域运力无法满足当前订单需求(下称供需关系紧张),骑手、用户和商家的体验将同时受到负面影响,并且影响程度随供需紧张程度的提高而增大。扩充运力虽然能在一定程度上缓解高峰期的供需紧张情况,但会在闲时段造成大量的运力浪费。在保持总体运力规模稳定的前提下,若能够快速识别当前区域的供需状况,则可设计相应的调度策略来宏观调控运力流转,从而保证大盘用户体验与配送效率的稳定。实现该目标面临着两个挑战。

(1)如何刻画与辨识供需关系。不同于打车场景可以简单通过区域内车辆和用户数量的差异刻画供需关系[1],在即时配送场景中,供需关系具有较强的不确定性。具体而言,供需关系受到天气、路况、区域负载、进单量等多种因素影响,难以通过现有的硬件技术全部捕获并记录,即数据存在不完全性。此外,实际应用中获取的数据往往存在噪声,即数据存在不准确性。由于数据源的不确定(不完全和不准确),要获得详尽信息以建立精准的供需数学模型成本过高,也不切实际。因此,亟须设计面向即时配送场景的供需刻画方法,提出高效且有效的实时识别方法。

(2)如何平衡长期用户体验与配送效率。现有多目标处理技术可以大致分为两类,包括帕累托最优方法及转化为单目标方法。但前者,如二代非支配排序遗传算法(non-dominated sorting genetic algorithm-Ⅱ,NSGA-Ⅱ)[2]、基于分解的多目标进化算法(multiobjective evolutionary algorithm based on decomposition,MOEA/D)[3]等算法,对于在线优化决策而言过于耗时,并且会得到一组帕累托最优解,依然需决策者选择合适的方案,否则难以在线上落实。后者如权重法、约束变换法等,同样需要决策者事先确定权重或约束参数,而且配送场景复杂多变,一套权重或参数难以应对所有情形。因此,亟须设计面向即时配送场景的多目标决策方法,实现长期用户体验与配送效率的有效平衡。

为解决上述难点,本章提出"辨识＋平衡"的优化决策框架(identify-balance framework,I-BF)。在辨识模块中,提出供需紧张度(supply demand level,SDL)刻画供需关系,并将该辨识问题转化为无标签的多分类问题,通过层次模糊逻辑系统与弱监督学习模型协同求解。在平衡模块中,设计基于多自适应调整策略的指派算法来平衡目标,从而保障用户体验和配送效率。

8.2　问题描述

8.2.1　符号定义

本节所用数学符号含义如表 8-1 所示。

表 8-1　数学符号含义

符号	符号含义
T_D	OODPUSDL 总持续时间
B	滚动决策时间窗数
m	骑手数量
n	新单数量
ΔT	决策时间窗长度,$\Delta T = T_D / B$
i	订单索引号,$i \in I = \{1, 2, \cdots, n\}$
j	骑手索引号,$j \in J = \{1, 2, \cdots, m\}$
b	决策时间窗索引号,$b = \{1, 2, \cdots, B\}$
Q	骑手集合,$Q = \{q_1, q_2, \cdots, q_m\}$
O	订单集合,$O = \{o_1, o_2, \cdots, o_n\}$
n^b	在 $b\Delta T$ 时刻前下单的总订单数
$O^{n,b}$	在第 b 个决策时间窗待指派的新单集合
$O^{o,b}$	在 $(b-1)\Delta T$ 时刻前下单但未完成配送的订单集合
O^b	在第 b 个决策时间窗参与决策的所有订单集合,$O^b = O^{n,b} \bigcup O^{o,b}$
P^b	O^b 的取点集合 $P^b = \{p_i \mid o_i \in O^b\}$

符号	符号含义
S^b	O^b 的送点集合 $S^b=\{s_i\,|\,o_i\in O^b\}$
$t_{s_i}^{\mathrm{ETA}}$	送点 s_i 的预计送达时刻
$t_{\mathrm{p}}(p_i)$	取点 p_i 的预计出餐时刻
$t_{\mathrm{d}}(i)$	订单 o_i 的指派时刻,$t_{\mathrm{d}}(i)\in[0,T_{\mathrm{D}}]$
$\mathrm{d}(l_1,l_2)$	点 l_1 与点 l_2 之间的距离
v_j	骑手 q_j 的平均行驶速度
H^b	在 $b\Delta T$ 时刻的骑手位置节点集合,$H=\{h_1^b,h_2^b,\cdots,h_m^b\}$
E^b	在第 b 个决策时间窗的供需紧张度
$O_j^{\mathrm{n},b}$	决策变量,在第 b 个决策时间窗指派给骑手 q_j 的新单集合,$O_j^{\mathrm{n},b}\in O^{\mathrm{n},b}$
$O_j^{\mathrm{o},b}$	中间变量,在 $(b-1)\Delta T$ 时刻前指派给骑手 q_j 未完成配送的旧单集合,$O_j^{\mathrm{o},b}\in O^{\mathrm{o},b}$
$R_j^{\mathrm{o},b}$	中间变量,骑手 q_j 的旧路径,也即骑手 q_j 配送订单集合 $O_j^{\mathrm{o},b}$ 的取送路径,可通过路径规划算法得到。记 $R_j^{\mathrm{o},b}=\{r_j^{\mathrm{o},b}(0),r_j^{\mathrm{o},b}(1),\cdots,r_j^{\mathrm{o},b}(N_j^{\mathrm{o},b})\}$,其中,$N_j^{\mathrm{o},b}$ 为旧路径的取送点数,$r_j^{\mathrm{o},b}(0)$ 为骑手 q_j 在 $b\Delta T$ 时刻的位置节点 h_j^b
$R_j^{\mathrm{n},b}$	中间变量,骑手 q_j 的新路径,也即骑手 q_j 配送订单集合 $O_j^{\mathrm{o},b}\bigcup O_j^{\mathrm{n},b}$ 的取送路径,可通过路径规划算法得到。记 $R_j^{\mathrm{n},b}=\{r_j^{\mathrm{n},b}(0),r_j^{\mathrm{n},b}(1),\cdots,r_j^{\mathrm{n},b}(N_j^{\mathrm{n},b})\}$,其中,$N_j^{\mathrm{n},b}$ 为新路径的取送点数,$r_j^{\mathrm{n}}(0)$ 为骑手 q_j 在 $b\Delta T$ 时刻的位置节点 h_j^b
R_j^b	中间变量,第 b 个决策时间窗中骑手 q_j 的规划路径,$R_j^b=\{r_j^b(0),r_j^b(1),\cdots,r_j^b(N_j^b)\}\in\{R_j^{\mathrm{o},b},R_j^{\mathrm{n},b}\}$,$N_j^b=|R_j^b|-1$
$t_{\mathrm{a}}^b(j,l)$	中间变量,路径 R_j^b 中骑手 q_j 到达节点 l 的时长
$t_{\mathrm{l}}^b(j,l)$	中间变量,路径 R_j^b 中骑手 q_j 离开节点 l 的时长
$t_{\mathrm{o}}^b(j,l)$	中间变量,路径 R_j^b 中骑手 q_j 到达送点 l 的超时时长
$C_{\mathrm{D},j}^{\mathrm{o},b}$	中间变量,$R_j^{\mathrm{o},b}$ 对应的路程成本
$C_{\mathrm{D},j}^{\mathrm{n},b}$	中间变量,$R_j^{\mathrm{n},b}$ 对应的路程成本
$C_{\mathrm{T},j}^{\mathrm{o},b}$	中间变量,$R_j^{\mathrm{o},b}$ 对应的时间成本
$C_{\mathrm{T},j}^{\mathrm{n},b}$	中间变量,$R_j^{\mathrm{n},b}$ 对应的时间成本
$C_{\mathrm{D},j}^b$	中间变量,骑手 q_j 在第 b 个决策时间窗的路程成本
$C_{\mathrm{T},j}^b$	中间变量,骑手 q_j 在第 b 个决策时间窗的时间成本
w_{d}^b	中间变量,第 b 个决策时间窗的路程成本权重
w_{t}^b	中间变量,第 b 个决策时间窗的时间成本权重

续表

符号	符号含义
O_{5^-}	观测变量,准时送达或超时 5 分钟以内的订单集合
O_{15^+}	观测变量,超时 15 分钟及以上的订单集合
O_{55^+}	观测变量,超时 55 分钟及以上的订单集合
O_R	观测变量,被骑手拒绝接受的订单集合
O_{A5^-}	观测变量,5 分钟内被骑手接起的订单集合
DT_i	观测变量,订单 o_i 的实际送达时刻
RT_i	观测变量,订单 o_i 的下单时刻
PR_5	长期优化目标,5 分钟准时率
OR_{15}	长期优化目标,15 分钟超时率
PP_{55}	长期优化目标,超 55 分钟订单占比
RR	长期优化目标,拒绝率
AR_5	长期优化目标,5 分钟接单率
ADT	长期优化目标,单均配送时长
C_{total}^b	短期优化目标,第 b 个决策时间窗的总配送成本

8.2.2　模糊逻辑系统

模糊逻辑系统(fuzzy logic system,FLS)主要包括 Mamdani FLS[4] 和 TSK FLS[5] 两种类型。前者基于专家经验知识,构建直观且具有可解释性的规则库来控制系统,在业界被广泛应用。因此,本章采用 Mamdani FLS 并基于业务需求构建模糊规则矩阵以初步生成 SDL 辨识结果。首先介绍 Mamdani FLS 涉及的基本概念。

模糊规则 R_i 定义如下[6]:如果 x_1 为 A_{1,k_i},x_2 为 A_{2,k_i},$\cdots$,x_{n_f} 为 A_{n_f,k_i},则 y_i 以置信度 w_i 为 C_i。其中,n_f 是输入特征数,x_j 和 $A_{j,k_i}(j=1,2,\cdots,n_f)$ 分别是第 j 个特征及定义在相应特征定义域的隶属函数,k_i 和 w_i 分别是规则 R_i 对应的特征域索引及 R_i 的置信度。

涉及的模糊数类型介绍如下。

1) 线性模糊数

线性模糊数可表示为 $\tilde{f}=(f_1,f_2)$。如图 8-1(a)所示,其隶属度函数如下:

$$\mu_{\tilde{f}}(x) = \begin{cases} 0, & x < f_1 \\ \dfrac{x - f_1}{f_2 - f_1}, & f_1 < x \leqslant f_2 \\ 1, & \text{其他} \end{cases} \tag{8-1}$$

2）三角模糊数

三角模糊数可表示为 $\tilde{f} = (f_1, f_2, f_3)$，其中 f_1, f_2, f_3 分别为模糊数的下限、核与上限。如图 8-1(b)所示，其隶属度函数如下：

$$\mu_{\tilde{f}}(x) = \begin{cases} \dfrac{x - f_1}{f_2 - f_1}, & f_1 \leqslant x \leqslant f_2 \\ \dfrac{f_3 - x}{f_3 - f_2}, & f_2 < x \leqslant f_3 \\ 0, & \text{其他} \end{cases} \tag{8-2}$$

3）梯形模糊数

梯形模糊数可表示为 $\tilde{f} = (f_1, f_2, f_3, f_4)$，满足 $f_1 \leqslant f_2 \leqslant f_3 \leqslant f_4$。如图 8-1(c)所示，其隶属度函数如下：

$$\mu_{\tilde{f}}(x) = \begin{cases} \dfrac{x - f_1}{f_2 - f_1}, & f_1 \leqslant x \leqslant f_2 \\ 1, & f_2 \leqslant x \leqslant f_3 \\ \dfrac{f_4 - x}{f_4 - f_3}, & f_3 < x \leqslant f_4 \\ 0, & \text{其他} \end{cases} \tag{8-3}$$

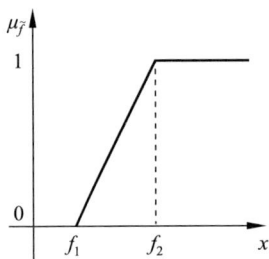
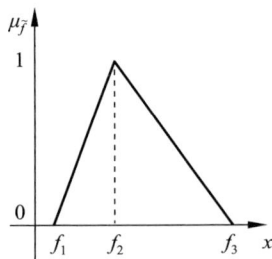
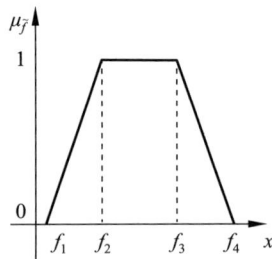

（a）线性模糊数　　　　　　（b）三角模糊数　　　　　　（c）梯形模糊数

图 8-1　隶属函数

8.2.3　问题建模

OODPUSDL 可描述为：在长时间段 $[0, T_D]$ 内的第 b 个决策时间窗 $[(b-1)\Delta T, b\Delta T](b = 2, 3, \cdots, B)$ 期间，有 $(n^{b-1} - n^{b-2})$ 个在上一决策时间窗

$[(b-2)\Delta T,(b-1)\Delta T]$ 内到达的订单 $O^{n,b}=\{o_{n+1}^{b-2},o_{n+2}^{b-2},\cdots,o_n^{b-1}\}$ 需要被指派给区域内的 m 个骑手 $Q=\{q_1,q_2,\cdots,q_m\}$。其中，n^{b-2} 表示在 $(b-2)\Delta T$ 时刻前到达的所有订单数，o_{n+1}^{b-2} 为 $(b-2)\Delta T$ 时刻后到达的第一个订单，$n^0=0$。每个骑手 q_j 的平均行驶速度为 v_j，并可能具有一些在 $(b-2)\Delta T$ 时刻前被分配但未完成配送的旧单。记所有未完成的旧单为 $O^{o,b}$，所有新单与旧单构成第 b 个决策时间窗所需要决策的订单集合，记作 $O^b=O^{o,b}\bigcup O^{n,b}$。每个订单 $o_i\in O^b$ 有一个取点和一个送点，并对应一个指派时间 $t_d(i)\in T_D$ 和一个承诺送达时间 t_i^{ETA}。每个订单需尽可能在预计送达时刻之前被交付至用户。

OODPUSDL 的长期优化目标包括如下用户体验与配送效率指标。

1) 用户体验相关指标

(1) 5 分钟准时率（PR_5）：其计算公式为

$$PR_5=\frac{|O_{5^-}|}{|O|}\times100\%\qquad(8\text{-}4)$$

(2) 15 分钟超时率（OR_{15}）：其计算公式为

$$OR_{15}=\frac{|O_{15^+}|}{|O|}\times100\%\qquad(8\text{-}5)$$

(3) 超 55 分钟订单占比（PP_{55}）：其计算公式为

$$PP_{55}=\frac{|O_{55^+}|}{|O|}\times100\%\qquad(8\text{-}6)$$

2) 配送效率相关指标

(1) 拒绝率（reject rate，RR）：其计算公式为

$$RR=\frac{|O_R|}{|O|}\times100\%\qquad(8\text{-}7)$$

(2) 5 分钟接单率（5-min accept rate，AR_5）：其计算公式为

$$AR_5=\frac{|O_{A5^-}|}{|O|}\times100\%\qquad(8\text{-}8)$$

(3) 单均配送时长（ADT）：其计算公式为

$$ADT=\frac{1}{|O|}\sum_{o(i)\in O}(DT_i-RT_i)\qquad(8\text{-}9)$$

其中，O_{5^-} 为准时送达或超时 5 分钟以内的订单集合；O_{15^+} 为超时 15 分钟及以上的订单集合；O_{55^+} 为超时 55 分钟及以上的订单集合；O_R 为被骑手拒绝接收的订单集合；O_{A5^-} 为 5 分钟内被骑手接起的订单集合；RT_i 和 DT_i 分别为订单 o_i 的下单时刻与实际送达时刻。

上述长期优化目标实则为观测指标，只能在骑手未来完成订单配送后才能够被计算，因此无法作为当下派单决策的优化目标，故需构建可实时计算获取的短期

优化目标。记骑手 q_j 在第 b 个决策时间窗被指派新单前后的新旧路径分别为 $R_j^{n,b} = \{r_j^{n,b}(0), r_j^{n,b}(1), \cdots, r_j^{n,b}(N_j^{n,b})\}$ 和 $R_j^{o,b} = \{r_j^{o,b}(0), r_j^{o,b}(1), \cdots, r_j^{o,b}(N_j^{o,b})\}$，短期优化目标 C_{total}^b 由路程成本与时间成本构成，定义如下。

$$C_{\text{total}}^b = \sum_{j \in J} w_d^b C_{D,j}^b + \sum_{j \in J} w_t^b C_{T,j}^b \tag{8-10}$$

（4）路程成本：其计算公式为

$$C_{D,j}^{o,b} = \sum_{l=1}^{N_j^{o,b}} d(r_j^{o,b}(l-1), r_j^{o,b}(l)), \quad \forall j \in J \tag{8-11}$$

$$C_{D,j}^{n,b} = \sum_{l=1}^{N_j^{n,b}} d(r_j^{n,b}(l-1), r_j^{n,b}(l)), \quad \forall j \in J \tag{8-12}$$

$$C_{D,j}^b = C_{D,j}^{n,b} - C_{D,j}^{o,b} \tag{8-13}$$

（5）时间成本：其计算公式为

$$C_{T,j}^{o,b} = \sum_{r_j^{o,b}(l) \in R_j^{o,b} \cap S^b} t_o^b(j,l), \quad \forall j \in J \tag{8-14}$$

$$C_{T,j}^{n,b} = \sum_{r_j^{n,b}(l) \in R_j^{n,b} \cap S^b} t_o^b(j,l), \quad \forall j \in J \tag{8-15}$$

$$C_{T,j}^b = C_{T,j}^{n,b} - C_{T,j}^{o,b} \tag{8-16}$$

$t_o^b(j,l)$ 为路径 R_j^b 第 l 个节点的超时时长，其计算公式为

$$t_a^b(j,0) = t_1^b(j,0) = b\Delta T, \quad \forall j \in J \tag{8-17}$$

$$t_a^b(j,l) = t_1^b(j,l-1) + \frac{d(r_j^b(l-1), r_j^b(l))}{v_j}, \quad \forall 1 \leqslant l \leqslant N_j^b, \forall j \in J \tag{8-18}$$

$$t_1^b(j,l) = \begin{cases} \max\{t_a^b(j,l), t_p(r_j^b(l))\}, & \forall r_j^b(l) \in R_j^b \cap P^b \\ t_a^b(j,l), & \forall r_j^b(l) \in R_j^b \cap S^b \end{cases}, \forall j \in J \tag{8-19}$$

$$t_o^b(j,l) = \max\left\{0, t_a^b(j,l) - t_{r_j^b(l)}^{\text{ETA}}\right\}, \quad \forall r_j^b(l) \in R_j^b \cap S^b, j \in J \tag{8-20}$$

其中，式（8-17）表示路径中第一个节点（即骑手当前位置节点）的到达时刻和离开时刻为当前时间窗的决策时刻；式（8-18）表示路径节点的到达时刻等于上一个节点的离开时刻加上两个节点间的行驶时长；式（8-19）表示路径中送点的离开时刻等于到达时刻，取点则为出餐时刻与到达时刻中的较大值；式（8-20）表示超时时长为送达时刻超出预计送达时刻的时长。

短期优化目标中，路程成本与配送效率强相关，时间成本反映用户体验。由于平台需要在线实时决策，难以应用帕累托最优方法。第 4～7 章工作多采用加权法处理多个短期优化目标，且权重系数固定，这种做法忽略了不同 SDL 场景的差异性和优化倾向。为此，本章工作将权重系数 w_t^b 和 w_d^b 也作为决策变量，根据 SDL 调整其取值，实现动态优化，从而平衡长期配送效率与用户体验。

8.3　辨识＋平衡框架

本节首先介绍所提算法的整体框架，主要包括实时 SDL 辨识模块和多目标平衡模块，随后介绍这两个模块的具体实现细节。

8.3.1　算法框架

当前调度系统采用固定权重将各个指标线性加权来平衡多个目标，但在不同供需关系下，达到体验和效率指标的最佳平衡可能需要不同的优化倾向性。例如，当供需较为紧张时，系统应侧重对超时风险的考量；但当供需极度紧张时，系统应聚焦于保证订单完成而非订单准时，需要通过提升配送效率来加快消化订单。

为此，本章提出 I-BF 实时辨识供需关系，并根据供需关系的判定结果对目标进行差异化平衡，如图 8-2 所示。为实现准确辨识，除考虑影响供需关系的因素（如天气、负载、进单量等）外，还考虑供需关系外在表现特征（如接单率、接单时长、配送时长等）来共同辅助当前供需关系辨识。在获取上述信息及当前区域的订单骑手信息后，通过实时供需辨识与多目标平衡两个核心模块，实现不同供需场景下多个目标的差异化平衡。

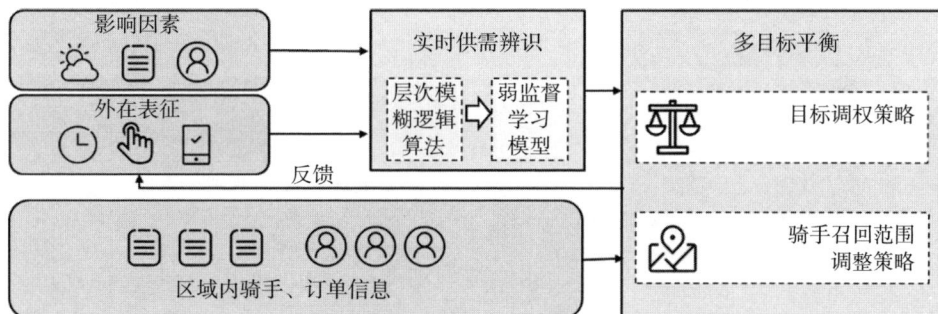

图 8-2　"辨识＋平衡"优化决策框架

8.3.2　实时供需辨识模块

在实时供需辨识模块中，SDL 被分为 6 个等级，记作 $lv \in \{lv_0, lv_1, lv_2, lv_3, lv_4, lv_5\}$，其中等级越高说明供需越紧张，此时供需辨识问题可转化为无标签的多分类问题。本节协同利用层次模糊逻辑系统（hierarchical FLS，HFLS）和弱监督学习（weakly supervised learning，WSL）模型，结合业务经验挖掘海量数据实现 SDL 的高效准确辨识。具体而言，在粗生成环节中，充分利用经验知识生成模糊规则矩阵,使得判断更加柔性,解决样本不完备、不确切的问题;在细处理环节中,根据影响因素和外在表现特征,采用弱监督学习进行迭代训练及标签矫正,减少样本噪声,解决样本数据不准确的问题。具体方法介绍如下。

1. 基于 BLS 和 HLS 的粗生成

业界多采用布尔逻辑系统(boolean logic system,BLS)解决分类问题,当变量值超过给定阈值时,样本就被归为类 A 或类 B。该方法简单有效,但对阈值非常敏感,变量在阈值附近轻微波动能够造成截然不同的分类结果。而 FLS 则更为灵活,通过隶属度函数来描述阈值的过渡边界,从而突破 BLS 非黑即白的判定限制。通过结合 BLS 与 HLS 的优点,本节提出二者的融合系统 HFLS,根据重要特征值与业务经验生成 SDL 粗略识别结果,作为样本粗标签输入 WLS。HFLS 框架图如图 8-3 所示。在初步准备过程中,根据重要性对特征进行分级,不同等级的特征将在不同阶段进行使用:第一阶段根据最重要的特征,采用 BLS 进行初步分类;第二阶段根据所有关键特征,通过模糊化、模糊推断和去模糊化来生成最终的粗糙标签。

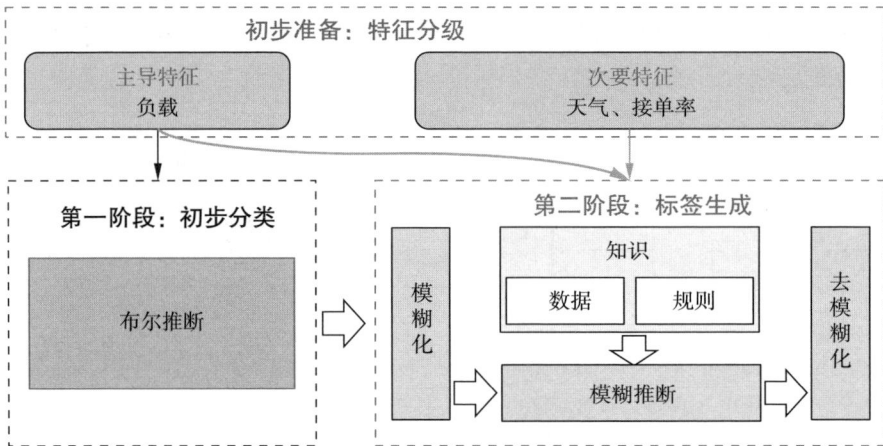

图 8-3　HFLS 框架图

1)初步准备:特征分级

由于存在规则库维度爆炸问题,FLS 难以处理所有特征。因此,根据专家经验及各特征的重要性,选择负载(记作 L^b)、天气(记作 W^b)和接单率(记作 Ar^b)三个关键特征,对 SDL 进行粗生成。其中,L^b 和 W^b 为 SDL 的影响因素,而 Ar^b 则是 SDL 的外在表现。各特征定义如下。

(1)L^b:当前区域和时段下各骑手需要配送的平均订单数,其计算公式为

$$L^b = (n_{nA}^b + n_{nP}^b + 0.5 n_{nD}^b)/m \qquad (8\text{-}21)$$

其中,n_{nA}^b 是未被骑手接收的订单数;n_{nP}^b 是已被接收但未被取餐的订单数;n_{nD}^b 是

已取餐但未交付的订单数。鉴于骑手仅需访问已取餐订单的送点，n_{nD}^b 的权重设为 0.5。由于 L^b 表征订单数量和骑手之间的关系，可认为是 SDL 最重要的影响因素。

（2）W^b：当前区域当前时段的天气情况。根据温度、风速、降雨量等，W^b 被分为好、一般和恶劣 3 类，分别表示为 0,1,2。

$$W^b \in \{0,1,2\} \tag{8-22}$$

通常，一般或恶劣天气会造成更紧张的 SDL。一方面，当天气较差时，人们会更倾向于在配送平台上下单，导致涌入平台的订单量增多；另一方面，在恶劣天气情况下订单配送的难度增大，从而导致大盘运力消化订单的能力减弱。

（3）Ar^b：当前区域当前时段的接单率，其计算公式为

$$Ar^b = (1 - n_{nA}^b)/n^b \tag{8-23}$$

Ar^b 是 SDL 的外在表现特征之一。通常，SDL 越紧张，Ar^b 越小；SDL 越轻松，Ar^b 越大。

在这三个特征中，设定 L^b 为主导特征，其余为次要特征。

2）阶段一：初步分类

阶段一根据主导特征 L^b 采用 BLS 对 SDL 进行初步分类。分类过程中需要考虑到 SDL 6 个等级的场景识别难度不同，极端情况（包括极端紧张与极端轻松）容易识别，中间情况往往较为模糊，原因是不同场景对阈值的敏感程度不同。例如，当 L^b 为 0 或为极大数值时，哪怕存在噪声波动，由于离给定的阈值较远，依然可直接将其划分为 lv_0 或 lv_5。但当相关特征接近给定阈值时，细微波动也可能导致不同的分类结果。

为应对上述问题，在第一阶段中先将 6 个等级划分为 4 个大类，记作 $\{C_0, C_1, C_2, C_3\}$，其中，$C_0 = \{lv_0\}$，$C_1 = \{lv_1, lv_2, lv_3\}$，$C_2 = \{lv_3, lv_4, lv_5\}$，$C_3 = \{lv_5\}$。此时，每个等级都能被至少一个大类覆盖，并且部分大类之间的元素出现重叠，以避免阈值敏感导致分类结果波动较大的情况发生。而极端场景较容易分类，因此 C_0 和 C_3 仅包含一个等级。通过这种设置方式，可以降低参数敏感性，提高分类结果的鲁棒性。

进而，根据主导特征 L^b，场景可被归于特定的大类 C_R，则有

$$C_R = \begin{cases} C_0, & L^b \leqslant L_1 \\ C_1, & L_1 < L^b \leqslant L_2 \\ C_2, & L_2 \leqslant L^b < L_3 \\ C_3, & L^b \geqslant L_3 \end{cases} \tag{8-24}$$

其中，$L_i (i=1,2,3)$ 分别是特征 L^b 的典型分位数，由历史数据统计获得。

3）阶段二：标签生成

在获得初步分类结果 C_R 后，进行如下操作：若 $C_R = C_0$ 或 $C_R = C_3$，直接输出

生成的标签 lv_0 或 lv_1；若 $C_R = C_1$ 或 $C_R = C_2$，则通过 Mamdani FLS 进一步生成标签，涉及模糊化、模糊推断和去模糊化三个主要环节。

（1）模糊化环节。根据各特征对应的隶属度函数 $\mu_F(x^b)$，将连续特征值 $F^b = \{L^b, Ar^b, W^b\}$ 转化为模糊数。其中不同特征的特征状态集合设置为：负载集合 $Ls \in \{低, 中, 高\}$，接单率集合 $As \in \{小, 中, 大\}$，天气集合 $Ws \in \{好, 一般, 恶劣\}$。各连续特征属于不同特征状态的隶属度函数如图 8-4 所示，由线性、三角和梯形模糊数构成。

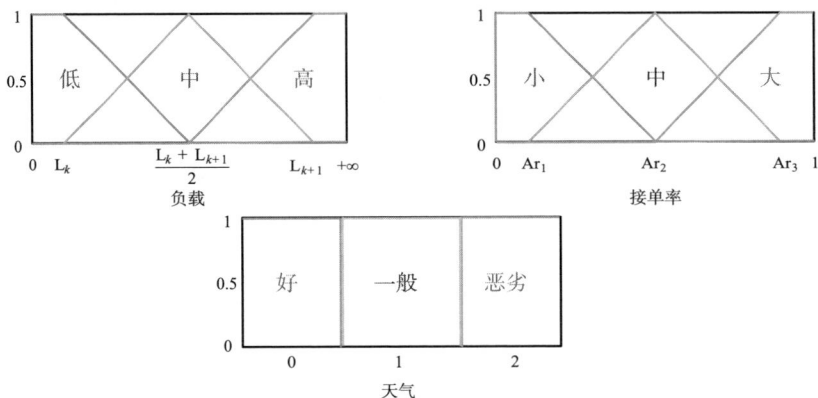

图 8-4　负载、接单率和天气隶属函数

以负载为例，低、中、高负载的隶属度函数如下，记作 $u_L^{低}$、$u_L^{中}$ 和 $u_L^{高}$。

$$u_L^{低}(x^b) = \begin{cases} 1, & x^b \leqslant L_k \\ \dfrac{L_{k+1} + L_k - 2x^b}{L_{k+1} - L_k}, & L_k < x^b < \dfrac{L_{k+1} + L_k}{2} \\ 0, & x^b \geqslant \dfrac{L_{k+1} + L_k}{2} \end{cases} \tag{8-25}$$

$$u_L^{中}(x^b) = \begin{cases} 0, & x^b \leqslant L_k \text{ or } x^b \geqslant L_{k+1} \\ \dfrac{2x^b - 2L_k}{L_{k+1} - L_k}, & L_k < x^b \leqslant \dfrac{L_{k+1} + L_k}{2} \\ \dfrac{2L_{k+1} - 2x^b}{L_{k+1} - L_k}, & \dfrac{L_{k+1} + L_k}{2} < x^b < L_{k+1} \end{cases} \tag{8-26}$$

$$u_L^{高}(x^b) = \begin{cases} 0, & x^b \leqslant \dfrac{L_{k+1} + L_k}{2} \\ \dfrac{2x^b - (L_{k+1} + L_k)}{L_{k+1} - L_k}, & \dfrac{L_{k+1} + L_k}{2} < x^b < L_{k+1} \\ 1, & x^b \geqslant L_{k+1} \end{cases} \tag{8-27}$$

其中，L_k 为式（8-24）中的典型分位数；k 为大类的索引。若 $C_R = C_1$，则 $k = 1$；若 $C_R = C_2$，则 $k = 2$。类似地，$Ar_i (i = 1, 2, 3)$ 分别是特征 Ar^b 的典型分位数，由历史数据统计获得。此外，对离散值特征 W^b 不做模糊处理，直接用布尔向量表示其隶属度，即 W^b 属于好、一般、恶劣天气的隶属度分别为 $\boldsymbol{u}_W^{好} = \{1, 0, 0\}$，$\boldsymbol{u}_W^{一般} = \{0, 1, 0\}$，$\boldsymbol{u}_W^{恶劣} = \{0, 0, 1\}$。

（2）模糊推断环节。根据领域知识和业务经验构建规则矩阵，并计算输入特征值在每个规则下的隶属度与权重。规则矩阵如图 8-5 所示，其中每个方块内的数字表示规则索引。为方便表示，用{轻松，中等，紧张}来分别表示 C_R 中的三个等级。记特征的具体数值为 $\boldsymbol{x}^b = \{x_L^b, x_W^b, x_{Ar}^b\}$，则第 j 个规则 Rule j 可定义如下：若 L^b 以隶属度 $\mu_L^{S_j^L}(x_L^b)$ 属于 S_j^L，W^b 以隶属度 $\mu_W^{S_j^W}(x_W^b)$ 属于 S_j^W，Ar^b 以隶属度 $\mu_{Ar}^{S_j^{Ar}}(x_{Ar}^b)$ 属于 S_j^{Ar}，则 SDL 以权重 w_j^r 判定为等级 y_j。其中，$S_j^F (F \in \{L, Ar, W\})$ 表示该规则下各特征的特征状态，$\mu_F^{S_j^F}(x_F^b)$ 表示 F^b 值为 x_F^b 时属于 S_j^F 的隶属度，y_j 为 Rule j 的 SDL 等级。权重 w_j^r 计算如下，$\mu_j(\boldsymbol{x}^b)$ 表示 $\boldsymbol{x}^b$ 属于 Rule j 的隶属度。

$$w_j^r(\boldsymbol{x}^b) = \frac{\sum_{i, i \neq j} |\mu_j(\boldsymbol{x}^b) - \mu_i(\boldsymbol{x}^b)|}{\sum_i \mu_i(\boldsymbol{x}^b)} \tag{8-28}$$

$$\mu_j(\boldsymbol{x}^b) = \mu_L^{S_j^L}(x_L^b) \cdot \mu_{Ar}^{S_j^{Ar}}(x_{Ar}^b) \cdot \mu_W^{S_j^W}(x_W^b) \tag{8-29}$$

以图 8-5 中规则 17 为例，灰色框中的"中等"表示，若 L^b 以隶属度 $\mu_L^{中}(x_L^b)$ 为中负载，W^b 以隶属度 $\mu_W^{一般}(x_W^b)$ 为一般天气，Ar^b 以隶属度 $\mu_{Ar}^{小}(x_{Ar}^b)$ 为小接单率，则 SDL 以权重 w_{17}^r 为等级中等。

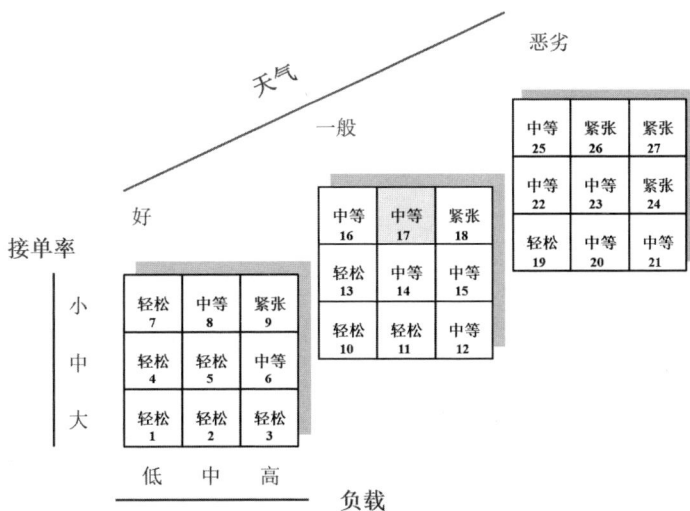

图 8-5　规则矩阵

（3）去模糊化环节为，根据模糊推断计算得到的隶属度与规则权重来辨识 SDL，计算方式如下。

$$E^b = y_{\underset{j}{\arg\max} w_j^r \mu_j(\boldsymbol{x}^b)} \tag{8-30}$$

根据式（8-30），$w_j^r \mu_j(\boldsymbol{x}^b)$ 最大的规则中的 SDL 等级将被视作生成的粗标签结果。举例而言，若 $w_{17}^r \mu_{17}(\boldsymbol{x}^b)$ 为集合 $\{w_j^r \mu_j(\boldsymbol{x}^b) | j = 1, 2, \cdots, 27\}$ 中的最大值，则供需紧张度 $E^b = y_{17} = $ 中等。更进一步，若在第一阶段中 $C_R = C_1$，则 $E^b = \text{lv}_2$。

2. 基于 WSL 的细处理

尽管采用 HFLS 可获得每个样本的粗标签，然而这些粗标签仍然存在一定噪声。一方面，选取的特征较少，未考虑其他特征带来的影响；另一方面，规则矩阵是基于直观的业务经验设置，可能无法涵盖所有情况，进而导致标签不够精确。

为弥补上述人为经验的不足，考虑引入数据驱动方法。鉴于 WSL 是一种应对不完全、不确切、不精确数据的有效范式[7-9]，因此采用 WSL 进一步精细化处理，以获得更准确的辨识结果。本节所提的 WSL 方法流程图如图 8-6 所示，在输入数据集后，通过多分类模型进行训练，并计算各样本的损失与聚类距离，辨识错标样本，矫正标签并重新训练，从而降低样本噪声，解决样本数据不准确的问题。

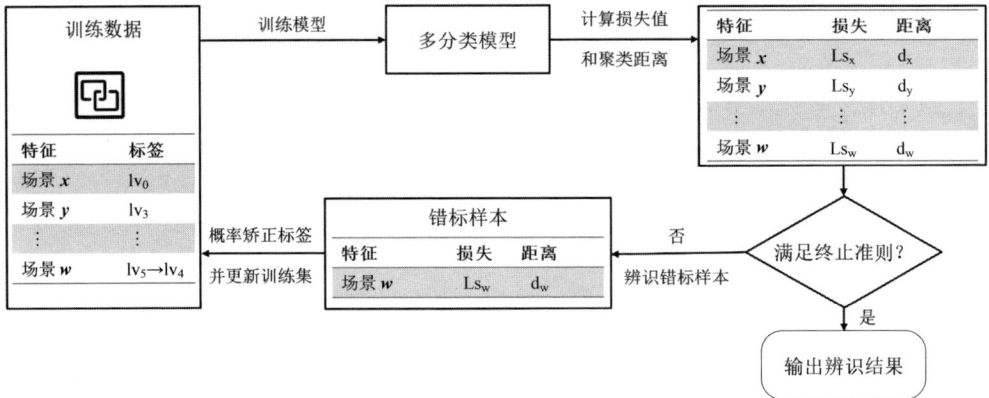

图 8-6　WSL 流程图

通过分析与 SDL 具有强因果的影响因素及外在表现后，构造如图 8-7 所示的特征，除 HFLS 中应用到的天气、负载、接单率外，还包括区域内各类型订单数量、订单承诺送达时间、平均接单时长、配送时长等。

鉴于 XGBoost 算法在求解多分类问题方面的简洁性与有效性，本节采用 XGBoost 作为多分类模型。此外，损失函数设置为如下分类交叉熵。

$$\text{Ls}(\hat{y}_i, y_i, \Theta) = -\sum_{k=0}^{5} y_{i,k} \log \hat{y}_{i,k} \tag{8-31}$$

影响因素	• 负载 • 天气 • 未抢订单数 • 未取餐订单数 • 未配送订单数 • 订单平均承诺送达时间 • 平均抢单间隔 • ……
外在表现	• 接单率 • 配送时长 • 取餐时间 • ……

图 8-7　模型主要特征

其中，$y_{i,k}$ 为 SDL 的标签，若 $y_i=k$，则 $y_{i,k}$ 为 1，否则为 0；$\hat{y}_{i,k}$ 是给定参数 Θ 下 SDL 属于 lv_k 的预测概率，$0\leqslant\hat{y}_k\leqslant 1$。

此外，为提高辨识结果准确性，通过迭代方式训练模型，并在每次迭代过程中，采用概率翻转标准的方式矫正可能标记错误的样本，具体步骤如下。

首先，对于可能标记错误的样本，计算其与聚类中心之间的距离。

$$\boldsymbol{c}_{ik}=\sum_{i}^{n} y_{i,k}\boldsymbol{x}_i \Big/ \sum_{j}^{n} y_{i,k},\quad k=0,1,\cdots,5 \tag{8-32}$$

$$d_{ik}=\sum_{j=1}^{f}(x_{ij}-c_{kj})^2 \tag{8-33}$$

$$K_{i,\min}=\underset{k}{\operatorname{argmin}} d_{ik} \tag{8-34}$$

其中，$\boldsymbol{x}_i=\{x_{i1},x_{i2},\cdots,x_{if}\}$为第 i 个样本的特征向量，f 为特征数量；$\boldsymbol{c}_{ik}=\{c_{i1},c_{i2},\cdots,c_{if}\}$为第 k 类中心点的特征向量；d_{ik} 为样本 $\boldsymbol{x}_i$ 和 $\boldsymbol{c}_{ik}$ 的距离；$K_{i,\min}$ 为离 $\boldsymbol{x}_i$ 最近的中心类别索引。

其次，将标签不等于 $K_{i,\min}$ 的样本以一定概率 $p(<50\%)$ 进行标签矫正，$K_{i,\min}$ 为矫正方向。具体而言，对于原始标签为 lv_0 或 lv_5 的样本，其标签将以概率 p 向 $K_{i,\min}$ 移动一个等级，而当原始标签为其他等级时，则以概率 $1-p$ 进行变换。标签为 lv_0 或 lv_5 的样本的划分相对容易，因此分类错误的概率较低，从而所需要矫正的概率也应该更低。相反地，$\mathrm{lv}_1\sim\mathrm{lv}_4$ 的矫正概率相对更高一些。当模型训练达到一定迭代次数时，终止训练过程。

8.3.3　多目标平衡模块

本节采用第 5 章的方法进行订单指派，为在此基础上进一步平衡用户体验与配送效率，考虑如下两点：一是加权总成本的权重如何设置。原方法采用固定权重,忽视了各区域各时段的差异性,对短期目标的优化量未必能完全精准传导至长期目标的优化上,进而在累积效应下容易导致长期优化目标之间失衡。二是候选骑手如何筛选。原方法将距离订单一定范围内的骑手视作可召回的候选骑手,然而固定范围的方式同样难以有效应对所有 SDL。针对上述问题,本节分别设计两种自适应多目标平衡策略,包括基于权重生成器的目标调权策略和骑手召回范围调整策略。

1. 短期目标调权策略

不同 SDL 下,各目标的重要性不同。当供需关系紧张时,缺乏足够运力来消化订单,导致超时的可能性增加,恶化用户体验。因此,当 SDL 较高时,用户体验更为重要。而当供需关系较为轻松时,各订单几乎都能被按时交付,即用户体验容易满足,此时配送效率的优化变得更为重要。

基于上述分析,设计目标调权策略,其流程图如 8-8 所示。随着 SDL 增加,用户体验权重增大,而配送效率的权重相应降低,权重计算如下:

$$w_{\mathrm{t}}^{b} = E^{b}/5 \tag{8-35}$$

$$w_{\mathrm{d}}^{b} = 1 - E^{b}/5 \tag{8-36}$$

其中,E^{b} 为基于实时供需辨识模块所得到的 SDL 等级,依据其等级 $\{\mathrm{lv}_0, \mathrm{lv}_1, \mathrm{lv}_2, \mathrm{lv}_3, \mathrm{lv}_4, \mathrm{lv}_5\}$ 分别取值为 $\{0, 1, 2, 3, 4, 5\}$。基于上述目标权重,优化目标将从式(1-47)的固定权重模式,转化为式(8-10)的动态变权重模式,随后采用相应的订单指派方法进行优化。

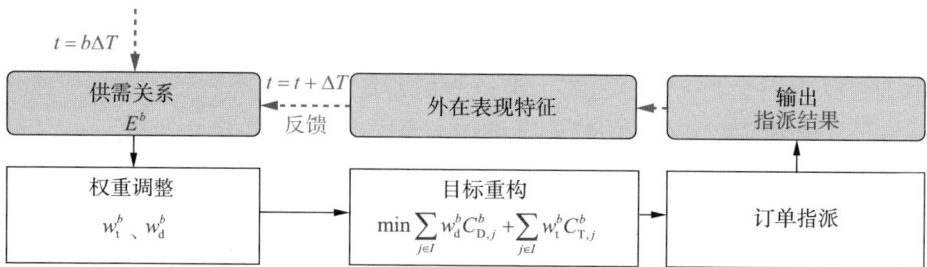

图 8-8 短期目标调权策略流程图

2. 骑手召回范围调整策略

除直接调整目标权重外,本节间接通过调整骑手召回范围以平衡用户体验与配送效率。具体而言,供需关系紧张意味着当前召回范围内骑手过少或附近骑手身上已背负较多订单,难以找到合适的骑手来配送新单。若长时间无人接单,则会导致该订单的严重超时,从而恶化用户体验,此时需要考虑更远距离的骑手来配送新单。而供需关系轻松则意味着有足够的运力来消化新单,因此可将这些订单指派给近距离骑手以提高配送效率。

　　基于上述动机,本节提出一种骑手召回范围调整策略。当 SDL 较高时,召回范围扩大,一些稍远距离但接单意愿较强的骑手可被选择,从而让订单尽早被接单,有助于降低其超时风险,改善用户体验,缓解供需失衡;当 SDL 较低时,召回范围将被缩小,订单将被指派给近距离骑手或顺路骑手,从而提高配送效率。

　　图 8-9 所示为高等级 SDL 召回范围调整的示例。其中最左侧的圆圈表示该区域 SDL 较为紧张,并且圈中的唯一骑手 q_1 拒绝接单。随后根据骑手召回范围调整策略,召回范围被扩大,引入了新骑手 q_2,该骑手愿意接单。而当 q_2 前来接单取餐时,SDL 下降,此时恢复召回范围。

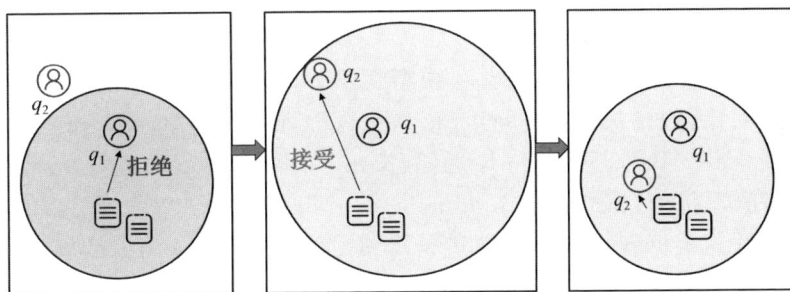

图 8-9　骑手召回范围调整策略示意图

8.4　离线数值实验

8.4.1　实验设置

　　离线实验的训练集由美团配送平台在某一周的全国历史数据构成,测试集为后续一天所有数据中分层采样获得的 60 000 个样本,每个 SDL 等级采样 10 000 个。除模型采用 Tensorflow 在 Python 环境下训练外,其余算法部分均采用 JAVA SE8 语言编程,实验环境为 MacBook Pro @ 2.2 GHz / 16 GB RAM,操作系统为 MacOS。评价指标包括精确率(precision)、召回率(recall)和 F1 分数(F$_1$-score),计算如下:

$$P_k = TP_k/(TP_k + FP_k), \quad \forall k = 0,1,\cdots,5 \tag{8-37}$$

$$R_k = TP_k/(TP_k + FN_k), \quad \forall k = 0,1,\cdots,5 \tag{8-38}$$

$$F_{1k} = 2P_k R_k/(P_k + R_k), \quad \forall k = 0,1,\cdots,5 \tag{8-39}$$

$$Precision = \frac{1}{6}\sum_{k=0}^{5} P_k \tag{8-40}$$

$$\text{Recall} = \frac{1}{6} \sum_{k=0}^{5} R_k \tag{8-41}$$

$$F_1 = \frac{1}{6} \sum_{k=0}^{5} F_{1k} \tag{8-42}$$

其中,TP_k,FN_k 分别为预测正确和预测错误的 lv_k 样本数,FP_k 表示将 SDL 非 lv_k 的样本预测为 lv_k 的样本数,P_k,R_k 和 F_{1k} 分别为第 k 类样本的精确率、召回率和 F_1 分数。precision、recall 及 F_1 越大,则说明模型的性能越好。

本章设计的 WSL-HFLS 主要包括如下 3 种针对性的设计:在 BLS 基础上引入 FLS 增加辨识结果的鲁棒性,引入深度学习 XGBoost 提高结果的准确性,通过概率翻转标签降低结果噪声影响。为验证这些设计的有效性,与如下对比算法开展消融实验。

(1)分类模型:为验证 XGBoost 模型在 WSL-HFLS 中的性能,与其他经典分类模型进行对比,包括决策树(decision tree,DT),随机森林(random forest,RF),朴素贝叶斯(naive Bayes,NB)和 K 近邻(K-nearest neighbors,KNN)。

(2)阈值判断法(threshold judgment method,TJM):完全基于 BLS 的确定性启发式方法。根据各特征分位点进行等级划分,依据图 8-5 中的规则矩阵确定 SDL。举例而言,若 $(L_1 + L_3)/2 < L^b \leqslant L_3$,$Ar^b < Ar_1$,$W^b = 1$,则 SDL 为 lv_4。

(3)HFLS:将粗生成的结果直接作为 SDL 辨识结果,不再引入 WSL 进行细处理。

(4)WSL-HFLS-nPS(WSL-HFLS without probability selection):不考虑概率翻转标签,当判定标签可能出错时,直接修改标签。

8.4.2 算法优化效果评估

由表 8-2 可见,WSL-HFLS 在各指标上均表现最佳(表中标粗数据),表明了模糊逻辑系统与深度学习方法结合的优越性。具体而言,对比 WSL-HFLS 与 KNN、RF、DT 和 NB 等分类模型,使用 XGBoost 模型在各个指标下都表现更优,验证了在 WSL-HFLS 中应用 XGBoost 的有效性。此外,HFLS 在各指标下性能也都优于 TJM,验证了模糊逻辑系统在处理不确定数据方面的有效性。而 WSL-HFLS 与 WSL-HFLS-nPS 之间的对比结果也表明了所设计的概率翻转方法能有效降低结果的噪声,提高预测精度。

表 8-2　不同方法的预测效果对比

方法	Precision	Recall	F_1
KNN	0.547	0.512	0.518
RF	0.821	0.817	0.816

续表

方法	Precision	Recall	F_1
DT	0.698	0.646	0.663
NB	0.449	0.452	0.415
TJM	0.418	0.356	0.337
HFLS	0.542	0.555	0.509
WSL-HFLS-nPS	0.854	0.849	0.849
WSL-HFLS	**0.866**	**0.864**	**0.864**

此外,为观察全天情况下通过不同方法获得的 SDL 比例,选取北京某晴天下的数据进行测试。结果如图 8-10 所示,横坐标为 $0\sim24$ h 的时间轴,柱状图内各个颜色的长度则表示该等级的占比,和为 1,其中浅色和深色分别表示相对轻松和相对紧张的 SDL,由浅到深分别为 $lv_0\sim lv_5$。由图 8-10 可见,TJM 将绝大多数场景都标记为较为轻松的 SDL 场景,难以区分高峰期和闲时段,相对来说较为保守。而 HFLS 在午高峰期间又过于激进,将半数都标记为极端紧张场景。相比之下WSL-HFLS 所获得的比例更为合理,也更符合业务经验,因此可认为所设计的WSL-HFLS 能有效辨识 SDL。

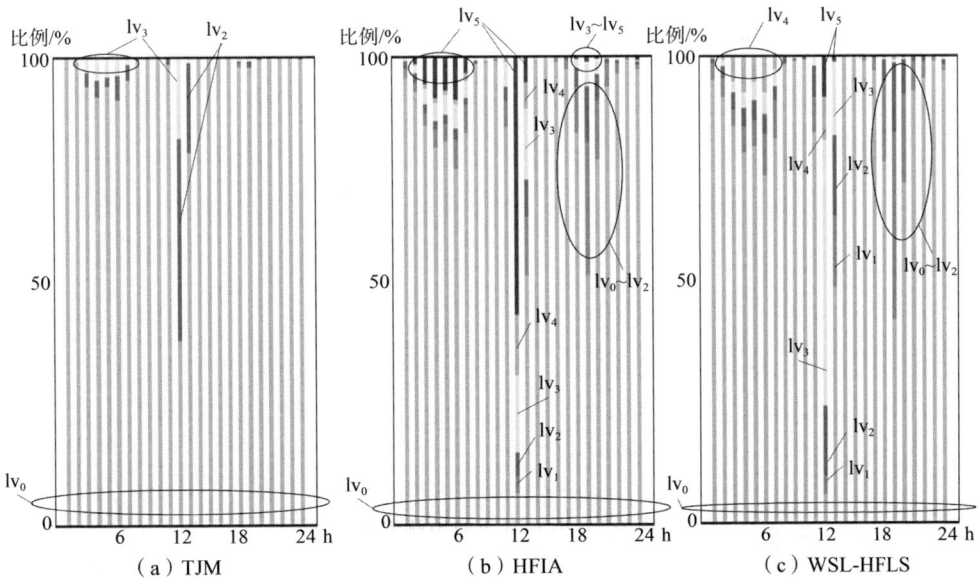

图 8-10　北京某晴天下不同 SDL 的占比情况

8.5 在线 A/B 测试

8.5.1 实验设置

为验证 I-BF 的实用性,在珠海、石家庄等多个城市开展在线 A/B 测试。实验设置与 5.4 节基本保持一致,其中对照区域部署的算法为美团原有的确定性算法,实验区域部署的算法为 I-BF。通过比较各算法的长期优化目标,验证所提框架是否能有效改善用户体验和配送效率。

8.5.2 应用效果

图 8-11 所示为基于目标调权策略的 I-BF 与确定性策略的对比结果。其中左边 3 个子图为用户体验指标,右侧 3 个子图为配送效率指标。横轴为 3 个不同的城市,纵轴为每个观测指标的 Δ_{tru},表示采用 I-BF 后相比确定性策略的指标改善量。例如,对于图 8-11(a)中的城市 1,基于目标调权策略的 I-BF 相比于确定性策略的 5 分钟准时率提升了 0.56%。由于城市间存在差异,策略的应用效果有所不同。但整体来看,采用基于目标调权策略的 I-BF 后各城市所有指标都得到了改善,有效缓解了订单超时,提高了骑手接单意愿,并缩短了配送时长,表明所提基于目标调权策略的 I-BF 能有效提高用户体验和配送效率。

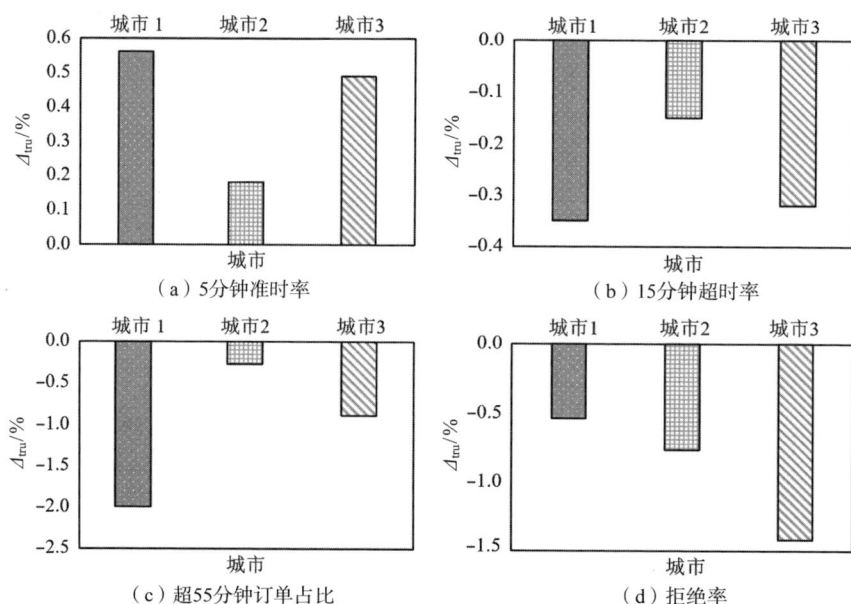

图 8-11 第一组在线 A/B 测试结果

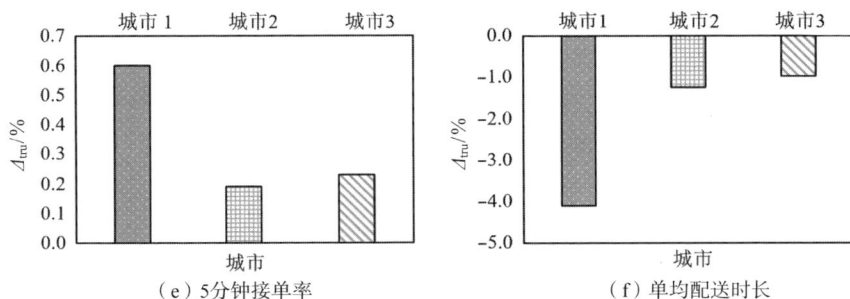

图 8-11　（续）

　　为进一步探讨该策略的作用机理,对某城市的数据进行了长时间结果跟踪,记录了确定性策略和所提策略在每次决策时刻所有新单的分配情况。为获得可信且鲁棒的统计结果,过滤极端场景及两种方法的相同派单结果,只关注两种方法的不同派单结果。表 8-3 为两种方法的时间成本与路程成本的差异,其中,C_T^D,C_D^D 分别表示由确定性策略对应的时间成本与路程成本,C_T^W,C_D^W 分别表示由基于目标调权策略的 I-BF 对应的时间成本与路程成本,$\delta_T = C_T^W - C_T^D$ 与 $\delta_D = C_D^W - C_D^D$ 则分别表示两种策略的时间成本与路程成本之差。将各决策时间窗按 SDL 进行分组,计算各成本的平均值,标粗数据表明相应指标有所改善。由表 8-3 可见,随着 SDL 上升,确定性策略的时间成本呈增长趋势,路程成本则相反。而对于 I-BF 而言,当SDL 较为轻松时,更倾向于优化路程成本;当 SDL 紧张时,则尽可能优化时间成本,并使路程成本降低或在可接受范围内增加,这些现象符合策略设计的预期。

表 8-3　I-BF 与确定性策略在时间成本和路程成本上的对比结果

SDL	C_T^D	C_T^W	δ_T	C_D^D	C_D^W	δ_D
lv_0	0.596	1.141	0.545	18.347	16.641	**−1.706**
lv_1	0.471	0.866	0.395	16.178	15.757	**−0.421**
lv_2	0.708	1.019	0.311	16.662	14.418	**−2.244**
lv_3	1.096	0.850	**−0.246**	14.845	15.287	0.442
lv_4	0.948	0.875	**−0.073**	16.504	16.081	**−0.423**
lv_5	1.494	1.294	**−0.200**	14.044	13.644	**−0.400**

　　此外,本节还对比了两种策略在不同 SDL 下的骑手平均背单数。如图 8-12 所示,与确定性策略相比,当供需较为紧张时,I-BF 倾向于将订单分配给任务较少的骑手。换言之,I-BF 分配订单更加均匀,使得骑手能专注于手头的一两个订单,无须绕远路取送餐。因此,该策略可以降低订单超时的可能性。而当 SDL 较低时,

如 lv_1 和 lv_2,现象则相反,此时,区域的需求量相对来说较小,每个订单的超时风险相对较低,因此,将订单分配给有顺路单的骑手可以更好地提高整体配送效率。

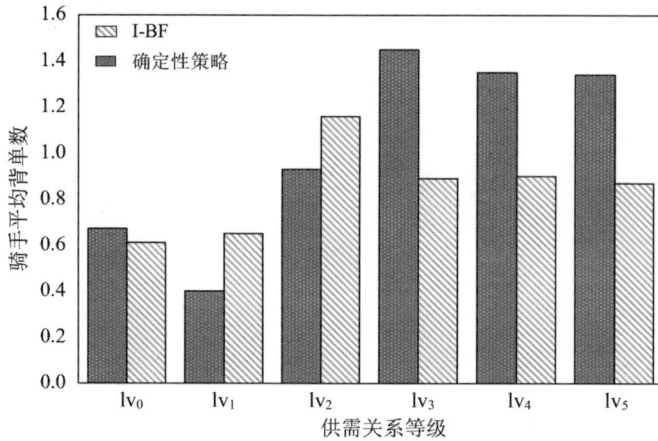

图 8-12 I-BF 与确定性策略的骑手背单数指标对比结果

图 8-13 为基于骑手召回范围调整策略的 I-BF 与确定性策略的对比结果,其中符号"√"和"×"分别表示采用所提策略后指标有改善和恶化。由图 8-13 可见,所有城市的整体指标呈现改善趋势,表明基于骑手召回范围调整策略的 I-BF 能使订单交付更准时及骑手更愿意快速接单。其中,对于城市 4 而言,一个用户体验指标有所恶化,而配送效率相关的指标都得到显著改善。这可能是因为该城市整体骑手任务量较小,因此在策略调整后更愿意快速接单。这也表明该城市总体 SDL 相对较为轻松,大多数订单会分配给较小召回范围内的骑手。但若该范围内的骑手拒绝接单,则可能延迟订单被接起的时间,从而造成超时,恶化用户体验。总体上看,基于骑手召回范围调整策略的 I-BF 能有效改善用户体验和配送效率。

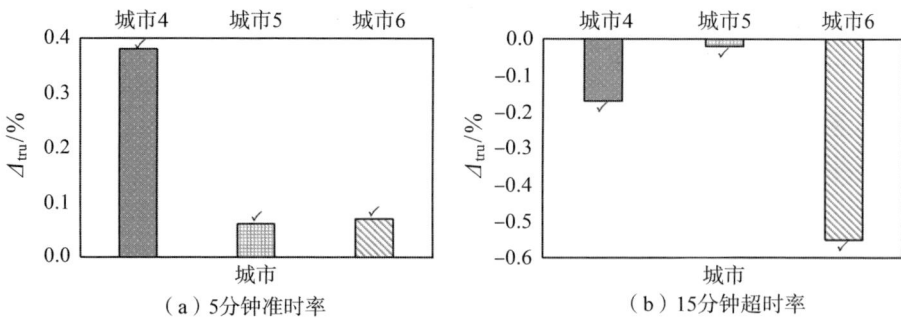

（a）5分钟准时率　　　　　　（b）15分钟超时率

图 8-13 第二组在线 A/B 测试结果

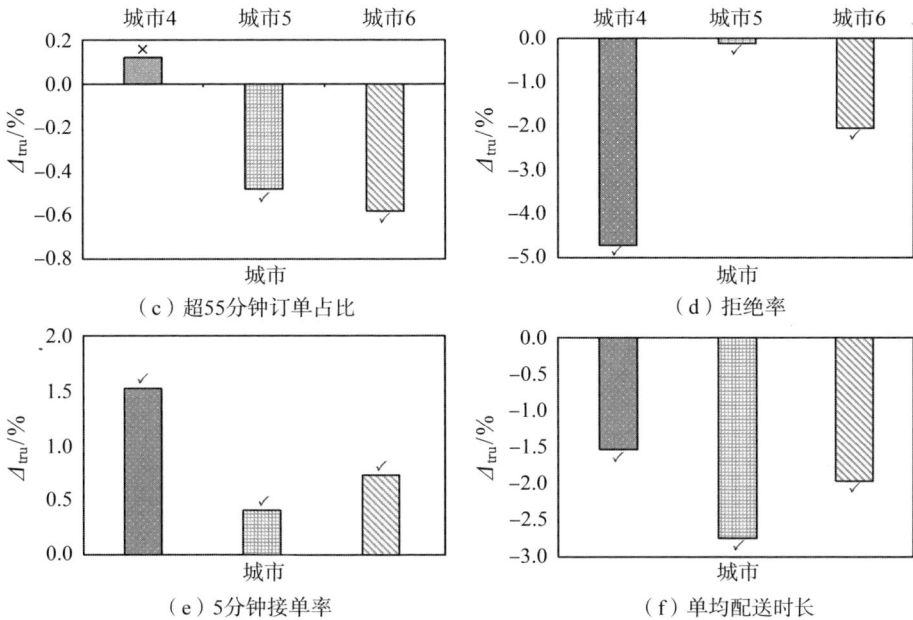

（c）超55分钟订单占比　　　　　　（d）拒绝率

（e）5分钟接单率　　　　　　　　（f）单均配送时长

图 8-13　（续）

参考文献

［1］ ZHOU F，LUO S，QIE X，et al. Graph-based equilibrium metrics for dynamic supply-demand systems with applications to ride-sourcing platforms［J］. Journal of the american statistical association，2021，116（536）：1688-1699.

［2］ DEB K，PRATAP A，AGARWAL S，et al. A fast and elitist multiobjective genetic algorithm：NSGAII［J］. IEEE transactions on evolutionary computation，2002，6（2）：182-197.

［3］ ZHANG Q，LI H. MOEA/D：A multiobjective evolutionary algorithm based on decomposition［J］. IEEE transactions on evolutionary computation，2007，11（6）：712-731.

［4］ DUȚU L-C，MAURIS G，BOLON P. A fast and accurate rule-base generation method for Mamdani fuzzy systems［J］. IEEE transactions on fuzzy systems，2018，26（2）：715-733.

［5］ GAYATHRI B M，SUMATHI C P. Mamdani fuzzy inference system for breast cancer risk detection［C］. 2015 IEEE International Conference on Computational Intelligence and Computing Research，Madurai，2015：1-6.

［6］ ZHOU W H，XIONG S Q，MA T. A fuzzy classifier based on Mamdani fuzzy logic system and genetic algorithm［C］. 2010 IEEE Youth Conference on Information，Computing and Telecommunications，Beijing，2010：198-201.

［7］ MENG Y，HUANG J，HAN J. Embedding-driven multi-dimensional topic mining and text analysis［C］. KDD'20：The 26th ACM SIGKDD Conference on Knowledge Discovery and Data Mining，Sacramento，2020：3573-3574.

［8］ Zhou Z H. A brief introduction to weakly supervised learning［J］. National science review，2018，5(1)：44-53.

［9］ HAO D，ZHANG L，SUMKIN J，et al. Inaccurate labels in weakly-supervised deep learning：automatic identification and correction and their impact on classification performance［J］. IEEE journal of biomedical and health informatics，2020，24（9）：2701-2710.

第9章
基于意愿预估与召回排序的订单推荐

9.1 引言

随着即时配送订单量迅速增加,专送场景下的订单指派模式不可避免地面临专业骑手资源短缺及运力成本过高的问题,平台需招募众包骑手来补充运力资源并降低运力成本。因此,快送场景下的订单推荐模式也逐渐成为即时配送订单分配的重要渠道,即平台为每名众包骑手生成一个订单推荐列表,骑手从中选择自己喜欢的订单并进行抢单,成功抢单后该订单便由该骑手进行配送。可见,快送场景下的众包骑手具有自由选择权,因此决策过程中需要更多考虑骑手的意愿。由于订单分配以骑手为决策中心,专送场景下的订单指派方法不再适用于快送场景,亟须一套适配快送场景订单分配的优化决策方法。因此,本章针对快送场景下的订单推荐开展研究。

推荐问题多见于传统电子商务和信息检索领域,如谷歌、百度、淘宝、京东等公司的业务。图 9-1 所示为推荐系统的工作原理,其本质上是一个过滤系统,通过对海量信息进行逐步过滤,为用户在特定场景中呈现其有意愿获取的信息。传统推荐方法可以根据评分预测方式分为基于内容的方法、协同过滤方法和混合方法三类。①基于内容的方法来源于信息检索[1-2]和信息过滤[3],通过总结用户过去的喜好来在未来时刻为用户推荐项目,因此,该类方法会倾向于推荐那些与用户过去喜欢的东西相似的东西[4-5];②协同过滤方法根据相似人群的喜好来为用户推荐项目,通过他人对项目的评分来预测特定用户对物品的偏好,如 GroupLens[6-7]采用协同滤波算法去自动预测用户喜好;③混合方法融合上述两种方法的优点并规避二者的局限性[8],从而在不同推荐场景下得到比前两种方法更精准的预测效果。

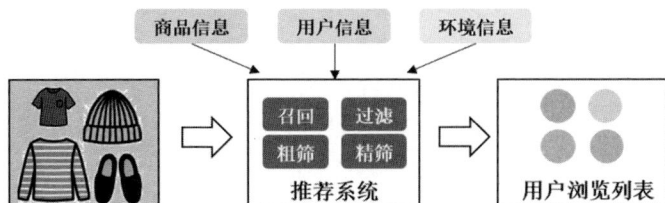

图 9-1　推荐系统的工作原理

在物流配送领域,针对众包模式下优化问题的研究相对较少。Deng 等[9]针对工人自主选择任务的空间众包任务分配问题,并以最大化工人执行的任务数量为目标,提出了一种启发式算法;Wang 等[10]研究了以最大化系统整体效率为目标的多任务分配问题,并提出了一种多任务分配框架,采用下降贪婪方法选择一组准最优的"任务-工人"分配结果。此外,Tu 等[11]和 Guo 等[12]尝试采用遗传算法求解空间众包任务分配问题。

尽管许多现有研究涉及推荐或众包任务分配问题,但将众包模式与即时配送相结合并考虑骑手自主选择意愿的研究仍较匮乏,尤其缺乏高效的优化决策方法。基于此,本章针对快送场景下的订单推荐问题,提出一种"预测＋优化"的分层求解框架:在预测层,建立机器学习模型对骑手的抢单意愿进行精准预估,并基于骑手的注意力衰减现象对抢意愿进行调整,使其更适配骑手的真实抢单行为;在优化层,设计基于问题性质的召回排序算法,为骑手生成最佳的订单推荐列表,实现平台配送效率、骑手配送体验和用户满意度的整体优化。

9.2 快送场景调度系统运行流程

与专送场景"一对一"匹配的订单分配模式不同,快送场景采用"一对多"推荐的方式分配订单,同一个订单可以同时被推荐给多名骑手。图 9-2 所示为快送场景调度系统的运行流程。平台收集用户创建的订单,当众包骑手向平台发起刷新请求时,为众包骑手提供一个合适的订单推荐列表,因此,众包骑手可以浏览列表中的订单并进行抢单。

图 9-3 所示为订单推荐列表的一个真实示例,列表中展示了订单的相关信息供骑手参考和选择,如订单取送餐点、配送距离、配送费等。通常情况下,骑手一次只能从列表中选择一个订单。骑手抢单成功后,会根据平台提供的路径规划结果依次访问取送餐点,完成订单配送。一旦某个订单被某个骑手抢走,其他骑手无法再抢该订单,刷新列表后也将无法再看到这个订单,从而保证每个订单由一个骑手进行配送。实际众包骑手数量众多,因此经历多次刷新和推荐后,绝大部分订单会被骑手选择并完成配送,极少数长时间未被抢的订单将会由平台重新评估,并适当增加额外的配送费以吸引骑手抢单。

快送场景下的订单推荐具有如下特点。

(1) 高时效性。与订单指派问题类似,留给生成订单推荐列表的计算时间非常有限。

(2) 以骑手为决策中心。骑手享有订单分配的最终决策权,因此平台需要充分考虑骑手意愿,尽可能为骑手推荐其喜好的订单,也可以把一个订单同时推荐给多个合适的骑手,从而提高订单分配效率,但这也意味着分配问题的解空间增大,

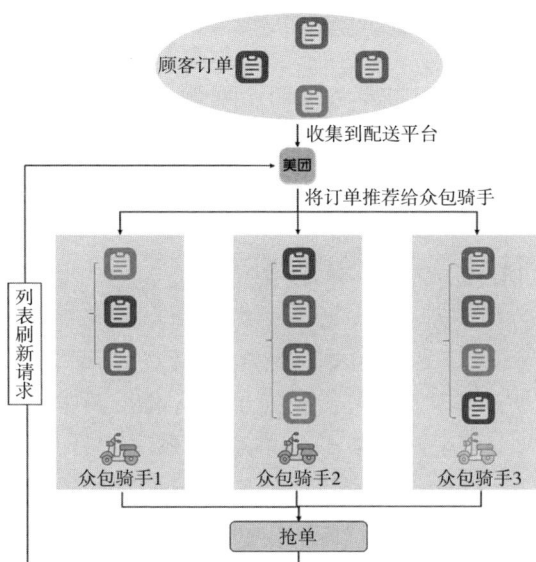

图 9-2　快送场景下调度系统的运行流程

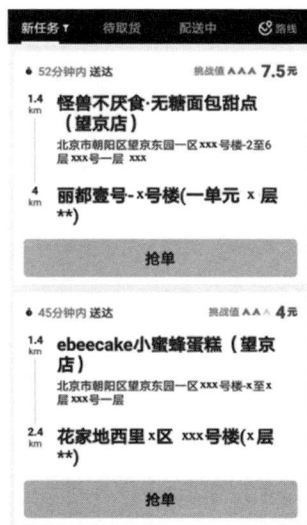

图 9-3　真实订单推荐列表的一个真实示例

求解难度提升。

（3）订单推荐列表的长度有限。有别于搜索、广告、推荐场景，平台不会为骑手提供一个无限长推荐列表，而是在骑手刷新后提供一个仅包含部分订单的短列表，原因是骑手在执行配送任务时通常没有过多时间浏览长订单列表。此外，推荐列表过长也会增加骑手选择偏好订单的决策难度。相比之下，在不同时刻生成短列表是更高效和经济的方式,能够减少骑手的浏览和决策时间,从而间接提升订单分配效率。

鉴于上述特点,订单推荐需要考虑两个问题:一是如何考虑不同骑手的选择偏好,二是如何为骑手生成合适的订单推荐列表。因此,准确预估骑手的抢单意愿并设计高效的订单召回排序算法是有效求解订单推荐问题的关键。

9.3 "预测+优化"分层求解框架

鉴于订单推荐问题解空间大和时效性高的特点,下面设计"预测+优化"分层求解框架,如图 9-4 所示,其主要包括预测层和优化层两部分。在预测层,建立机器学习模型来预测每个骑手对订单的抢单意愿,骑手偏好可作为关键决策信息提供给优化层;在优化层,设计一种有效的启发式召回排序算法,为每个骑手高效生成订单推荐列表。下面对预测层和优化层的实现细节进行具体介绍。

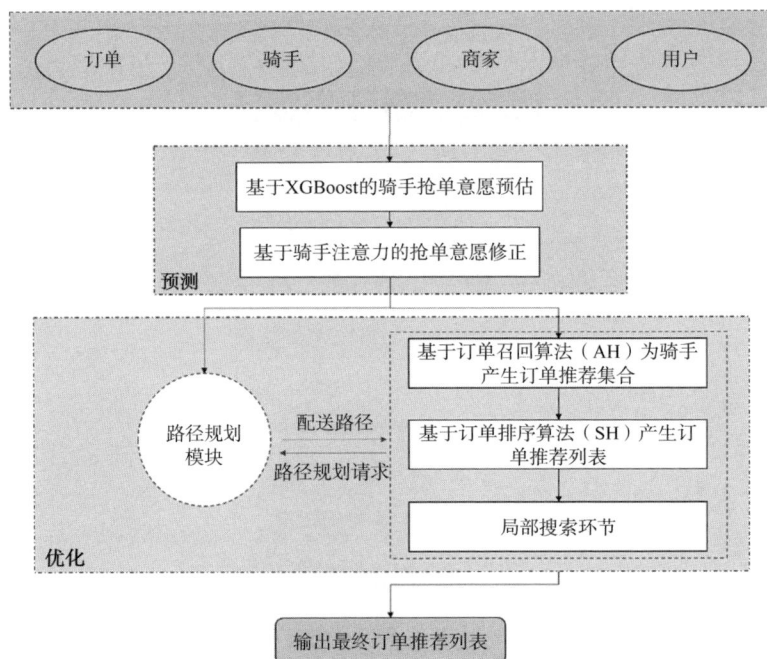

图 9-4 "预测+优化"分层求解框架

9.3.1 预测层——骑手意愿预估

骑手的抢单行为具有个人偏好色彩及较强的不确定性,受订单的配送费、配送距离及订单在推荐列表中的位置等多种因素影响。为应对这种不确定性,传统方法一般采用参数化的概率分布或固定的规则来模拟骑手行为。虽然这种方法简单便捷,但与骑手的真实喜好和行为相差较大,难以保证在复杂配送场景下的适用性和扩展性。为此,本节建立机器学习模型,利用大量历史数据进行训练,使模型能够更为准确地预估骑手的真实抢单意愿。

具体而言,对于历史数据,首先提取其有效的特征,然后根据骑手是否对某个订单发生过抢单行为,设置二分类标签;选取 2.3.1 节中介绍的 XGBoost 作为分类模型及对数损失函数,采用有监督学习方式对模型进行训练。模型输出的分类概率可视为骑手 q_j 对订单 o_i 的初始抢单意愿 $\rho_{j,i}$,通过该方式也可以实现 1.3.4 节数学模型中映射函数 φ_1 的建模。为提升对骑手抢单意愿的预估准确性,下面基于骑手注意力对初始抢单意愿进行修正,具体方法如下。

1. 特征

为帮助模型精准预测骑手抢单意愿,需要综合考虑影响骑手抢单行为的多种因素[13]。通过调研快送场景下的真实配送过程,本节设计了订单维度、骑手维度、商家维度和用户维度共 4 个维度的特征。这些特征有些是离线获取的,有些需要以在线方式进行计算。图 9-5 所示为特征的整体分类,表 9-1 所示为特征的计算类型和具体含义。同一特征对于不同骑手和订单有着不同的计算结果,反映每个骑手的不同偏好。

表 9-1 特征的计算类型和具体含义

类别	名称	计算类型	含义
订单	order_dis	在线计算	取点与送点的距离
	order_pick_dis	在线计算	取点与骑手的距离
	order_pp_dis	在线计算	取点与骑手携带订单取点距离最大值
	order_rp_dis	在线计算	取点与骑手携带订单送点距离最大值
	order_pr_dis	在线计算	送点与骑手携带订单取点距离最大值
	order_rr_dis	在线计算	送点与骑手携带订单送点距离最大值
	order_rem_time	在线计算	剩余配送时长
	order_fee	离线获取	订单配送费
骑手	rider_od_num	离线获取	骑手已抢订单数量
	rider_od_num_avg	离线获取	骑手日均完成订单数量
	rider_poi_dis_avg	离线获取	骑手与骑手携带订单取点距离平均值
	rider_rec_dis_avg	离线获取	骑手与骑手携带订单送点距离平均值
	rider_ontime_ratio	离线获取	骑手配送准时率
	rider_dur_avg	离线获取	骑手平均配送时长
	rider_fail_rate	离线获取	骑手抢单成功率

续表

类别	名称	计算类型	含义
商家	poi_od_num	离线获取	商家日均完成订单数量
	poi_dis_avg	离线获取	商家单均配送距离
	poi_ontime_ratio	离线获取	商家配送准时率
	poi_pre_avg	离线获取	商家平均备货时长
用户	sug_time_avg	离线获取	用户平均交付时长

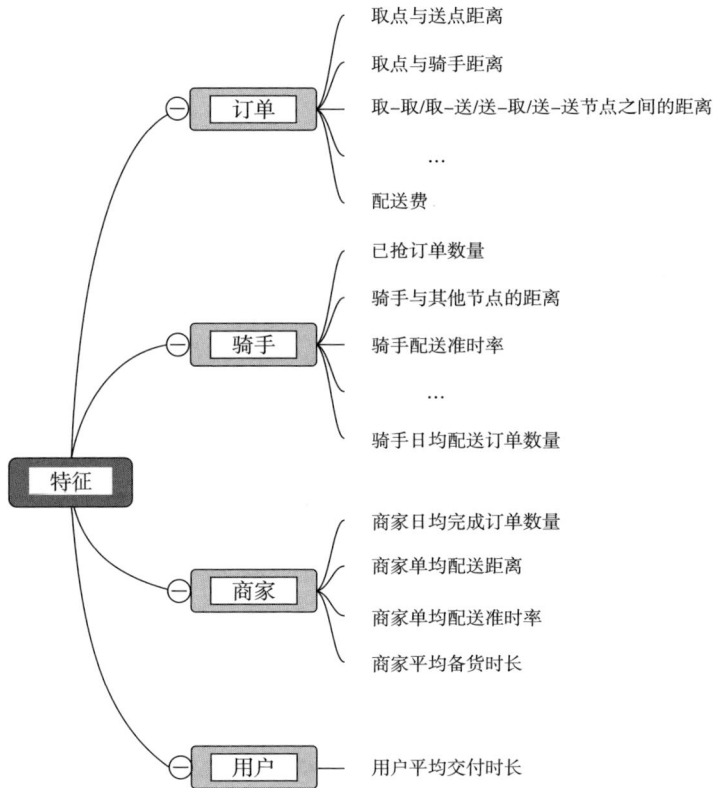

图 9-5 特征的整体分类

2. 基于骑手注意力衰减的抢单意愿修正

XGBoost 模型预估的抢单意愿主要以骑手和订单的固有属性为特征,未考虑骑手注意力随浏览位置衰减的情况。在浏览订单列表的过程中,骑手的注意力并非保持在一个恒定的水平,而是随着浏览位置靠后而逐渐减弱。图 9-6 所示为众包骑手浏览推荐列表行为的统计结果,其中,浏览深度(reading position)指骑手在未出现抢单行为的情况下浏览订单列表的最深位置，点击位置（clicking position）是指骑手发生抢单行为并停止继续浏览列表的位置。

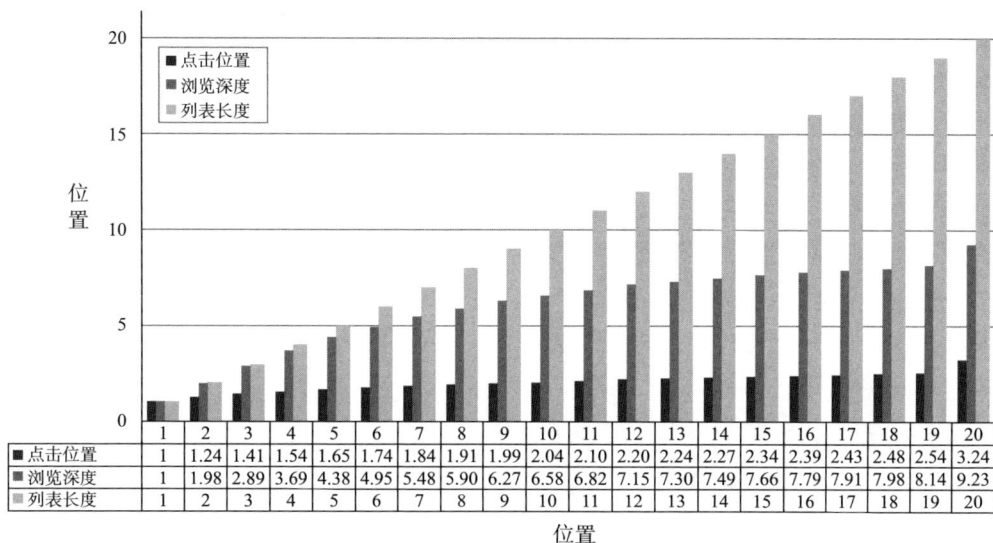

位置	1	2	3	4	5	6	7	8	9	10	11	12	13	14	15	16	17	18	19	20
■ 点击位置	1	1.24	1.41	1.54	1.65	1.74	1.84	1.91	1.99	2.04	2.10	2.20	2.24	2.27	2.34	2.39	2.43	2.48	2.54	3.24
■ 浏览深度	1	1.98	2.89	3.69	4.38	4.95	5.48	5.90	6.27	6.58	6.82	7.15	7.30	7.49	7.66	7.79	7.91	7.98	8.14	9.23
■ 列表长度	1	2	3	4	5	6	7	8	9	10	11	12	13	14	15	16	17	18	19	20

位置

图 9-6　众包骑手浏览推荐列表行为的统计结果

由图 9-6 可知，浏览深度不会随着列表长度的增加而显著持续增加，这意味着越靠近订单列表顶部的订单被骑手看到并抢单的概率越高。随着订单列表长度的增加，列表尾部的订单更不容易被骑手注意到。这个现象的可能原因是众包骑手之间存在博弈，浏览深度越深，骑手需要消耗的时间越多，使得先前浏览过的订单被其他骑手抢走的风险越大。为使抢单意愿更贴合骑手真实行为，通过引入骑手注意力随列表长度衰减这一特性，对模型预估的初始抢单意愿 $\rho_{j,i}$（即列表中位置越靠后的订单，其对应的抢单意愿越低）进行修正，对应的计算公式如下：

$$\rho_{j,i,p} = \varphi_2(\rho_{j,i}, p) = \rho_{j,i} \cdot (L - p + 1)/L \tag{9-1}$$

其中，p 为订单 o_i 在骑手 q_j 的订单推荐列表 list_j 中的位置；L 为推荐列表的长度上限。

9.3.2　优化层——推荐列表生成

下面介绍所提订单召回排序算法（allocating and sequencing algorithm，ASA），其作用为确定每个骑手的订单推荐列表。首先，根据配送成本及抢单意愿生成订单推荐集合，并提出 3 种修复策略对订单推荐集合进行可行性修复，以满足问题约束；其次，采用融合多种指标的启发式排序算法对每个骑手的订单推荐集合进行排序，初步确定推荐列表的订单顺序；最后，设计 4 种局部搜索操作，对所有骑手的列表进行调整和改进。

1. 基于配送成本和骑手意愿的订单召回算法

生成推荐列表首先要确定将哪些订单推荐给骑手,这一步骤直接影响配送效率、用户体验和骑手体验。一方面,将不合适的订单(即配送成本高的订单,如远单)推荐给骑手会增加超时风险,降低配送效率;另一方面,配送成本低的订单未必符合骑手喜好,仅推荐此类订单会造成骑手抢单意愿低,进而影响订单的接起率和完成度。为应对上述问题,本节设计一种基于配送成本和骑手意愿的订单召回算法(allocating heuristic,AH),筛选出在配送成本和骑手意愿两个层面都满足要求的订单构成订单推荐集合,并对其进行修复以满足问题约束,具体步骤如下。

步骤一:生成初始订单推荐集合

首先,对于骑手 q_j,按配送成本(即 1.3.4 节中的 $f_{j,i}^{DC}$)将所有订单升序排序,选择最好的 ε^e 个订单构成订单集合 Φ_j^e。类似地,按骑手 q_j 的初始抢单意愿 $\rho_{j,i}$ 对所有订单降序排序,选择前 ε^w 个订单构成订单集合 Φ_j^w。之后,通过取出同时在 Φ_j^e 和 Φ_j^w 中出现的订单,构成骑手 q_j 的订单推荐集合 $\Phi_j=\Phi_j^e \bigcap \Phi_j^w$。重复上述过程,生成每个骑手 $q_j(j\in J=\{1,2,\cdots,m\})$ 的初始订单推荐集合。

步骤二:修复订单推荐集合

由于 $\Phi=\bigcup_{j\in J}\Phi_j$ 未必能够覆盖所有订单,尤其是一些配送难度较高的订单可能未出现在任何骑手的订单推荐集合中。因此,需要对此类订单进行修复,以满足问题约束。修复方式具体如下。

首先,确定候选骑手集合 C。将所有可被推荐额外订单的骑手构成的集合表示为 $C=\{q_j\,|\,|\Phi_j|<L\}$;若 $C=\varnothing$,则设 $C=\{q_j\,|\,o_i'\in\Phi_j\}$,其中 o_i' 是被推荐给最多骑手的订单。

其次,将每个未被覆盖的订单插入特定候选骑手的订单推荐集合中,设计以下3 种修复策略并选择不同的候选骑手。

(1) 基于骑手意愿的修复操作(rider will repair operator,RWRO):对于未被覆盖的订单 o_i,找到 C 中抢单意愿 $\rho_{j,i}$ 最大的骑手 q_j,将 o_i 放入 Φ_j 中。

(2) 基于配送效率的修复操作(efficiency repair operator,ERO):对于未被覆盖的订单 o_i,找到 C 中配送成本 $f_{j,i}^{DC}$ 最低的骑手 q_j,将 o_i 放入 Φ_j 中。

(3) 随机修复操作(random repair operator,RRO):对于未被覆盖的订单 o_i,从 C 中随机选择一个骑手 q_j,将 o_i 放入 Φ_j 中。

2. 启发式订单排序算法

确定每个骑手的订单推荐集合后,采用启发式排序算法(sequencing heuristic,SH)对每个订单推荐集合 Φ_j 进行排序,从而生成订单推荐问题的一个可行解。具体地,对于骑手 q_j 的订单推荐集合 Φ_j,定义一种考虑多个指标(配送成本、骑手意愿和取餐距离)的排序因子 $\sigma_{j,i}$,其计算方式如下:

$$\sigma_{j,i} = \omega_1 \cdot f_{j,i}^{\mathrm{DC}} + \omega_2 \cdot (1 - \rho_{j,i}) + \omega_3 \cdot d_{j,i}^{\mathrm{p}} \tag{9-2}$$

其中,$f_{j,i}^{\mathrm{DC}}$ 考量配送成本;$1 - \rho_{j,i}$ 考量骑手意愿;$d_{j,i}^{\mathrm{p}}$ 表示订单 o_i 的取点与骑手 q_j 当前位置的距离,用于考量骑手的取餐难度,避免产生较大的取餐空驶距离,影响骑手配送体验;ω_1、ω_2 和 ω_3 分别为权重参数。所有订单按照 $\sigma_{j,i}$ 升序排序,生成初始排序列表,$\sigma_{j,i}$ 越小,订单 o_i 在骑手 q_j 订单推荐列表中的位置越靠前。

3. 局部搜索操作

上述订单召回和排序算法生成订单推荐问题的一个初始可行解。为进一步改进推荐列表,本节设计以下 4 种邻域搜索操作,通过搜索不同的邻域空间找到更好的解。其中,前两种操作考虑在不同骑手之间移动订单,调整订单推荐集合;后两种操作在每个骑手的推荐列表内部移动订单,调整订单的位置。

(1) 骑手间交换(swap between riders,SBR):随机选择一名骑手,将其推荐列表中的订单依次与其他骑手推荐列表中的订单进行交换。

(2) 固定位置骑手间交换(fixed swap between riders,FSBR):与 SBR 类似,该操作也采用交换方式调整订单推荐集合。不同之处在于,FSBR 不与其他骑手推荐列表中每个订单都进行交换,而是只与固定位置的订单进行交换,固定位置由被随机选中的骑手推荐列表中的订单位置决定。

(3) 骑手内交换(swap inside rider,SIR):按顺序两两交换一个推荐列表内部所有位置上的订单。

(4) 骑手内插入(insert inside rider,IIR):取出一个推荐列表中一个位置上的订单,并依次插入该列表的其他可能位置。

图 9-7 所示为上面 4 种邻域搜索操作的示意图。局部搜索会依次执行以上 4 种操作,若在搜索过程中找到了目标函数更优的新解,则替换旧解。当完成所有邻域解的评价或达到最大评价次数时,局部搜索过程结束。

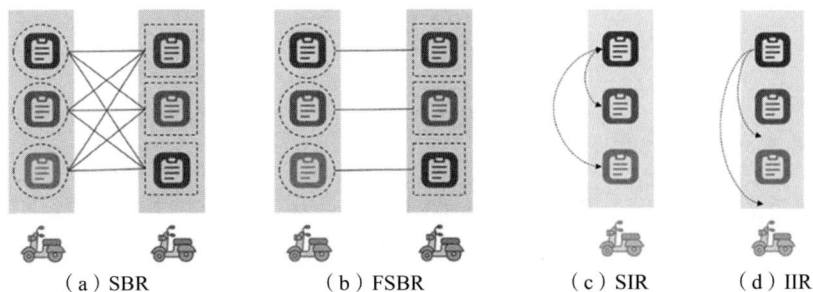

| (a) SBR | (b) FSBR | (c) SIR | (d) IIR |

图 9-7　邻域搜索的操作示意图

9.4 离线数值实验

9.4.1 实验设置

1. 数据集说明

为评价所提"预测+优化"分层求解框架的效果,通过收集来自美团配送平台的真实订单和骑手数据,建立实验数据集。数据集分为两种类型:首先,为训练及测试基于 XGBoost 的骑手意愿预估模型,通过收集大量众包骑手的历史抢单行为数据,构造骑手抢单行为数据集 set^g;其次,为验证所提订单召回排序算法的有效性,通过生成不同规模的订单推荐算例,构造订单推荐问题数据集 set^d。两个数据集的详细信息如下。

(1) 骑手抢单行为数据集 set^g:从 2021 年 1 月 11 日到 2021 年 1 月 18 日,美团配送平台上的某城市共收集了 11 822 687 条骑手历史抢单样本。每个样本包含订单和众包骑手的特征,以及根据骑手抢单(标签为 1)或不抢单(标签为 0)设定的二分类标签。另外,数据集 set^g 被划分为两部分,将 2021 年 1 月 11 日至 2021 年 1 月 17 日的数据作为训练集,记为 $\text{set}^g_{\text{train}}$,共包含 10 502 421 条样本;将 2021 年 1 月 18 日的数据作为测试集,记为 $\text{set}^g_{\text{test}}$,共包含 1 320 566 条样本。

(2) 订单推荐问题数据集 set^d:set^d 中的每个算例都由许多待分配订单和众包骑手组成。set^g 中采用 2021 年 1 月 18 日的数据作为测试集,因此选择相同的日期和城市生成 set^d,从而保证骑手意愿预估模型结果的准确性。具体地,首先收集不同时刻订单和骑手的信息,时间从早上 8 点至晚上 8 点,共生成 82 个基本算例。每个算例中的订单数量范围为 10~70 单,众包骑手数量范围为 30~190 个。对于订单推荐列表的长度上限 L,设置 5 个参数水平。最小水平 1 和最大水平 5 对应的 L 分别为 $\lceil n/m \rceil$ 和 n,其中 n 和 m 分别为待分配订单数量和骑手数量。水平 2、3、4 分别对应最大列表长度的 25%、50% 和 75%。若 L 越大,则解空间越大,找到满意解的难度越高。82 个基本算例在 5 个列表长度水平的作用下,生成的算例总数为 410(82×5)个。

2. 参数设置

问题参数方面,式(1-22)和式(1-48)中的权重 α、β、γ_1、γ_2 均设置为 0.5。

骑手意愿预估模型 XGBoost 的参数设置如下:用于构建 XGBoost 的树的数量 n_estimators 设置为 10,每棵树的最大深度 max_depth 设置为 6,叶节点的最小权重 min_child_weight 设置为 1,学习率 learning_rate 设置为 0.3,subsample、 colsample_btree 和 scale_pos_weight 分别设置为 1、1、9,lambda 和 alpha 分别设置为 1 和 0。所有关于机器学习模型(XGBoost)的训练和测试都在美团调度系统的同类型服务器上运行。

订单召回排序算法主要有两个参数和三个权重需要确定,即 AH 算法中的 ε^e 和 ε^w,以及 SH 算法中排序因子的权重 ω_1、ω_2、ω_3。设置 $\varepsilon^e = \varepsilon^w = L$,保证骑手推荐列表中的订单数量不超过最大值;设置 $\omega_1 = \omega_2 = 0.4$,表示同等程度地考虑配送成本和骑手体验的影响,$\omega_3$ 设置为 0.2,表示适当考虑订单取餐距离。此外,局部搜索操作的最大评价次数设置为 nm。为保证实验结果具有统计意义,算法在每个算例上独立运行 10 次。为保证公平性,所有对比算法均在同一台搭载 2.2 GHz 处理器和 16 GB RAM 的 macOS 设备上运行。

3. 评价指标及对比算法

采用 ROC 和 AUC 评价预测层骑手意愿预估模型的表现,采用 ARPD 比较优化层不同算法对于式(1-48)目标函数的优化效果,3 个指标的计算方式与 2.4.1 节一致。

对比算法方面,在预测层,将所提的骑手意愿预估模型(记为 XGB)与有监督学习领域中的其他分类方法进行比较,包括朴素贝叶斯(NB)、决策树(DT)、随机森林(RF)和多层感知机(MLP);在优化层,将所提的订单召回排序算法 ASA 与以下 3 种变体方法进行比较,以验证算法环节设计的有效性和必要性。

(1) ASA-RA:随机生成每个骑手的订单推荐集合,并采用所提的启发式排序算法对订单集合进行排序,生成订单推荐列表。

(2) ASA-RS:采用 AH 生成骑手的订单推荐集合,并对集合进行随机排序,生成订单推荐列表。

(3) ASA-RR:随机生成订单推荐集合和订单推荐列表。

为保证对比实验的公平性,上面几种对比算法都使用相同的修复算子 RRO,并且不执行局部搜索操作。后续的对比实验会进一步分析不同修复算子和不同邻域结构对局部搜索的影响。

此外,本章还将所提算法与美团配送平台所使用的算法进行横向对比。美团配送平台的订单推荐列表生成方式具体如下:首先,根据订单的取餐距离为每位骑手过滤订单;其次,选取一定数量的近距离订单,并根据取餐距离、送餐距离、配送费、剩余时间等不同指标进行排序,生成最终的订单推荐列表。上述 4 种方法分别记为 Mt-FD(按取餐距离排序)、Mt-DD(按送餐距离排序)、Mt-DF(按配送费排序)和 Mt-RT(按剩余时间排序)。

9.4.2 模型预测效果评估

NB、DT、MLP、RF 和 XGB 在数据集 set^g 上训练和测试所得的 ROC 曲线如图 9-8 所示。其中,area 表示 ROC 曲线与横坐标轴的面积,NS 表示 AUC 为 0.5 的随机分类器。由图 9-8 可见,所采用的 XGB 在所有分类模型中表现最佳,其 AUC 值为 0.842 5;RF 的 AUC 稍差一些,为 0.837 2;在所有对比模型中,MLP 的表现最差,而 DT 和 NB 表现相似,这可能是因为 MLP 更需要问题驱动的网络结构设计,否则难以取得较好的泛化性。注意到,XGB 和 RF 表现优于 DT,这表明集成学习技术具有先进性。分析上述实验结果,可得到如下结论:基于 XGBoost 的骑手意愿预估模型可以更准确地预测众包骑手对不同订单的抢单意愿,刻画众包骑手的个人偏好。

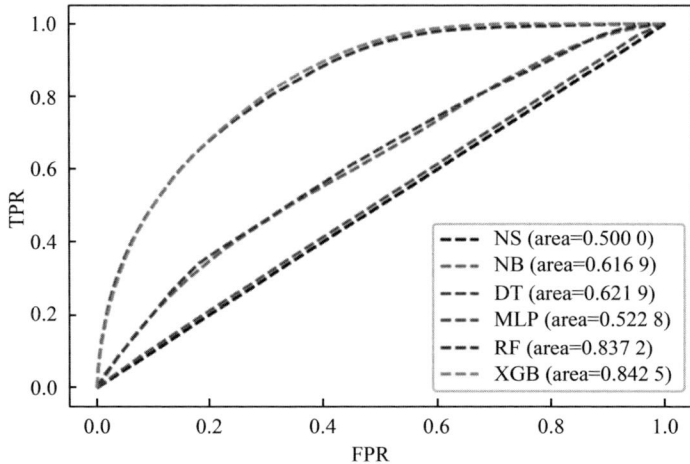

图 9-8 不同模型的 ROC 曲线

9.4.3 算法优化效果评估

1. 召回排序算法对比实验

使用 ASA 和 3 种对比算法对 set^d 中的 410 个真实算例进行求解,按照不同列表长度水平分组统计最佳(Bst)、平均(Avg)、最差(Wst)3 种 ARPD 值及对应的标准差(Std),如表 9-2 所示,最佳算法的结果标粗显示。由表 9-2 可见,ASA 在每个列表水平下的算例上都优于其他 3 种算法,验证了所设计订单召回排序算法的有效性。

表 9-2　不同召回排序算法的对比结果

列表水平	算法							
	ASA				ASA-RS			
	Wst	Avg	Bst	Std	Wst	Avg	Bst	Std
1	10.49	5.84	1.61	3.59	10.45	5.58	1.12	3.83
2	2.52	1.03	0.06	1.01	5.36	3.73	2.46	1.18
3	0.02	0.01	0.00	0.01	6.29	6.10	5.90	0.16
4	0.00	0.00	0.00	0.00	10.69	10.47	10.29	0.16
5	0.00	0.00	0.00	0.00	30.08	29.47	28.86	0.49
平均	**2.61**	**1.38**	**0.33**	**0.92**	12.57	11.07	9.72	1.16

列表水平	算法							
	ASA-RA				ASA-RR			
	Wst	Avg	Bst	Std	Wst	Avg	Bst	Std
1	156.13	141.35	128.37	11.30	154.71	141.51	128.48	10.71
2	46.97	45.96	44.97	0.82	87.56	84.67	81.83	2.33
3	19.34	18.87	18.41	0.38	54.45	52.88	51.29	1.27
4	10.19	9.95	9.68	0.20	43.28	42.31	41.37	0.78
5	0.00	0.00	0.00	0.00	30.20	29.53	28.94	0.50
平均	46.53	43.23	40.29	2.54	74.04	70.18	66.38	3.12

此外,分析列表长度上限的变化对算法的影响如下。随着列表水平的增加,ASA-RS 的性能不断下降,但 ASA-RA 的性能逐步提高。当列表较短时,排序问题的解空间并不大,因此随机排序和启发式算法排序的结果区别不大,此时订单召回算法对解的质量起着更为主导的作用。随着列表水平的增加,排序问题的解空间会急剧扩大,订单排序算法对求解质量的影响大大增加。因此,订单召回算法在列表长度较短时主导求解质量,而订单排序算法在列表长度较长时主导求解质量。实验结果显示,ASA 在不同列表水平下均有着优越表现,验证了所设计启发式订单召回排序算法的有效性和稳健性。

2. 修复算子对比实验

图 9-9 所示为不同列表水平下 3 种修复算子的 ARPD 值。由图 9-9 可见,ERO 在 3 种修复算子中表现最好,列表长度越小,ERO 的优势越明显。这与召回排序算法对比实验的结论一致,即订单召回算法主要影响"短列表"下的求解质量。

基于该实验结果，ASA 在后续的对比实验中均采用 ERO 算子修复解。

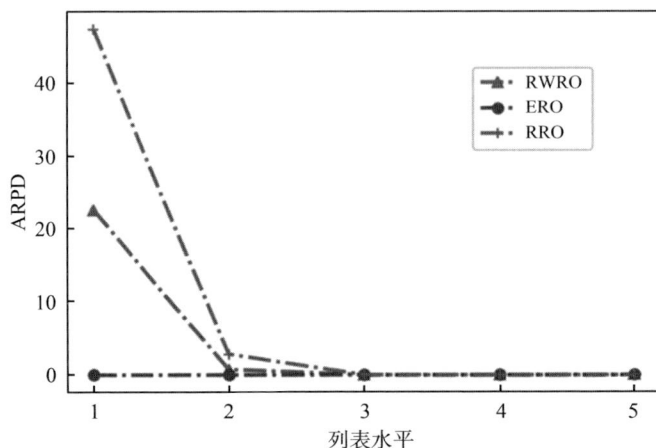

图 9-9　不同列表水平下 3 种修复算子的 ARPD 值

3. 局部搜索操作对比实验

为评估每个邻域搜索操作的效果，下面分别使用 SBR、FSBR、SIR 和 IIR 对 ASA 的初始解进行局部搜索，统计最差、平均和最佳 ARPD 结果进行对比，如图 9-10 所示，其中 NoLS 表示未使用局部搜索。由图 9-10 可见，SBR 在平均 ARPD 上表现最佳，这是因为不同骑手的推荐列表之间可进行交换的订单非常多，所以对每个位置都尝试交换能够更有效地找到更好的解。由于限制了待交换订单的位置，与 SBR 相比，FSBR 的效果略有下降。而与 NoLS 的结果相比，SIR 和 IIR 并没有显著改善解的质量，这可能是因为所设计的启发式订单排序算法已经能够在当前的订单推荐集合下生成比较满意的订单推荐列表。

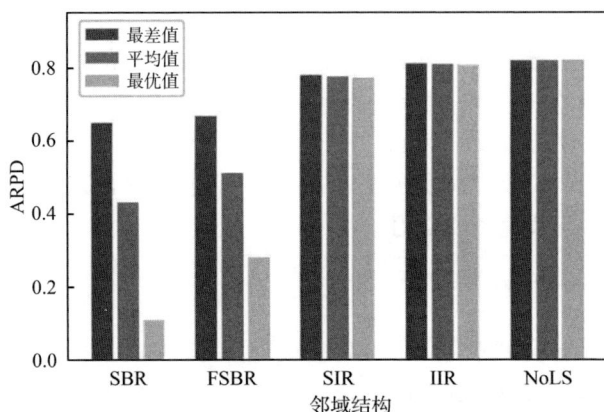

图 9-10　不同局部搜索算法的对比结果

此外,表 9-3 所示为不同列表水平下各邻域搜索操作的对比结果。结果显示,SBR 并非在所有情况下都优于 FSBR,当列表很长时,FSBR 的性能超过 SBR。这表明,当列表很长时,相比在少数骑手之间尝试多个位置的交换,尽可能多地在骑手之间交换订单的搜索效率可能更高。因此,在局部搜索环节扩大骑手维度的搜索范围,对改进解的质量非常重要。

表 9-3　不同列表水平下各邻域搜索操作的对比结果

列表水平	邻域结构											
	SBR			FSBR			SIR			IIR		
	Wst	Avg	Bst	Wst	Avg	Bst	Wst	Avg	Bst	Wst	Avg	Bst
1	1.23	0.87	0.22	1.23	0.85	0.19	1.23	1.23	1.23	1.23	1.23	1.23
2	0.92	0.55	0.01	1.00	0.88	0.71	0.94	0.94	0.94	1.00	0.99	0.99
3	0.62	0.32	0.00	0.80	0.65	0.49	0.94	0.93	0.92	1.01	1.01	1.00
4	0.26	0.18	0.09	0.17	0.09	0.01	0.44	0.43	0.42	0.46	0.46	0.45
5	0.23	0.19	0.14	0.14	0.08	0.00	0.35	0.35	0.35	0.36	0.36	0.36

除评价解的质量外,鉴于即时配送问题的高时效性,评价算法的运行效率也非常重要。设置运行效率指标为计算时间(computational time,CT),其含义为采用某一邻域搜索操作的算法相较于采用 SBR 的算法运行时间的百分比,实验结果如图 9-11 所示。由图可见,在所有规模的算例中,NoLS 消耗时间最少;在 4 种邻域中,FSBR 的运行时间明显少于其他 3 种,这是因为 FSBR 仅对固定位置进行交换,生成邻域解的数量相对更少,消耗更少的评价次数。此外,SIR 和 IIR 与 SBR 消耗的计算时间较为接近,二者的计算效率不高。因此,从时效性角度来看,FSBR 是局部搜索环节中最推荐使用的邻域搜索操作。

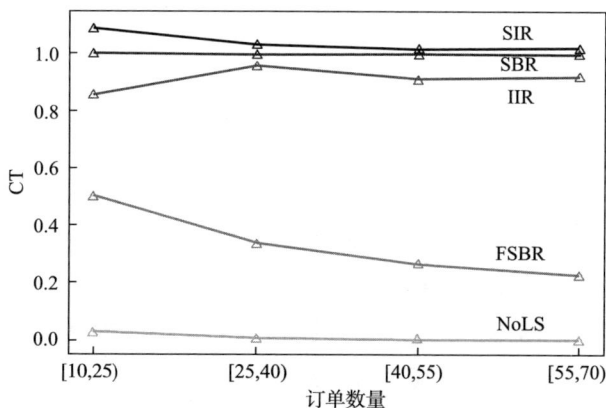

（a）算法运行时间随订单数量的变化情况

图 9-11　不同局部搜索算法的运行时间对比结果

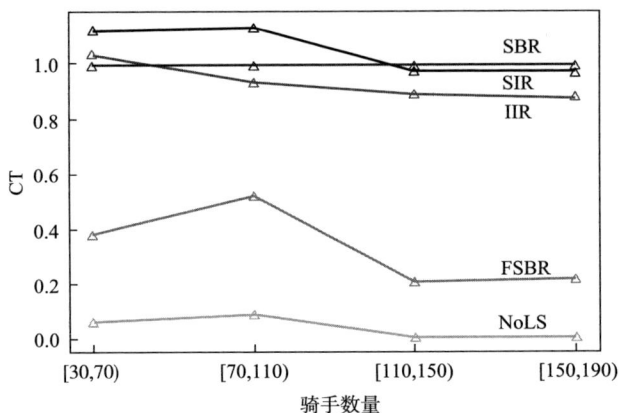

（b）算法运行时间随骑手数量的变化情况

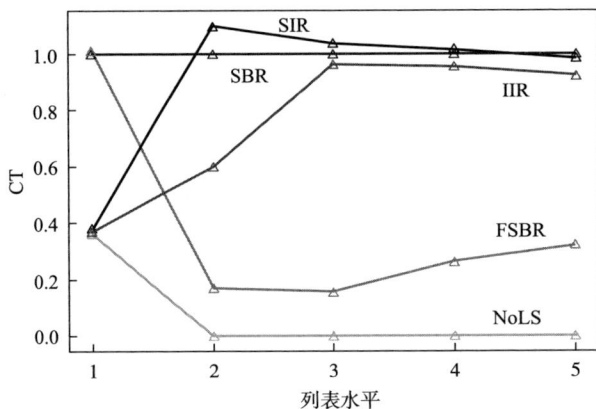

（c）算法运行时间随列表水平的变化情况

图 9-11 （续）

4. 与美团配送平台算法的对比实验

为进一步验证所提方法的有效性和实用性，下面记使用 ERO 修复解及 FSBR 进行局部搜索的 ASA 为 ASA-bst，并将其与美团所用算法开展对比实验，结果如图 9-12 所示。由图可见，ASA-bst 显著优于其他 4 种对比算法，验证了本章所提方法的有效性。对比算法表现不佳的原因可能是未有效筛选出符合骑手偏好的订单。在 4 种对比算法中，Mt-FD 略好于 Mt-DF 和 Mt-RT，并且这 3 种算法都明显优于 Mt-DD。由此可知，取餐距离、配送费和剩余配送时间是骑手在选择订单时考虑的重要因素，而配送距离对骑手的选择影响不大。

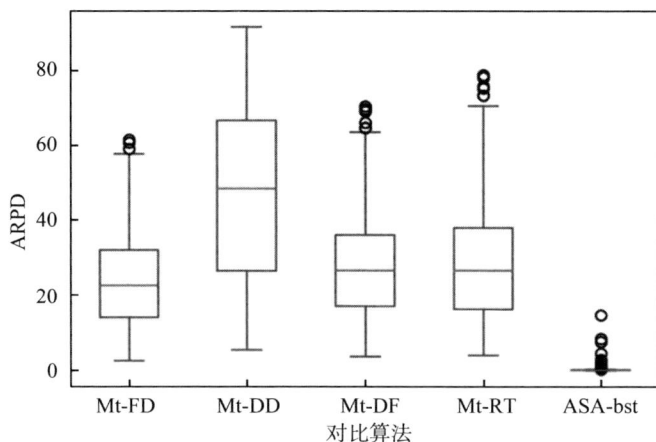

图 9-12　与美团算法的对比结果

参考文献

［1］BAEZA-YATES R，RIBEIRO-NETO B. Modern information retrieval［M］. Redding：Addison-Wesley，1999.

［2］SALTON G. A new comparison between conventional indexing（MEDLARS）and automatic text processing（SMART）［J］. Journal of the american society for information science，1972，23（2）：75-84.

［3］BELKIN N J，CROFT W B. Information filtering and information retrieval：two sides of the same coin？［J］. Communications of the ACM，1992，35（12）：29-38.

［4］LANG K. Newsweeder：Learning to filter netnews［C］. The Twelfth International Conference on Machine Learning，Tahoe City，1995：331-339.

［5］MOONEY R J，ROY L. Content-based book recommending using learning for text categorization［C］. The fifth ACM Conference on Digital Libraries，San Antonio，2000：195-204.

［6］KONSTAN J A，MILLER B N，MALTZ D，et al. Grouplens：applying collaborative filtering to usenet news［J］. Communications of the ACM，1997，40（3）：77-87.

［7］RESNICK P. An open architecture for collaborative filterring of netnews［J］. Computer supported cooperative work，1994：175-186.

［8］SCHEIN A I，POPESCUL A，UNGAR L H，et al. Methods and metrics for cold-start recommendations［C］. The 25th Annual International ACM SIGIR Conference on Research and Development in Information Retrieval，Tampere，2002：253-260.

［9］DENG D，SHAHABI C，DEMIRYUREK U. Maximizing the number of worker's self-selected tasks in spatial crowdsourcing［C］. The 21st ACM SIGSPATIAL International

Conference on Advances in Geographic Information Systems,Orlando,2013: 324-333.

[10] WANG J, WANG Y, ZHANG D, et al. Multi-task allocation in mobile crowd sensing with individual task quality assurance[J]. IEEE transactions on mobile computing, 2018, 17(9): 2101-2113.

[11] TU W, LI Q, FANG Z, et al. Optimizing the locations of electric taxi charging stations: a spatial-temporal demand coverage approach[J]. Transportation research part C: emerging technologies, 2016, 65: 172-189.

[12] GUO B, LIU Y, WU W, et al. ActiveCrowd: a framework for optimized multitask allocation in mobile crowdsensing systems[J]. IEEE transactions on human-machine systems, 2016, 47(3): 392-403.

[13] ASHKROF P, DE ALMEIDA CORREIA G H, CATS O, et al. Ride acceptance behaviour of ride-sourcing drivers[J]. Transportation research part C: emerging technologies, 2022, 142: 103783.

基于深度强化学习与反馈信息辨识的订单推荐

10.1 引言

在实际订单推荐过程中,平台和骑手会进行多次交互。对于平台提供的订单推荐列表,骑手的浏览、刷新等行为可视作一种反馈信息,平台基于此生成一个新的推荐列表展示给骑手,骑手随后再次给出反馈。通过多轮交互,骑手最终产生抢单行为,此时平台也达到订单推荐的最终目的。在上述交互过程中,订单信息和骑手状态随时间推移不断发生变化,平台也需要随之不断更新订单推荐列表。从平台的视角来看,该过程是一个多步序贯决策问题,当前时刻的订单推荐列表会影响骑手的行为,进而影响后续的推荐。此外,大量骑手反馈信息具有真伪难辨的特点,如何提取有效的反馈信息来辅助决策十分关键。因此,研究考虑骑手反馈信息的多轮订单推荐问题具有重要意义,能够进一步促进平台配送效率、骑手和用户体验的提升。

针对此类考虑交互的多轮推荐问题,现有研究常采用 MDP 对该序贯决策问题进行建模,并且大多采用无模型的强化学习(reinforcement learning,RL)方法完成推荐[1-3],下面介绍推荐领域的相关研究工作。Zhao 等[4] 通过在状态设计中考虑用户的正面与负面反馈,提出了一种深度推荐系统框架;Xin 等[5] 提出了一种用于序贯推荐任务的自监督强化学习方法,其中 RL 输出层作为正则化函数,驱使监督层聚焦在特定的奖励上;Zheng 等[6] 将用户反馈模式视为是否单击标签的补充,并建立深度 Q 网络进行学习;Liu 等[7] 考虑动态适应和长期收益,建立了演员-评论家(actor-critic,AC)网络从系统和用户的持续交互中学习最佳策略;Zou 等[8] 设计了基于 RL 的框架,对推荐系统中的用户长期参与度目标进行优化,包括预测用户行为的 Q 网络,以及预测环境信息并辅助 Q 网络决策的 S 网络;Chen 等[9] 提出了知识引导的深度强化学习方法,融合强化学习和知识图谱的优点进行交互式推荐。

尽管在电子商务、文本搜索等领域,针对该问题取得了丰富的方法性成果,尤其是在强化学习类方法上,但是对即时配送场景下对此类订单推荐问题的研究仍较少。此外,即时配送与电子商务等领域有很大不同,后者推荐的物品集是相对静态的,并且具有明确的用户反馈信息,而订单和骑手信息一直在变化,并且骑手反馈信息也并非准确。因此,针对考虑骑手反馈信息的即时配送订单推荐问题,提出一套适用的订单推荐方法具有研究意义和应用价值。

为此,本章提出一种基于深度强化学习和反馈信息辨识的订单推荐(deep reinforcement learning-based order recommendation,DRLOR)框架。通过辨识骑手反馈信息来捕捉骑手的长期偏好,将该问题建模为 MDP,设计具有订单推荐、骑手行为预测和反馈信息辨识等功能的网络结构,并通过深度强化学习算法进行训练,最终实现更加精准的订单推荐。

10.2 问题描述和 MDP 建模

为描述和建模序贯决策场景下的订单推荐问题,定义参数符号,具体如表 10-1 所示。

表 10-1 问题符号及含义

符号	符号含义
t	决策时刻
O_t	决策时刻 t 的待分配订单集合
m	订单特征向量维度
N_t	决策时刻 t 的订单推荐列表长度
L_t	决策时刻 t 的骑手订单推荐列表
π_θ	参数化的动作策略
S,A,P,R,γ	MDP 模型五要素
s,a	某个状态、动作
p_t	时刻 t 的状态转移概率

如图 10-1 所示,序贯决策场景下的订单推荐问题可描述如下:在每个决策时刻 t,记所有待分配订单集合为 $O_t=\{o_1^t,o_2^t,o_3^t,\cdots\}$。对于平台,需要从 O_t 中筛选出 N_t 个适合的订单,并采用最优推荐策略 π_θ^* 生成推荐列表 $L_t=\{o_1^t,o_2^t,o_3^t,\cdots,o_{N_t}^t\}$ 提供给骑手;对于骑手,如果对推荐列表 L_t 中的订单不感兴趣,则可刷新获取一个新的推荐列表。上述过程不断重复,直到骑手发生抢单行为,或骑手出于个人原因(如休息或下班)停止刷新。该问题的目标是,在订单和骑手信息随时间变化的情况下,在多个连续的决策时刻为骑手确定最佳的订单推荐列表,从而优化整个时间段内订单的推荐效率(采用骑手在抢单前与平台的交互次数表征)。

MDP 的 5 个模型要素分别为 S、A、P、R、γ,其中 S 和 A 分别表示状态空间和动作空间,状态是环境中所有可感知信息的总和,下一时刻的状态与上一时刻相

图 10-1　序贯决策场景下订单推荐流程

关;而动作是智能体根据状态信息做出的决策结果。P 是环境的转移概率函数,决定一个状态以何种方式转移到下一个状态。R 是奖励函数,描述智能体所做的动作对环境造成的影响,能够引导智能体选择收益最高的动作。$\gamma \in [0,1]$ 是平衡短期和长期收益的折扣因子。

对于序贯决策场景下的订单推荐问题,MDP 中的智能体为配送平台,负责观测骑手状态,并根据骑手的不同状态制定不同的订单推荐策略;而骑手则作为MDP 中的环境,根据平台提供的订单推荐列表给出自己的反馈。由此定义 MDP的 S、A、P、R、γ,具体如下。

(1) 状态空间 S:状态 $s \in S$ 是骑手状态的原始表示,包括已抢订单、历史推荐列表、当前推荐列表和骑手属性。已抢订单是指骑手之前抢到并未完成配送的订单;历史推荐列表包含之前骑手浏览过的推荐列表,可一定程度上反映骑手的偏好;当前推荐列表是当前时刻平台为骑手提供的订单推荐列表;骑手属性是骑手的个人特征信息,包含平台对骑手的统计指标,如每天的抢单数量、工作时长等。

(2) 动作空间 A:动作 $a \in A$ 定义为一个 m 维向量,取值范围为 $[-1,1]$。当平台根据动作 a_t 生成订单推荐列表时,首先计算动作 a_t 与订单特征向量的内积来生成订单的排序分数,然后将所有订单按照排序分数由高到低进行排序,选择分数最高的前 N_t 个订单构成最终的订单推荐列表。由此可见,动作 a_t 其实是每个订单不同特征的权重因子,因此,动作向量的维度等于每个订单的特征数量。给定一个订单的特征向量 $o = (\text{feature}_1, \text{feature}_2, \cdots, \text{feature}_m)$ 和动作 $a_t = (\text{weight}_1, \text{weight}_2, \cdots, \text{weight}_m)$,定义订单特征向量 o 在动作 a_t 下的排序分数为 score,其计算公式为

$$\text{score} = \boldsymbol{a}_t^{\mathrm{T}} \boldsymbol{o} = \sum_{i=1}^{m} \text{weight}_i \cdot \text{feature}_i \tag{10-1}$$

(3) 转移函数 P:在每个决策时刻 t,当智能体采取动作 a_t 后,状态 s_t 会发生改变并以概率 p_t 转移到状态 s_{t+1}。通常情况下,转移函数是由环境决定的,在动态场景订单推荐问题中,骑手的抢单行为存在不确定性,因此可以建立 RBP 网络预估骑手的真实反馈行为,从而模拟真实环境下骑手产生的转移过程。

（4）奖励函数 R：当平台采取动作 a_t 后，对应的订单推荐列表会被展示给骑手，骑手可能从列表中选择一个订单进行抢单，或者不选择任何订单刷新列表。这两种反馈信息反映骑手对于不同订单的偏好，因此分别设计不同的奖励函数，引导智能体学习最优订单推荐策略，从而优化长期累积收益，提高整体的订单推荐效率。

（5）折扣因子 γ：折扣因子是一个标量参数，用于调整短期奖励和长期奖励在奖励函数中的占比，避免智能体的短视决策或学习停滞。γ 取值范围为 $[0,1]$，当 γ 接近于 0 时，智能体仅关注当前时刻的反馈和奖励；当 γ 逐渐增大至接近于 1 时，智能体认为长期奖励更加重要。

给定 $(\boldsymbol{S},\boldsymbol{A},\boldsymbol{P},\boldsymbol{R},\gamma)$，序贯决策场景下订单推荐问题的 MDP 流程如下：平台对骑手状态 s_t 进行感知，按照策略 π_θ 生成动作 a_t，并产生相应的订单推荐列表展示给骑手，骑手在浏览完列表后进入新的状态 s_{t+1}，并将是否抢单的信息反馈给平台，平台根据奖励函数 R 计算相应的奖励并调整策略 π_θ，基于调整后的新策略，平台与骑手进行持续交互，优化订单推荐效率指标。

基于上述流程，MDP 问题的目标是找到一个最佳策略 π_θ^*，从而使得从任何状态 $s \in \boldsymbol{S}$ 出发的长期累积奖励最大化，即

$$\pi_\theta^* = \underset{\pi_\theta}{\arg\max}\mathbf{E}_{\pi_\theta}\Big\{\sum_{i=1}^{\infty}\gamma^i r_{t+i} \mid s_t = s\Big\}, \quad \forall s \in \boldsymbol{S}, \forall t \geqslant 0 \tag{10-2}$$

其中，$\pi_\theta: \boldsymbol{S}\times\boldsymbol{A}\to[0,1]$ 定义了智能体的一个策略，由 θ 所参数化；$\mathbf{E}_{\pi_\theta}$ 是策略 π_θ 下指标的期望值；i 表示未来时刻的时间步；r_{t+i} 是智能体在决策时刻 $t+i$ 上收到的即时奖励。强化学习通过寻找最优的状态价值函数 $V^*(s)$ 或者最优的状态-动作对价值函数 $Q^*(s,a)$ 来学习最佳策略 π_θ^*。$V^*(s)$ 和 $Q^*(s,a)$ 可以表示如下：

$$V^*(\boldsymbol{s}) = \max_{\pi_\theta}\mathbf{E}_{\pi_\theta}\Big\{\sum_{i=1}^{\infty}\gamma^i r_{t+i} \mid s_t = s\Big\} \tag{10-3}$$

$$Q^*(\boldsymbol{s},\boldsymbol{a}) = \max_{\pi_\theta}\mathbf{E}_{\pi_\theta}\Big\{\sum_{i=1}^{\infty}\gamma^i r_{t+i} \mid s_t = s, a_t = a\Big\} \tag{10-4}$$

为获得式（10-3）和式（10-4）中的最优值函数，需要计算累积奖励函数对于策略 π_θ 的梯度，更具体地说是对于参数 θ 的梯度。为此，首先将累积奖励函数期望改写为

$$J(\pi_\theta) = \int_{\boldsymbol{S}}\int_{\boldsymbol{S}}\sum_{t=1}^{\infty}\gamma^{t-1}q_0(\boldsymbol{s}')P(\boldsymbol{s}',\pi_\theta(\boldsymbol{s}'),\boldsymbol{s})R(\boldsymbol{s},\pi_\theta(\boldsymbol{s}))\,\mathrm{d}\boldsymbol{s}'\mathrm{d}\boldsymbol{s} = \mathbf{E}_{\pi_\theta}[R(\boldsymbol{s},\pi_\theta(\boldsymbol{s}))]$$

$$\tag{10-5}$$

其中，$\int_{\boldsymbol{S}}\sum_{t=1}^{\infty}\gamma^{t-1}q_0(\boldsymbol{s}')P(\boldsymbol{s}',\pi_\theta(\boldsymbol{s}'),\boldsymbol{s})R(\boldsymbol{s},\pi_\theta(\boldsymbol{s}))\mathrm{d}\boldsymbol{s}'$ 是智能体在整个学习过程中访问状态 s 的概率；q_0 是初始时间步的状态分布；$P(\boldsymbol{s}',\pi_\theta(\boldsymbol{s}'),\boldsymbol{s})$ 是智能体从状

态 s' 转移到 s 的概率。结合式(10-3)和式(10-4),根据策略梯度定理,累积奖励 $J(\pi_\theta)$ 相对于 θ 的梯度为

$$\nabla_\theta J(\pi_\theta) = \mathbf{E}_{\pi_\theta} \left[\nabla_\theta \pi_\theta(s) \nabla_a Q^{\pi_\theta}(s,a) \mid a = \pi_\theta(s) \right] \tag{10-6}$$

在式(10-6)中,$Q^{\pi_\theta}(s,a)$ 表示状态-动作对 (s,a) 在策略 π_θ 下的累积奖励函数。因此,参数 θ 可以更新为

$$\theta_{t+1} \leftarrow \theta_t + \alpha_\theta \nabla_\theta \pi_\theta(s) \nabla_a Q^{\pi_\theta}(s,a) \mid a = \pi_\theta(s) \tag{10-7}$$

其中,α_θ 是学习率。在实际应用中,往往很难准确计算出 $Q^{\pi_\theta}(s,a)$ 的形式。因此常常通过近似方法对 $Q^{\pi_\theta}(s,a)$ 进行估计。本节建立了一个参数化的神经网络作为函数预估器,最小化均方误差 $\mathrm{MSE}(w) = \|Q^w - Q^{\pi_\theta}\|^2$,使 Q^w 近似替代 Q^{π_θ}。

10.3　基于深度强化学习和反馈信息辨识的订单推荐框架

序贯决策场景下的订单推荐问题主要存在如下难点:动态性——订单信息和骑手状态随时间不断变化,并且先前决策时刻影响后续决策时刻;骑手反馈信息真伪难辨——需要从大量的正负反馈信息中辨识出真正的正负反馈信息,引导模型正确学习;骑手抢单行为具有不确定性——需要精准预测骑手对于平台某个动作的反应,从而确定状态转移方式和奖励函数。

为解决上述难点,本节提出基于 DRL 和反馈信息辨识的 DRLOR 框架,其整体结构如图 10-2 所示,包含 AC 网络、骑手行为预测(rider behavior prediction,RBP)网络和反馈信息辨识(feedback correlation,FC)网络。AC 网络旨在学习最佳的订单推荐策略;RBP 网络用于学习骑手偏好,预测骑手抢单行为,为 AC 网络提供奖赏函数,进而引导 AC 网络学习;FC 网络对骑手的正负反馈信息进行辨识,通过自注意力和互注意力找出负反馈信息中的虚假负反馈,并对反馈信息进行交互,提炼出骑手状态的高维表征,用于 AC 网络和 RBP 网络的高效学习。下面详细介绍这 3 个网络的实现细节,并给出 DRLOR 框架的训练和测试方法。

10.3.1　演员-评论家网络结构

AC 网络由 actor 网络和 critic 网络组成,分别为由 θ 和 w 参数化表征的深度神经网络。actor 网络的输入是骑手当前状态 s 的高维嵌入表示,输出为一个当前时刻下的动作 a_t,用于产生订单推荐列表。骑手状态的高维嵌入在 DRLOR 框架中由一个连续的高维向量表示,记为 $\mathrm{FC}(s_t)$,也就是 FC 网络的输出,10.3.3 节将对 FC 网络及 $\mathrm{FC}(s_t)$ 的生成过程进行详细描述。骑手的不同状态会产生不同的状态嵌入向量,给定骑手在决策时刻 t 上的状态 s_t,可以使用如下等式计算 actor 网

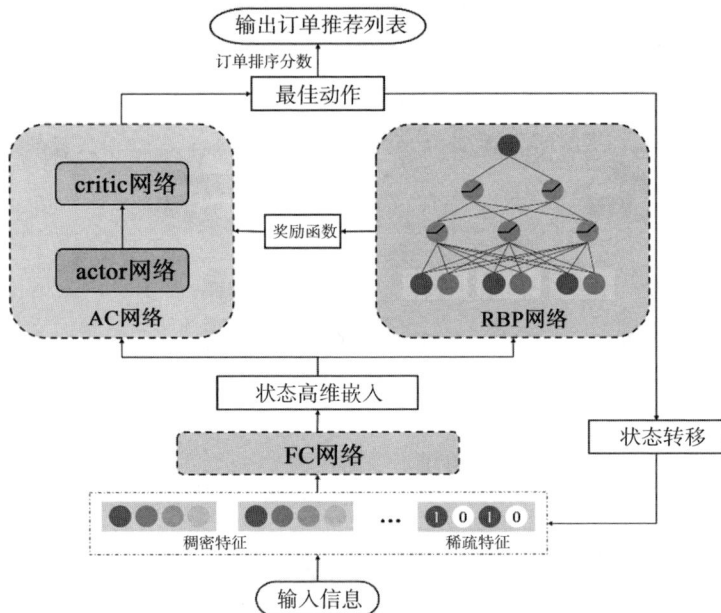

图 10-2　DRLOR 框架整体结构

络输出的动作 a_t。

$$a_t = \tanh(\text{LeakyReLU}(\text{FC}(s_t))), \quad \forall s_t \in S \tag{10-8}$$

其中，actor 网络多个隐层的激活函数为 LeakyReLU，输出层的激活函数为 tanh。每个订单的排序分数 σ 计算为

$$\sigma_i^t = o_i^t a_t^\top, \quad \forall o_i^t \in O_t \tag{10-9}$$

计算得到每个订单的排序分数后，选择分数最大的前 N_t 个订单组成订单推荐列表展示给骑手。

critic 网络为 10.2 节所提的函数预估器 $Q^w(s,a)$，采用状态 s 的高维嵌入和动作 a 作为输入，输出动作 a 的 Q 值，即状态-动作对 (s,a) 的累积奖励。critic 网络的输出值反映评论家对演员所产生的动作的收益评估，输出值越大，说明演员所做的动作越好，收益越高。与 actor 网络类似，critic 网络也使用前馈神经网络来学习真实状态-动作价值函数的最佳近似。给定状态 s_t 和动作 a_t，近似价值函数 $Q^w(s_t,a_t)$ 可以计算如下：

$$Q^w(s_t,a_t) = \text{linear}(\text{ReLU}(a_t \oplus \text{FC}(s_t))) \tag{10-10}$$

其中，$\oplus$ 表示向量拼接操作。式（10-10）与式（10-8）的区别在于输出层的激活函数，累积奖励值的范围大于动作向量的取值范围，因此 critic 网络采用线性函数 linear。

更新 AC 网络时，actor 网络需要找到使 Q 值最大化的梯度方向，而 critic 网络需要最小化近似状态-动作价值函数 $Q^w(s_t, a_t)$ 与真实价值函数的时序差分误差。因此,根据确定性策略梯度[10]和时序差分学习方法[11],actor 网络和 critic 网络的损失函数可计算为

$$\text{loss}^a = 1/B \sum_t - Q^w(s_t, a_t) \tag{10-11}$$

$$\text{loss}^c = 1/B \sum_t (r_t + \gamma Q^w(s_{t+1}, a_{t+1}) - Q^w(s_t, a_t))^2 \tag{10-12}$$

其中,B 表示批次大小。为克服更新 AC 网络时网络参数动态变化的问题,本章使用目标网络技术[12]。此外,为避免参数剧烈变化,不直接用新值替换旧值,而是采用滑动平均更新方法对参数进行更新,如下所示:

$$\theta'_{t+1} = \lambda_1 \theta'_t + (1 - \lambda_1) \theta_{t+1} \tag{10-13}$$

$$w'_{t+1} = \lambda_2 w'_t + (1 - \lambda_2) w_{t+1} \tag{10-14}$$

其中,θ'、w' 分别表示目标网络的可学习参数;λ_1、λ_2 分别是控制参数更新过程中新旧值比例的权重因子。根据策略梯度定理,critic 网络最终会收敛到一个可以近似估计状态-动作对真实 Q 值,同时最小化损失函数的状态。在训练阶段的参数学习过程中,actor 网络最终会收敛到产生具有最高 Q 值的策略。因此,AC 网络能够从任何状态出发,找到具有最大累积奖励的最优策略。

10.3.2　骑手行为预测网络结构

DRLOR 框架中 AC 网络采用与环境交互的在线强化学习方式更新参数,因此需要环境为智能体提供即时反馈,从而引导模型从奖励中学习,优化整体的目标函数。对于本章问题,骑手对推荐列表的反应直接决定奖励函数的形式。然而,线下训练无法收集到骑手对于未知动作的真实反应,从而无法根据反馈信息给出奖励。因此,本节构建基于前馈神经网络的 RBP 网络预测骑手反应。RBP 网络可以从大量历史数据中学习骑手的抢单偏好,从而当交互过程中出现未知动作时,能够模拟骑手的真实行为,为 AC 网络提供更为准确的反馈和奖励。

RBP 网络主要包含 3 个部分:一个输入层、两个隐层和一个输出层。其中,输入层接收 FC 网络输出的状态高维嵌入 $FC(s_t)$;两个隐层根据特定的激活函数对前一层的数据进行压缩和转换;输出层给出骑手的反馈信息 $\hat{y}_t$,即正反馈(骑手抢单)和负反馈(骑手不抢单),计算如下:

$$\hat{y}_t = \text{sigmoid}(\tanh(\text{ReLU}(FC(s_t)))) \tag{10-15}$$

其中,隐层的激活函数为"ReLU"和"tanh",输出层采用"sigmoid"。$\hat{y}_t$ 的取值范围为 $[0,1]$,可以通过调节一个概率阈值(通常设置为 0.5)将其转化为离散的二分类结果(正反馈或负反馈)。RBP 网络的训练采用二元交叉熵损失函数,即

$$\text{loss}^r = -1/B \sum_{i=1}^{B} y_i \ln(1 + e^{-\hat{y}_i}) + (1 - y_i) \ln(1 + e^{\hat{y}_i}) \tag{10-16}$$

其中,y_i 是真实标签;$\hat{y}_i$ 是输入的预测值;B 为样本批次大小。

10.3.3 反馈信息辨识网络结构

在实际情况中,骑手的正反馈行为比较容易准确识别,因为骑手的抢单行为可以被平台明确观察到,并且正反馈行为也能够明确表示骑手对被抢订单感兴趣。然而,负反馈信息相对不容易辨别,因为即使骑手没有抢单而选择刷新列表,也不能证明骑手对当前推荐列表中的所有订单都不感兴趣。例如,虽然在当前推荐列表 L_t 中有感兴趣的订单,但骑手可能出于订单比较的目的选择刷新列表,以试图在 L_{t+1} 中刷出更好的订单。如果没有,骑手依然会选择之前 L_t 中感兴趣的订单并进行抢单。在这种情况下,如果平台将骑手对 L_t 的反应视为负反馈,可能会误导 AC 网络的学习,这种负反馈也被称为虚假负反馈。

为从所有负反馈中分辨出虚假负反馈并挖掘正负反馈信息之间的关系,本节设计反馈信息辨识网络。通过引入注意力机制[13]对正负反馈信息进行辨识,挖掘潜在关系以捕捉骑手的真实意图。前述内容中提到的 FC 网络使用了自注意力和互注意力,前者主要针对正反馈或负反馈中的内部信息进行提取,而后者则主要关注正、负反馈信息及当前推荐列表之间的关系。图 10-3 所示为 FC 网络的详细结构设计,其输入是骑手当前状态,采用以下 4 种类型的数据特征表示。

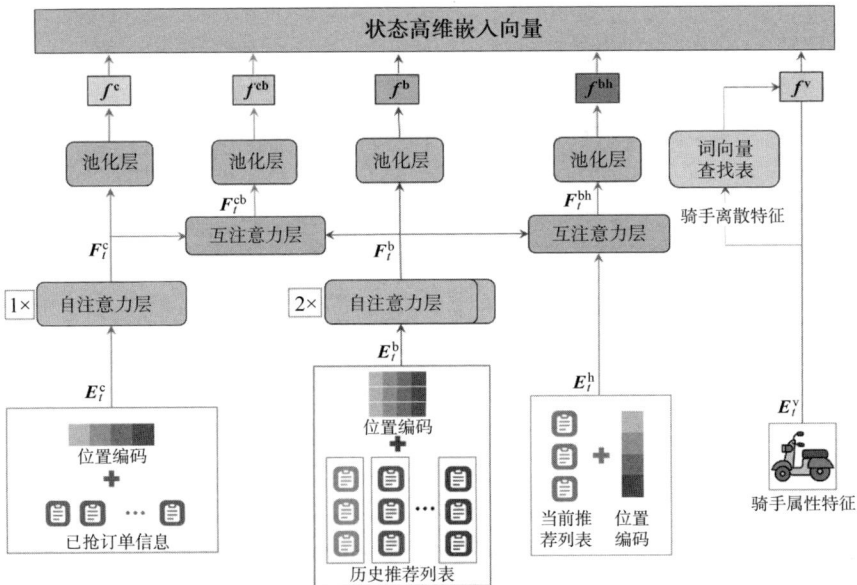

图 10-3　FC 网络结构

(1) 已抢订单:指骑手与平台交互时骑手已经抢到的订单,属于正反馈信息的一种形式。这些订单代表骑手抢单的兴趣和偏好,表示为 $C_t = \{o_1^t, o_2^t, o_3^t, \cdots\}$。此外,已抢订单存在先后顺序,因此为每组已抢订单 C_t 添加相应的一维位置编码。

（2）历史推荐列表:指骑手在过去时刻浏览过的所有订单推荐列表的集合,从上一次抢单行为后的第一个刷新动作开始,到时间步 $t-1$ 结束。历史推荐列表中没有出现骑手的抢单行为,因此属于负反馈信息的一种形式,并且存在大量的虚假负反馈。骑手在时刻 t 的历史推荐列表集合定义为 $H_t=\{h_0,h_1,h_2,\cdots,h_{t-1}\}$,其中每个列表都由 N_t 个订单组成。对于位置信息编码,采用历史推荐列表的原始位置信息构建二维位置编码,即 $(1,1)$ 表示第一个推荐列表中的第一个订单,$(1,2)$ 表示第一个推荐列表中的第二个订单,其余以此类推。

（3）当前推荐列表:指平台在决策时刻 t 为骑手生成的订单推荐列表,即骑手正在浏览的推荐列表,可以表示为 $h_t=\{o_1^t,o_2^t,\cdots,o_{N_t}^t\}$。对于位置编码,采用与历史推荐列表类似的编码方式,但不包括决策时刻的先后顺序,只包含订单在当前列表中的位置信息。

（4）骑手属性:包括骑手的标识特征、当前位置、日均配送订单数量、骑手平均工作量、骑手平均工作时长等 28 个离线和在线特征。这些特征能够反映每个骑手独有的行为模式和特点,使模型能够区分不同骑手,产生不同的推荐动作。采用 $v_t=\{v_1^t,v_2^t,v_3^t,\cdots\}$ 表示一个骑手的所有属性。

在上述 4 种特征信息进入 FC 网络后,首先通过全连接层被映射到高维空间,形成对应的原始嵌入。在添加相应的位置编码后,这些原始嵌入将被转化为完整的输入嵌入,分别表示为 $\boldsymbol{E}_t^c,\boldsymbol{E}_t^b,\boldsymbol{E}_t^h$ 和 $\boldsymbol{E}_t^v$。正反馈输入嵌入 $\boldsymbol{E}_t^c$ 和负反馈输入嵌入 $\boldsymbol{E}_t^b$ 将进入自注意力模块,该模块的结构与 Transformer[13] 中编码器类似。以已抢订单的输入嵌入 $\boldsymbol{E}_t^c$ 为例,对于 $\boldsymbol{E}_t^c$,自注意力模块对应的输出 $\boldsymbol{F}_t^c$ 可以计算为

$$\text{Attention}(\boldsymbol{E}_t^c)=\text{Softmax}((\boldsymbol{W}^Q\boldsymbol{E}_t^c)^{\text{T}}\boldsymbol{W}^K\boldsymbol{E}_t^c/\sqrt{d})\boldsymbol{W}^V\boldsymbol{E}_t^c \qquad (10\text{-}17)$$

$$\boldsymbol{Z}_t^c=\text{LN}(\boldsymbol{E}_t^c+\text{Attention}(\boldsymbol{E}_t^c)) \qquad (10\text{-}18)$$

$$\boldsymbol{F}_t^c=\text{LN}(\boldsymbol{Z}_t^c+\text{FFN}(\boldsymbol{Z}_t^c)) \qquad (10\text{-}19)$$

其中,$\boldsymbol{W}^Q$、$\boldsymbol{W}^K$ 和 $\boldsymbol{W}^V$ 分别表示计算查询(query)、键(key)和值(value)向量时的投影矩阵;d 是查询、键和值的维度;"LN"和"FFN"分别表示层归一化和前馈神经网络。

图 10-4 所示为自注意力模块的计算流程,并主要展示订单 o_1^t 注意力权重的计算过程。第一,使用投影矩阵 $\boldsymbol{W}^Q$,$\boldsymbol{W}^K$ 和 $\boldsymbol{W}^V$ 计算查询、键和值向量;第二,对查询和键向量计算缩放点积注意力得到每个订单的分数(score),通过 $\sqrt{d}$(在图 10-4 中设为 4)对分数进行归一化,以保证梯度的稳定性;第三,对该分数执行 Softmax 操作,计算订单 o_1^t 的重要性权重;第四,通过值向量和重要性权重向量相乘,得到订单 o_1^t 的注意力权重 $\text{Attention}(\boldsymbol{E}_t^c)$;第五,通过层归一化和前馈神经网络,计算出自注意力模块对应的输出 $\boldsymbol{F}_t^c$。历史推荐列表输入嵌入 $\boldsymbol{E}_t^b$ 的自注意力输出可以类似计算,表示为 $\boldsymbol{F}_t^b$。

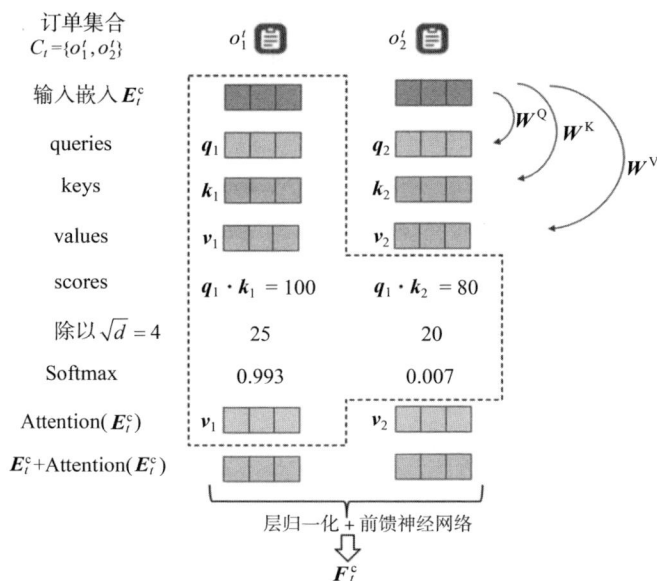

图 10-4　自注意力计算流程

　　值得说明的是,在计算自注意力的过程中,采用多头处理技术来增加模型在高维嵌入空间中学习有用信息的能力。另外,对于已抢订单 $\boldsymbol{E}_t^c$,只需使用一个自注意力模块来挖掘订单之间的位置关系;对于历史推荐列表 $\boldsymbol{E}_t^b$,需要使用两个自注意力模块来分别捕捉不同时刻和不同列表位置之间的潜在关系。

　　互注意力模块的计算过程与自注意力计算过程相似,唯一的不同之处在于查询、键和值向量的计算方式。在自注意力中,使用相同的输入嵌入($\boldsymbol{E}_t^c$ 或 $\boldsymbol{E}_t^b$)计算对应的查询、键和值。例如,图 10-4 中的查询、键和值均来自嵌入 $\boldsymbol{E}_t^c$。然而,在互注意力的计算中,需要使用不同的输入来获取查询、键和值。一方面,对于已抢订单和历史推荐列表之间的互注意力输出(表示为 $\boldsymbol{F}_t^{cb}$),使用 $\boldsymbol{F}_t^c$ 来计算查询并采用 $\boldsymbol{F}_t^b$ 计算键和值,从而帮助模型找到骑手在历史交互过程中对哪些订单产生过兴趣,相当于在从负反馈信息中辨识虚假负反馈,与 FC 网络的设计初衷一致;另一方面,对于当前推荐列表和历史推荐列表之间的互注意力输出(表示为 $\boldsymbol{F}_t^{bh}$),使用 $\boldsymbol{E}_t^h$ 计算查询,并使用 $\boldsymbol{F}_t^b$ 计算键和值,相当于对当前推荐列表与历史推荐列表的相似度进行刻画。

　　通过池化操作,上述注意力模块的输出 $\boldsymbol{F}_t^c$、$\boldsymbol{F}_t^{cb}$、$\boldsymbol{F}_t^b$ 和 $\boldsymbol{F}_t^{bh}$ 可以转化为嵌入 $\boldsymbol{f}^c$、$\boldsymbol{f}^{cb}$、$\boldsymbol{f}^b$ 和 $\boldsymbol{f}^{bh}$。此外,对于骑手属性,使用嵌入查找方法对离散特征进行处理,并使用全连接层生成骑手属性的嵌入,表示为 $\boldsymbol{f}^v$。基于上述嵌入向量,骑手状态最终的高维嵌入表征可以计算如下:

$$\mathrm{FC}(\boldsymbol{s}_t) = \mathrm{Dense}(\boldsymbol{f}^c \oplus \boldsymbol{f}^{cb} \oplus \boldsymbol{f}^b \oplus \boldsymbol{f}^{bh} \oplus \boldsymbol{f}^v) \tag{10-20}$$

其中,Dense 表示全连接层;$\oplus$ 表示向量拼接操作。FC 网络输出的状态嵌入

$FC(s_t)$ 能够被后续的 AC 网络和 RBP 网络共同使用,从而帮助网络进行策略学习和参数预估,提高整个 DRLOR 框架的性能。

10.3.4 训练方法

DRLOR 框架的训练主要由两个部分组成,分别为 RBP 网络与 FC 网络的联合预训练及 AC 网络的训练。因为 RBP 网络直接决定骑手的反馈及奖励信息,并且 FC 网络也决定 AC 网络的输入,所以应先完成 RBP 网络和 FC 网络的联合预训练,再训练 AC 网络。

RBP 网络和 FC 网络的联合预训练流程如算法 10.1 所示。对于每个批次的训练数据,FC 网络依次对骑手正负反馈信息计算自注意力和互注意力,并将输出的骑手状态高维嵌入作为 RBP 网络的输入,随后利用前馈神经网络来预测骑手的抢单行为 $\hat{y}_t$。最后,采用随机梯度下降算法更新 FC 和 RBP 网络的参数。

算法 10.1　RBP 网络与 FC 网络联合预训练算法

输入:状态 $s_t = [C_t, H_t, h_t, v_t]$,真实标签 y_t,批次大小 B,批次数量 batch_num

1:　随机初始化 RBP 与 FC 网络的权重;

2:　**For** num$=1$ **to** batch_num **do**

3:　　获取当前状态的输入嵌入 E_t^c、E_t^b、E_t^h 和 E_t^v;

4:　　根据式(10-19)计算不同反馈信息的特征向量 f^c、f^{cb}、f^b、f^{bh}、f^v;

5:　　计算 FC 网络的输出 $FC(s_t) = \text{Dense}(f^c \oplus f^{cb} \oplus f^b \oplus f^{bh} \oplus f^v)$;

6:　　计算预测 $\hat{y}_t = \text{Sigmoid}(\tanh(\text{ReLU}(FC(s_t))))$;

7:　　根据式(10-16)计算损失函数 loss^r;

8:　　计算梯度值并反向传播更新 RBP 和 FC 网络参数;

9:　　**End for**

10:　返回训练好的 RBP 与 FC 网络参数.

输出:训练好的 RBP 与 FC 网络参数

在联合预训练完成后,采用在线强化学习中的深度确定性策略梯度(deep deterministic policy gradient,DDPG)算法来训练 AC 网络。奖励函数设置为

$$r_t = \begin{cases} g_1, & \hat{y}_t > 0.5 \\ -g_2, & \hat{y}_t < 0.5 \end{cases} \tag{10-21}$$

其中,g_1 和 g_2 分别为正实数。注意到,当骑手没有从当前推荐列表中抢单时,奖励值不为 0 而设置为一个负值。这是因为骑手和平台的每次交互都会消耗一定的时间成本,将奖励值设为负值能够促进平台在最短的时间内生成最佳的推荐列表,提高订单推荐效率。

AC 网络训练如算法 10.2 所示。首先,对 actor 网络和 critic 网络进行随机初始化。actor 网络根据当前状态 s_t 生成动作 a_t 和相应的订单推荐列表。随后,骑手对列表进行反馈,状态从 s_t 转移到 s_{t+1}。根据骑手不同的反馈结果,可以通过式(10-21)确定奖励信息,帮助 actor 网络调整策略从而最大化累积奖励。由此可见,AC 网络训练的计算复杂度主要由两部分组成,一是智能体与环境之间的最大交互次数,二是样本数量。因此,算法复杂度可以计算为 $O(\text{Num} \cdot M \cdot T)$,其中,Num 为训练样本数,$M$ 为每个样本的重复训练次数,T 为每个样本训练阶段的最大交互步数。

算法 10.2 AC 网络训练算法

输入:批次大小 B,critic 网络学习率 l^r,Actor 网络学习率 l^a,折扣因子 γ

1: 随机初始化网络参数 θ 和 w;

2: 初始化经验回放 D;

3: **For** session$=1$ **to** M **do**

4: 随机产生初始状态 s_0;

5: **For** $t=1$ **to** T **do**

6: 观测当前状态 $s_t = [C_t, H_t, h_t, v_t]$;

7: 根据训练好的 FC 网络参数计算状态 s_t 的高维嵌入 $\text{FC}(s_t)$;

8: 调用 actor 网络输出一个动作 $a_t = \pi_\theta(s_t)$;

9: 根据式(10-21)计算奖励值 r_t;

10: 通过改变 C_t、H_t、h_t 和 v_t 将状态 s_t 转移到 s_{t+1};

11: 将交互轨迹(s_t, a_t, r_t, s_{t+1})存储到经验回放 D 中;

12: 采样 B 条数据形成训练样本;

13: 最小化损失函数loss^c,优化 critic 网络参数;

14: 最小化损失函数loss^a,优化 actor 网络参数;

15: 根据式(10-13)和式(10-14)更新目标网络参数 θ' 和 w';

16: **End for**

17: **End for**

18: 返回训练好的 AC 网络参数 θ 和 w.

输出:训练好的 AC 网络参数

10.3.5 测试方法

DRLOR 框架的在线测试方法如算法 10.3 所示。首先,随机初始化骑手状态;其次,根据当前状态 s_t 调用 FC 和 actor 网络产生动作 a_t,从而计算每个订单的排序分数,并生成对应的订单推荐列表。骑手对动作 a_t 的反馈由 RBP 和 FC 网络预测得到,并通过式(10-21)确定当前奖励值。

算法 10.3　DRLOR 框架在线测试方法

输入：批次大小 B，critic 网络学习率 l^r，actor 网络学习率 l^a，折扣因子 γ

1：　　采用训练好的参数 θ 初始化 actor 网络；

2：　**For** session＝1 **to** M **do**

3：　　随机产生初始状态 s_0，$r＝0$；

4：　　**For** $t＝1$ **to** T **do**

5：　　　　观测当前状态 $s_t＝[C_t,H_t,h_t,v_t]$；

6：　　　　根据训练好的 FC 网络参数计算状态 s_t 的高维嵌入 $\mathrm{FC}(s_t)$；

7：　　　　执行动作 $a_t＝\pi_\theta(s_t)$，并为骑手生成对应的订单推荐列表；

8：　　　　根据 RBP 网络预估骑手的反馈动作，产生奖励 r_t；

9：　　　　计算累积奖励 $r＝r+r_t$；

10：　　　　状态由 s_t 转移至 s_{t+1}；

11：　　**End for**

12：　**End for**

13：　返回累积奖励 r.

输出：骑手和平台交互的累积奖励 r

　　根据上述奖励函数的定义，对于所有的训练测试样本，累计奖励的上界等于 g_1，即骑手在与平台第一次交互时便出现抢单行为；累积奖励的下界等于 $-g_2\times T$，其中 T 是最大交互次数。虽然累积奖励的上界比较难达到，但在一些场景下是可以实现的。图 10-5 所示为累计奖励随交互步数变化的示例。当交互步数等于 11 时，骑手在平台所推荐的订单列表上出现抢单行为，对应的累积奖励为 8，与上界等于 10 和下界等于 -8 的距离也可从图 10-5 中直接观察到。

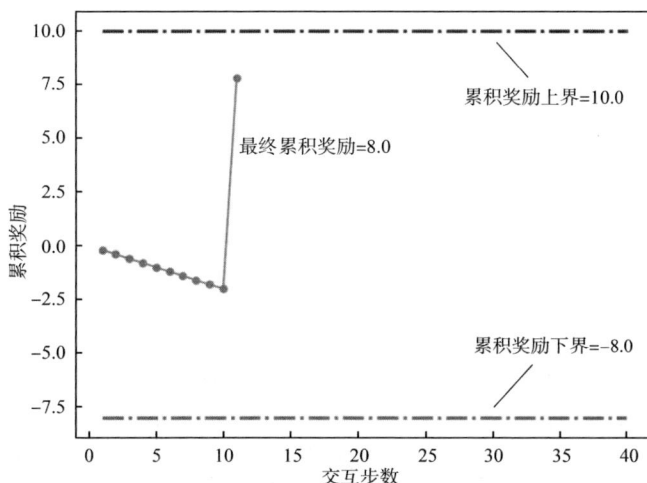

图 10-5　累积奖励随交互步数变化的示例

10.4 离线数值实验

10.4.1 实验设置

为有效训练和测试 DRLOR 框架并验证其有效性,收集美团配送平台的真实骑手行为数据构造训练测试数据集,包含 2022 年 2 月 11—18 日中的 293 万条骑手平台交互样本。对于 FC 和 RBP 网络的训练,使用 2022 年 2 月 11—17 日一周的样本形成训练集,将 2022 年 2 月 18 日的样本作为测试集。对于 AC 网络的训练,选择 2022 年 2 月 18 日的所有样本进行训练测试,从而最大限度地保证 FC 和 RBP 预估结果的准确性,其中训练集和测试集的比例为 7:3。

为保证对比实验的公平性和准确性,所有的算法均采用 Python 3.6 和 Tensorflow 2.0 编写,并在同一台搭载 2.2 GHz 处理器和 16 GB RAM 的 macOS 设备上运行,所有机器学习模型的训练和测试均在美团调度系统的同类型服务器上运行。

DRLOR 框架的参数设置如下:首先,根据工程经验为每个订单推荐列表设置 $N_r \leqslant 40$。其次,根据数据集的统计信息确定最大交互步数 $T = 40$。此外,骑手能够携带的最大订单数为 15,历史推荐列表集合中时间步的最大数量设置为 40(与最大交互步数保持一致)。对于 FC 网络,输出的状态嵌入维度大小为 128,神经元丢弃率为 10^{-1},学习率设置为 10^{-4}。RBP 网络前馈神经网络的层数维度为 $128 \times 128 \times 1$。AC 网络中,折扣因子 γ 为 0.95,actor 学习率为 10^{-4},critic 学习率为 10^{-3}。参数更新权重因子 $\lambda_1 = \lambda_2 = 0.99$。批次大小 B 设置为 64。奖励函数中的参数 g_1 和 g_2 根据经验分别设置为 10 和 0.2。最后,每个样本的训练次数设置为 $M = 500$。

10.4.2 模型预测效果评估

记 RBP 和 FC 网络相结合的网络为 RBFC。为验证 RBFC 网络在反馈信息辨识和捕获骑手兴趣方面的有效性,本节分别开展横向对比实验和纵向消融实验。首先,为验证所提模型相对于其他预测模型的优越性,将 RBFC 与代表性机器学习方法进行横向比较,涉及有监督学习领域的五种经典分类方法,包括朴素贝叶斯(NB)、决策树(DT)、随机森林(RF)、XGBoost 及第 3 章采用的 DeepFM[14]。其次,为验证 RBP 和 FC 网络不同环节设计的有效性,本节开展消融实验,对所提出的 RBP 和 FC 网络的不同变体进行纵向比较,验证各个环节的合理性和必要性,包括如下变体网络。

（1）RBFC_noid：在 RBFC 的基础上，去除了 FC 网络中对骑手离散编号相关特征的处理模块。相应地，FC 网络中的 embedding lookup 模块也被去除。这个变体是为了验证模型在对不同骑手进行辨识时离散编号特征的重要性。

（2）RBFC_noatn：在 RBFC_noid 基础上，去除了 FC 网络中的注意力相关模块。也就是说，该变体不采用注意力机制对正负反馈信息进行辨识和深度挖掘，从而验证反馈信息辨识及正负反馈信息交互的重要性。

（3）RBFC_nofb：在 RBFC_noatn 基础上，去除了 FC 网络中输入的正负反馈信息，即不存在已抢订单（正反馈）和历史推荐列表（负反馈）的相关特征。该变体是为了验证反馈信息对捕捉骑手兴趣和偏好的重要性。

本节沿用 AUC 和 AUPR 两种二分类指标评估以上模型的性能，其取值范围为[0,1]，指标值越大，说明模型预估越准确，泛化性越好。

表 10-2 展示了 RBFC 与已有模型的对比实验结果，最佳模型的结果标粗显示。由表 10-2 可见，所提 RBFC 网络的 AUC 值为 0.886 4，在预测骑手抢单行为上的表现要显著优于其他分类模型。DeepFM 表现比 RBFC 略差，优于其他对比模型，归功于其分解机和深度前馈组件能够学习低阶和高阶特征的交互信息。XGBoost 略逊色于 DeepFM，但凭借其集成学习的优势，展现出优于剩余三种经典模型的表现。然而，DeepFM 和 XGBoost 只是简单使用骑手的特征信息，没有对正负反馈相关的特征进行深度挖掘和辨识，因此性能不如 RBFC。此外，NB、DT 和 RF 的性能远不及 DeepFM、XGBoost 和 RBFC，这是因为前三者忽略输入数据中的时序特征和位置特征。以上结果分析表明，RBP 和 FC 网络的表现显著优于对比模型，能够更准确地捕捉骑手的兴趣偏好和行为模式，更精准地预测交互过程中的真实骑手反馈。

表 10-2　RBFC 与其他分类模型的预测效果对比结果

模型	AUC	AUPR
NB	0.575 0	0.326 1
DT	0.736 7	0.487 7
RF	0.741 4	0.514 0
XGBoost	0.805 0	0.571 5
DeepFM	0.835 7	0.674 9
RBFC	**0.886 4**	**0.751 4**

表 10-3 为消融实验结果，最佳模型的结果标粗显示。由表 10-3 可见，RBFC_noid 的性能相比于 RBFC 略有下降。这是由于输入中缺少与骑手离散编号相关的特征，识别不同的骑手只能通过其他连续特征来完成，从而增大模型识别不同骑手

的难度,使模型无法更准确高效地预估骑手的兴趣偏好。此外,RBFC_noatn 的表现明显劣于 RBFC 和 RBFC_noid。这是因为 RBFC_noatn 没有采用注意力机制对反馈信息进行辨识,从而使模型失去挖掘和表征不同反馈信息关系的能力,这也说明自注意力和互注意力模块在 FC 网络中的重要性和有效性。最后,RBFC_nofb 相比于其他对比模型效果差,这说明骑手和平台的交互过程是高度动态和连续的,骑手在某个时刻的反馈行为很大程度上依赖于骑手与平台的历史交互轨迹,而不是仅仅基于当前推荐列表的情况。

表 10-3   RBFC 的消融实验结果

模型	AUC	AUPR
RBFC	**0.886 4**	**0.751 4**
RBFC_noid	0.862 5	0.698 7
RBFC_noatn	0.721 7	0.390 2
RBFC_nofb	0.529 5	0.291 9

10.4.3 订单推荐算法对比

完成 FC 和 RBP 网络的联合预训练后,可对 AC 网络进行训练。图 10-6 所示为 AC 网络训练过程中损失函数和累积奖励的变化情况。由图 10-6 可见,随着训练的进行,损失函数和累积奖励逐渐收敛,这表示智能体已经在训练数据上得到充分训练,曲线的波动表明智能体探索到一个未遇到过的新状态,并尝试对预估 Q 值进行调整,使其更接近真实的 Q 值。

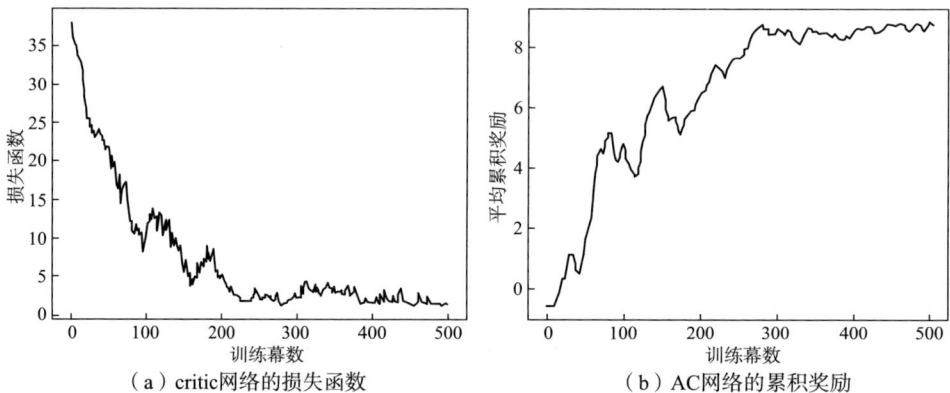

（a）critic网络的损失函数　　　　　（b）AC网络的累积奖励

图 10-6　AC 网络训练中损失函数与平均累积奖励的变化曲线

完成 DRLOR 的整体训练后,为验证其有效性,选取以下 5 种即时配送场景下的典型启发式订单推荐算法开展对比实验。

（1）Rem_time：按剩余配送时间（预计送达时刻与当前时刻的差值）对订单升序排列。

（2）Delivery_dis：按配送距离（取送点间的距离）对订单升序排列。

（3）Fetch_dis：按取餐距离（骑手与取点间的距离）对订单升序排列。

（4）Rider_pref：按抢单意愿对订单降序排列，抢单意愿由 XGBoost 模型预测。

（5）Rand：随机生成订单推荐列表。

DRLOR 框架的测试过程依赖于平台与骑手的交互，因此采用交互步数及对应的累积奖励作为评价指标。为评估 DRLOR 框架在不同规模算例下的优化效果，根据待分配订单数量和骑手的已抢订单数量，将测试集中的算例分为不同规模和水平，实验结果具体如下。

表 10-4 为不同待分配订单数量下各方法的交互步数平均值（Avg）和标准差（Std），最佳方法的结果标粗显示。由表 10-4 可见，DRLOR 在所有规模算例下的平均交互步数均优于其他 5 种对比方法，验证 AC 网络中 actor 强大的学习能力和 FC 网络对于状态高维嵌入的表征能力。Rider_pref 表现排第二，归功于采用了骑手意愿来评估骑手与订单的匹配合适度，但未包含骑手的反馈信息，因此表现不如所提的 DRLOR 框架。另外，注意到 Fetch_dis 的性能优于 Rem_time 和 Delivery_dis，说明相比于配送距离和订单剩余时间，骑手更在乎当前所在位置距取点的远近程度，即更偏好于抢取点近的订单。

表 10-4 不同待分配订单数量下各算法的交互步数对比结果

订单数量	交互步数										
	DRLOR		Rem_time		Delivery_dis		Fetch_dis		Rider_pref		Rand	
	Avg	Std	Avg	Std	Avg	Std	Avg	Std	Avg	Std	Avg	Std
[0,40)	**3.198**	**1.803**	10.307	4.973	9.461	4.987	5.818	3.742	3.385	3.666	15.440	4.078
[40,80)	**2.973**	2.810	10.378	4.728	10.476	4.866	5.823	3.693	3.149	**2.789**	17.388	4.774
[80,120)	**2.642**	**2.948**	11.438	5.819	9.570	5.689	5.769	4.107	2.820	3.302	17.507	4.975
[120,160)	**2.513**	**2.163**	12.546	6.044	10.786	5.237	5.640	3.706	2.782	3.421	18.604	5.163
[160,200)	**2.527**	**2.126**	11.201	5.729	10.818	5.061	5.632	3.654	2.752	2.578	18.145	5.686

图 10-7 为不同方法的累积奖励随待分配订单数量变化的实验结果。由图 10-7 可见，DRLOR、Rider_pref 和 Fetch_dis 的累积奖励随待分配订单数量增加而增加，而其他 3 种方法则持续减少。这是因为当订单数量增多时，更多潜在的合适订单随之出现，此时 DRLOR、Rider_pref 和 Fetch_dis 能够有效挑选出这些订单并推荐给骑手，而 Rem_time、Delivery_dis 和 Rand 则难以应对问题规模增大带

来的挑战。此外，当待分配订单数量很大时，DRLOR 和 Rider_pref 之间的差异会缩小，原因是潜在的合适订单增多，在这种情况下 Rider_pref 更有可能找到骑手比较喜欢的订单，从而得到与 DRLOR 类似的推荐列表。

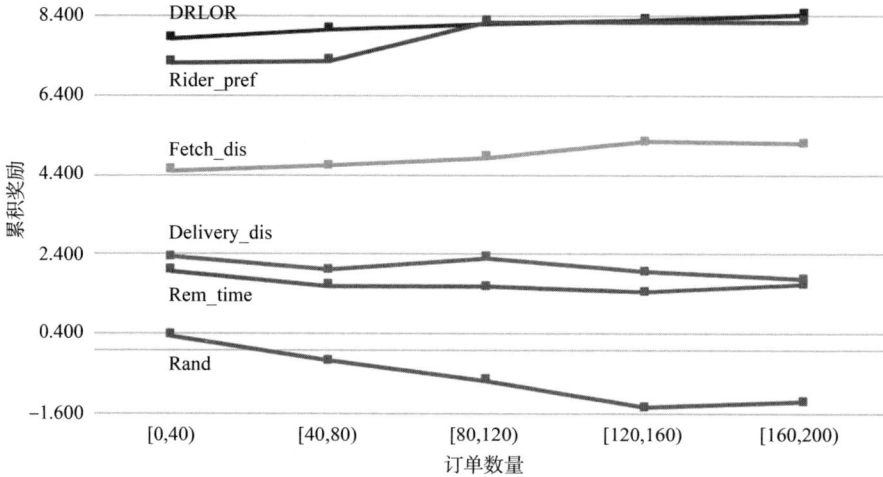

图 10-7　不同订单数量下各算法的累积奖励对比结果

表 10-5 和图 10-8 为各方法在不同已抢订单数量下的实验结果。由表 10-5 可见，在所有方法中，DRLOR 的平均交互步数和累积奖励均为最优。此外，各算法的标准差随着已抢订单数量的增加而增加，说明当骑手配送负担较大时，其正负反馈信息的不确定性也随之增加。图 10-8 中结果显示，随着已抢订单数量的增加，所有方法的累计奖励都在减少，说明骑手在配送负担较大时会更少关注推荐列表，从而产生更少的正反馈（抢单）行为，这也是 DRLOR 相对于 Rider_pref 的优势随着已抢订单数量的增加而减弱的原因。

表 10-5　不同已抢订单数量下各算法的交互步数对比结果

已抢订单	交互步数											
	DRLOR		Rem_time		Delivery_dis		Fetch_dis		Rider_pref		Rand	
	Avg	Std	Avg	Std	Avg	Std	Avg	Std	Avg	Std	Avg	Std
[0,3)	2.350	1.406	9.967	4.564	9.082	4.613	5.252	3.573	2.631	3.062	14.509	4.631
[3,6)	2.710	2.553	10.938	5.052	9.947	4.923	5.807	3.843	3.413	3.625	17.127	4.933
[6,9)	3.338	2.413	11.596	5.669	10.770	5.367	5.739	4.221	3.632	2.961	19.528	5.098
[9,12)	3.275	2.820	11.482	5.865	10.923	5.263	5.937	3.537	3.477	2.513	19.490	4.730
[12,15)	3.144	2.945	12.910	5.960	10.410	5.877	5.941	3.922	3.589	3.345	18.763	5.628

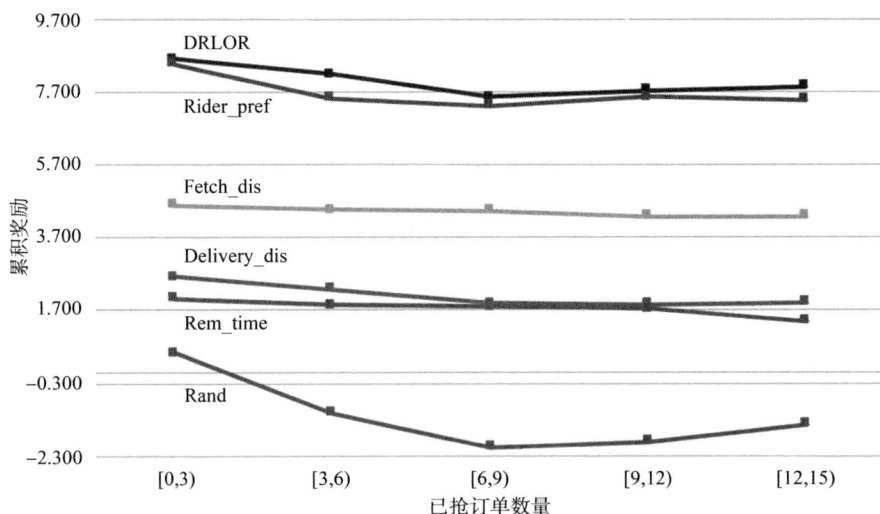

图 10-8　不同已抢订单数量下各算法的累积奖励对比结果

10.5　在线 A/B 测试

10.5.1　实验设置

为进一步验证 DRLOR 求解序贯决策场景下订单推荐问题的有效性和实用性，开展在线 A/B 测试，采用以下与骑手和用户体验相关的观测指标来评估算法表现。

（1）平均抢单时长（单位：分钟），计算为

$$\text{AGD} = 1/\ |O|\ \sum_{o_i \in O} (\text{GT}_i - \text{ET}_i) \tag{10-22}$$

（2）单均刷新次数，计算为

$$\text{ARTG} = 1/\ |V|\ \sum_{q_j \in Q} \text{RT}_j / O_j \tag{10-23}$$

（3）5 分钟接单率，计算为

$$\text{GR}_5 = |O_{5^-}|\ /\ |O| \times 100\% \tag{10-24}$$

（4）2 分钟接单率，计算为

$$\text{GR}_2 = |O_{2^-}|\ /\ |O| \times 100\% \tag{10-25}$$

其中，O 是观测时段内所有完成配送订单的集合；GT_i 是订单 o_i 被骑手抢单的时刻；ET_i 是订单 o_i 首次出现在骑手推荐列表中的时刻；Q 是在观测时段内出现抢单行为的所有骑手；RT_j 为骑手 q_j 的总刷新次数；O_j 是骑手 q_j 完成配送的所有订单集合；O_{5^-} 表示用户下单后 5 分钟内骑手完成接单的订单集合；O_{2^-} 是用户下

单后 2 分钟内骑手完成接单的订单集合。一般来说，AGD 和 ARTG 越小，骑手体验越好；GR$_5$ 和 GR$_2$ 越大，用户体验越好。

在线 A/B 测试的实验设置与 5.4.1 节基本一致，对照日期和实验日期分别设置为 2022 年 11 月 3—22 日和 2022 年 11 月 23—29 日。选择仅次于 DRLOR 的 Rider_pref 方法作为对比方法，部署于对照区域，实验区域部署 DRLOR。

10.5.2　应用效果

表 10-6 为在线 A/B 测试结果，标粗数据表明相应指标有所改善。由表 10-6 可见，与 Rider_pref 方法相比，所提 DRLOR 框架能够有效减少骑手的平均抢单时长和单均刷新次数，并且有效提升 5 分钟接单率和 2 分钟接单率，表明 DRLOR 框架能够有效提高订单推荐效率，并改善骑手配送体验和用户下单体验，具有实际应用价值。

表 10-6　在线 A/B 测试结果

观测指标	对照日期			实验日期			Δ_{real}
	对照区域	实验区域	内在差异	对照区域	实验区域	实验差异	
平均抢单时长/min	163.49	165.87	2.38	263.43	237.73	−25.71	**−28.09**
单均刷新次数	11.48	11.56	0.08	13.14	11.86	−1.27	**−1.35**
5 分钟接单率/%	77.64	77.18	−0.46	65.06	67.45	2.39	**2.85**
2 分钟接单率/%	59.47	58.80	−0.67	44.95	47.53	2.58	**3.24**

参考文献

[1] SHANI G, HECKERMAN D, BRAFMAN R I, et al. An MDP-based recommender system [J]. Journal of machine learning research, 2005, 6(9): 1265-1295.

[2] TAGHIPOUR N, KARDAN A. A hybrid web recommender system based on q-learning [C]. The 2008 ACM Symposium on Applied Computing, Fortaleza, 2008: 1164-1168.

[3] BAI X, GUAN J, WANG H. A model-based reinforcement learning with adversarial training for online recommendation[C]. NIPS'19: 33rd International Conference on Neural Information Processing Systems, Vancouver, 2019.

[4] ZHAO X, ZHANG L, DING Z, et al. Recommendations with negative feedback via pairwise deep reinforcement learning[C]. KDD'18: The 24th ACM SIGKDD International Conference on Knowledge Discovery and Data Mining, London, 2018.

[5] XIN X, KARATZOGLOU A, ARAPAKIS I, et al. Self-supervised reinforcement learning

for recommender systems［C］//HUANG J，CHANG Y，CHENG X Q，et al. SIGIR'20：Proceedings of the 43rd International ACM SIGIR Conference on Research and Development in Information Retrieval. New York：Association for Computing Machinery，2020：931-940.

［6］ZHENG G，ZHANG F，ZHENG Z，et al. DRN：a deep reinforcement learning framework for news recommendation［C］. WWW'18：The Web Conference 2018，Lyon，2018：167-176.

［7］LIU F，TANG R，LI X，et al. Deep reinforcement learning based recommendation with explicit user-item interactions modeling［EB/OL］.（2018-10-29）［2019-10-29］. https：//arxiv. org/pdf/1810. 12027.

［8］ZOU L，XIA L，DING Z，et al. Reinforcement learning to optimize long-term user engagement in recommender systems［C］. KDD'19：The 25th ACM SIGKDD Conference on Knowledge Discovery and Data Mining，Anchorage，2019：2810-2818.

［9］CHEN X，HUANG C，YAO L，et al. Knowledge-guided deep reinforcement learning for interactive recommendation［C］. 2020 International Joint Conference on Neural Networks（IJCNN），Glasgow，2020：1-8.

［10］SILVER D，LEVER G，HEESS N，et al. Deterministic policy gradient algorithms［C］. The 31st International Conference on International Conference on Machine Learning，Beijing，2014.

［11］THRUN S，LITTMAN M L. Reinforcement learning：an introduction［J］. AI magazine，2000，21(1)：103.

［12］LILLICRAP T P，HUNT J J，PRITZEL A，et al. Continuous control with deep reinforcement learning［EB/OL］.（2015-09-09）［2019-07-05］. https://arxiv. org/pdf/1509. 02971.

［13］VASWANI A，SHAZEER N，PARMAR N，et al. Attention is all you need［C］. The 31st International Conference on Neural Information Processing Systems，Long Beach，2017：6000-6010.

［14］GUO H，TANG R，YE Y，et al. DeepFM：a factorization-machine based neural network for CTR prediction［C］. The 26th International Joint Conference on Artificial Intelligence，Melbourne，2017：1725-1731.